BOURVIL

ÉLIZABETH COQUART
PHILIPPE HUET

BOURVIL

« La tendresse... »

Albin Michel

© Éditions Albin Michel S.A., 1990
22, rue Huyghens, 75014 Paris

Tous droits réservés. La loi du 11 mars 1957 interdit les copies ou reproductions destinées à une utilisation collective. Toute représentation ou reproduction intégrale ou partielle faite par quelque procédé que ce soit — photographie, photocopie, microfilm, bande magnétique, disque ou autre — sans le consentement de l'auteur et de l'éditeur est illicite et constitue une contrefaçon sanctionnée par les articles 425 et suivants du code pénal.

ISBN 2-226-04845-6

« C'était un personnage qui, le film terminé ou le rideau baissé, nous prenait par la main, nous accompagnait jusqu'à la porte et nous glissait dans la paume un peu de son innocence... »

Henri Jeanson

« Tous les Cauchois sont comédiens... »

L'abbé Alexandre

AVANT-PROPOS

La tendresse...

André Raimbourg dit Bourvil est mort le 23 septembre 1970 Vingt ans, c'est déjà une longue absence. Suffisante pour tomber dans l'oubli. Depuis vingt ans, bien des artistes, acteurs ou chanteurs, sont enterrés au fond des mémoires. Pas Bourvil. De lui, les Français parlent encore au présent. Avec tendresse...

D'où vient ce privilège réservé à quelques-uns ? A Raimu, Jouvet, Gérard Philipe ou Maurice Chevalier. Pour le public, Bourvil n'était pas une star. Encore moins une idole. Il était mieux et plus rare : il était un ami, un « complice » qui, par la magie d'une chansonnette, d'un film ou d'une opérette, entrait dans la vie quotidienne des Français. Au moment de sa mort, quelqu'un a écrit qu' « il avait été le cousin de tous ». Bourvil aurait pu frapper à toutes les portes, on aurait mis simplement un couvert de plus. Il était l'invité de la famille. Vingt ans après, il l'est toujours...

Bourvil avait tous les talents. Ce que l'on mit — un peu par sa faute — trop longtemps à découvrir. Mais il eut surtout celui de savoir rester lui-même, de ne pas chercher, porté par le succès, à s'échapper, à devenir quelqu'un d'autre. Entre le comique-paysan des débuts et le commissaire glacé du Cercle rouge, *l'évolution est peu commune, mais elle se fait sans rupture. Et sans trahison. Jusqu'au bout, Bourvil est resté Bourvil : drôle ou émouvant, ou bien souvent les deux à la fois. Mais aussi touchant de gentillesse, de nature, de simplicité, de sincérité. Le « vrai » Bourvil. Y compris dans la vie.*

Le secret d'une popularité formidable tient sans aucun doute à cette correspondance quasi parfaite, mystérieuse par certains côtés, entre l'homme et l'artiste. Le destin de Bourvil, humble paysan cauchois promis aux travaux de ferme, fut extraordinaire parce qu'il n'était lui-même qu'apparemment ordinaire, et qu'il n'avait surtout pas honte de l'être. Et rien, ni la gloire ni le vedettariat, ne vint gâcher l'étonnant compagnonnage entre la foule et un héros qu'elle sentait proche, si proche qu'elle croyait pouvoir le toucher...

Portrait angélique. Jusqu'à provoquer l'agacement. Mais c'est comme ça. Il ne s'est trouvé personne pour mordre dans le souvenir, pour piquer un peu dans l'image du « type bien ». Vingt ans après la mort de Bourvil, le milieu du spectacle, où les plus vibrants éloges sécrètent généralement leur part de poison, continue de jeter des fleurs sur sa mémoire. Reste un regret : que cet incurable modeste n'ait pas eu assez confiance en ses énormes moyens, qu'il ait manqué d'audace, prisonnier volontaire de « son » public. Mais tel était son choix. Il devait tout à ceux qui l'avaient fait naître. Et il n'était pas dans son caractère de renier Les Crayons, de quitter La Bonne Planque pour aborder uniquement les grands rôles qui l'attendaient. Bourvil joua « de tout », ce qui en désespéra beaucoup. Mais il fut aussi le meilleur partout, se forçant, tout autant qu'il forçait les sceptiques, à croire en ses inépuisables qualités de comédien. Sans doute lui fallait-il du temps, devait-il marcher à son pas, pour se rassurer, pour se convaincre que rien ne lui était impossible, inaccessible. Ce faisant, il commit une erreur, une seule : celle de mourir trop tôt...

Portrait d'André Raimbourg dit Bourvil. Avec petites escales et grands rendez-vous. Jusqu'à l'abominable et interminable descente aux enfers.

Symbole de joie de vivre, de douceur et de bonne humeur, Bourvil dissimula sa souffrance comme une maladie honteuse. Il vécut son calvaire en solitaire tandis que les Français insouciants riaient de ses facéties. Puis il partit sur la pointe des pieds. Ultime politesse de l'homme et de l'artiste. Là encore, dans son roman noir, Bourvil eut bien du talent...

Première partie

« *LE PAYS À BOURVIL* »

I

Toussaint 1969

Novembre 1969. La DS blanche prend le petit chemin de terre bordé de haies, entre dans la cour de ferme, s'arrête devant la haute maison de briques rouges. Hameau de Tonneville, sur les hauteurs du village de Bourville...

André débarque au pays. La Toussaint. Visite rituelle. Pour la famille, frère, sœurs, beau-père. Pour embrasser sa mère surtout. Qu'il vénère. Et qui, vaguement inquiète, lui trouve mauvaise mine, la mine un peu blême des gens de la ville. Il est devenu comme eux, André. Forcément, avec sa vie de fou. Ce visage bouffi, ces cernes sombres sous les yeux :

« Fais attention à ta santé, André, tu travailles trop... »

André répond par un sourire. Tendre, émouvant. Le sourire de Bourvil. Sa mère ne sait pas. Jusqu'à la fin, elle ne saura rien. Elle croit son fils fatigué, harassé par ce métier auquel elle ne comprend pas grand-chose, qui ne ressemble à rien. Enfin, un métier qui n'en est pas un. Angoissée, elle l'avait vu quitter la ferme, la terre, et même la boulangerie... Pour se jeter dans l'inconnu et « faire la bête », comme on dit dans le pays de Caux. Ensuite, il y eut un long silence, entrecoupé de quelques visites hâtives. Pour ne pas avoir à mentir, André ne disait rien. Ou peu de chose. Il avait faim bien sûr, comme tous les citadins qui voyaient l'Allemand de plus près qu'eux, à la campagne. Elle s'inquiétait, et plus elle s'inquiétait, plus André noyait ses angoisses dans un grand rire d'insouciance.

Et puis le miracle. Incrédule, elle l'a vu ramasser gloire et fortune. André avait donc eu raison. Tout cela lui échappait bien sûr, mais quelle importance... Ce qui comptait, c'était la réussite d'André. Et son bonheur.

Elle le savait heureux, son fils, heureux d'avoir gagné, lui dont les commères du village, faussement apitoyées, disaient que décidément, il ne serait pas bon à grand-chose. Heureux d'être devenu quelqu'un. Elle le voyait encore, tout gamin, jouant de son harmonica dans les champs. Ou bien, jeune homme et musicien de fanfare, défilant dans les fêtes du village. D'ailleurs, où était la différence ? André n'avait pas changé. Bourvil n'avait pas gâté Raimbourg. Dans les journaux, ils écrivaient que son fils était « une nature », qu'il savait être « authentique ». Sa mère trouvait seulement qu'il était toujours resté le même. Et elle en était fière.

« Tu travailles trop... » Marcel, le frère, sait. Sans y croire vraiment. Un cancer, André ? Lui qui est la santé même, qui prend tant soin de sa personne, qui ne s'autorise aucun excès. « Marcel, tu t'occupes pas assez de ton moteur », lui reprochait-il souvent... Et à un autre, dont il déplorait le coup de fourchette dévastateur, il ne cessait de répéter : « Toi, tu creuses ta tombe avec tes dents. » La famille se moquait d'ailleurs gentiment : « Avec toutes les précautions que tu prends, André, tu vivras au moins jusqu'à cent ans. »

C'était ce qu'il voulait. Ou presque. André ne s'en cachait pas, il voulait vivre vieux. Il s'était même fixé un chiffre :

« Quatre-vingts ans au moins. Mon rêve, disait-il, c'est d'être là quand les petits auront réussi. Je m'y vois déjà : ils sont casés, et là, on se tape un grand gueuleton pour fêter ça, tous les trois, entre hommes... »

... Et pour mettre toutes les chances de son côté, il n'avait pas hésité. Le bon vivant s'était mis la ceinture : plus de tabac, plus d'alcool. Il mangeait diététique, faisait pousser des germes de blé sur son balcon, allait coucher dans sa maison de Montainville pour échapper à la pollution de la capitale. Quand il partait en tournée, il emportait sa petite valise, avec son pain complet et ses produits de régime. Il s'embêtait la vie, il se privait : « Mais pour avoir sa récompense, il faut toujours payer le prix. » Et là...

« Les médecins disent qu'il n'y a rien à faire. Ils ne m'en donnent plus que pour quelques mois... »

Assommé, Marcel n'avait pas su quoi répondre. Comment trouver les mots ? C'est André qui avait continué à parler : il allait se battre, c'est comme ça qu'il avait réussi. En contrepartie, la vie lui avait tout donné. Mais il l'avait bien mérité après tout. Et il voulait que ça dure...

« Doudou », aussi, sait. « Doudou », c'est Roger Douville, son vieux copain, l'ami d'enfance. Celui qui « sculptait » les bancs et les pupitres de l'école tandis que le petit Raimbourg écrivait ses poèmes. Le compagnon des longues chevauchées en galoches dans les herbages... Joyeux complices : premières farces, premières blagues, premières bêtises Gamins, « Doudou » et lui étaient toujours sur la même longueur d'onde, et l'âge n'avait pas altéré cette amitié de vilains garnements. Durant quelques années, la vie les avait séparés. Mais aujourd'hui, dès qu'il revient au pays, André passe par Canville-les-Deux-Églises. Dans la grande demeure campagnarde, il retrouve Roger dans son atelier, penché sur son établi, au milieu des pièces de bois et des outils, ces outils qu'il confectionne lui-même pour les avoir mieux en main. Qu'il y ait du monde ou pas, tous deux font toujours un peu bande à part, et on les voit s'engager dans de longues conversations secrètes, s'enfoncer dans leurs joyeux souvenirs, ponctués d'énormes éclats de rire. Deux grands gosses...

« Doudou », en fait, est le deuxième artiste du village. Mais lui, contrairement à André, il a mis du temps à se décider. Jusqu'à l'âge de quarante-cinq ans, il est resté un paysan comme les autres, attelé à sa charrue, profitant simplement des longues soirées d'hiver pour modeler le bois, sur les colombages et les poutres de cheminée, créant meubles et statues. C'était si beau que le curé de la paroisse s'en est mêlé pour faire connaître Douville jusqu'à Rouen.

Mais c'est André qui l'a « lancé » :

« Moi, ce que je suis, c'est rien à côté de toi. Je fais le clown. Mais toi, c'est formidable, tu es un créateur, tu prends un bout de bois, et tu le transformes en œuvre d'art. Un miracle... »

André fait jouer ses relations, patronnant une exposition des sculptures de « Doudou » dans une galerie d'art cotée de la capitale. Il présente son « protégé » au Tout-Paris, l'amenant devant les caméras de la télévision. Intimidé, mais sidéré surtout, l'artiste-paysan de Canville-les-Deux-Églises découvre son vieil ami sous un jour nouveau : André n'a pas honte de ses origines, surtout pas, mais il dispose en même temps d'une extraordinaire faculté d'adaptation à toutes les situations, et Douville le voit ainsi évoluer avec une aisance étonnante dans un milieu qui range le pays de Caux non loin de l'Afrique australe. Et ça marche. A partir de cette date, de mai 1964, Roger Douville devient un nom apprécié de la sculpture sur bois...

« Il paraît que j'ai un cancer, Roger. Comme si nous, les gens de la campagne, on pouvait avoir un cancer. Tu peux croire ça, toi ? »

Balade en terre cauchoise. Sur ses terres. Ici, à Bourville, Fontaine-le-Dun, Doudeville ou Saint-Aubin, il est chez lui. C'est de là qu'il a décollé, le petit Raimbourg. Avec trois sous en poche et un culot monstre. Plaquant son enfance pour vivre un rêve de gamin. Sa famille se faisait bien du souci. A mi-chemin entre chagrin et colère. Le village, lui, rigolait doucement :

« Il doute de rien, André, mais ça lui passera, il reviendra... »

Il revient, c'est vrai. Aux grandes vacances, toujours. Et aux fêtes, parfois. Mais pas comme le pays l'avait imaginé. Le « phénomène » Bourvil, ça les bouscule un peu. Les Cauchois sont ainsi. Ils n'aiment pas être dérangés dans leurs habitudes. L'imprévu, ils n'apprécient pas. André sait tout cela. Il les connaît par cœur, mieux encore, il est des leurs. Même si, dans un pays où l'on s'enracine, où l'on vit chez soi et pour soi, il est « sorti de son cru ».

« Sacré Dédé, avec un métier comme ça, t'as plus besoin de travailler... »

C'était le jour d'une visite, avec sa première voiture. Et, au début, quand il n'était encore que « Bourvil, le comique-paysan », qu'il descendait à Fontaine-le-Dun, le jour du marché, pour « touiller » les dominos au café, avec ses copains de jeunesse, il en entendait de « sévères » :

« C'est bien, André, tu fais le con et tu gagnes des ronds... »

André jouait le jeu, blaguait, en rajoutait même un peu : Double-six et « couche tout nu »[1]... surtout ne rien laisser voir. Derrière la rigolade et les tapes dans le dos, effleuraient l'envie, la jalousie, et puis l'ombre légère, mais noire, des préjugés tenaces : « le Raimbourg », avec ses sous ramassés hors du pays, sans travailler la terre, il achetait des fermes, des herbages et des cultures. Sans

---

[1]. Dans le pays de Caux, c'est ainsi que les joueurs de dominos surnomment le « double-blanc ».

voler personne, bien sûr... N'empêche, ce n'était pas de l'argent « d'ici »...

Dans son dos, les plus virulents allaient jusqu'à marmonner le mot de trahison. Pour eux, Raimbourg s'était extrait de son terroir comme un brigand, avec armes, bagages et uniforme. Il avait même « piqué » le nom du village. Dans son costume noir, trop court, trop serré, l'habit de mariage naphtalisé qu'on met le dimanche pour la messe et les fêtes, avec ses cheveux tombant en brins de paille sur les yeux, il avait fait rire toute la France aux éclats. Dans ce personnage de « péquenot » naïf et ignorant qu'il avait endossé et exhibé sur scène, Raimbourg avait forcément mis un peu de lui-même. Mais les Cauchois, pas fous, voyaient bien qu'il y avait beaucoup d'eux. Il s'était « foutu de leur gueule », et ils n'avaient pas tous apprécié. L'humour, ils ne détestent pas. Mais entre eux. A usage personnel. Pas pour les Parisiens...

Bien sûr, en 1969, on n'en est plus là, l'image du culterreux un peu trop niais que Bourvil s'est construite à ses débuts est largement passée de mode. Mais dans un coin de sa mémoire, le Cauchois garde intact le reproche. Ce qui ne manque pas de mettre le frère en fureur quand, d'aventure, quelqu'un ose lui en parler ouvertement.

« T'as qu'à y aller, toi, à Paris. Vas-y, prends ta musette, et vas-y... »

Bourvil s'y est fait. Il connaît trop la mentalité du pays pour ne pas savoir que son succès et sa popularité laissent aussi, bien caché sous la casquette portée à la cauchoise — légèrement en retrait sur le front pour la discussion, bien calée sur les oreilles pour la marche —, un brin d'orgueil. Il est du coin, et « ce qu'il raconte, c'est tout de même nous qui l'ont vécu ». Bien sûr, au début, il était agacé : pour toute la France, il était devenu Bourvil, Bourvil l'acteur, Bourvil la vedette. Mais le pays de Caux ne connaît pas l'histoire du cousin d'Amérique qui revient triomphalement après avoir fait fortune. Ici, dans le village, quand il croise des connaissances, il n'entend que des « salut André » ou des « bonjour Raimbourg ». L'autre jour, un vieux de Bourville qui l'avait connu tout gamin l'a même salué d'un « bonjour Monsieur », enlevant respectueusement son béret comme au passage d'un corbillard. Comme si de rien n'était, comme s'il ne s'était rien passé. Feinte indifférence. Parfois dure à encaisser. Pas de pierres, pas trop de fleurs non plus. A la rigueur, il n'était que « le petit qu'avait bien réussi à la ville », celui dont on vendait, il y a peu de temps encore dans le café-épicerie, une carte postale représentant la maison de sa mère avec pour légende au verso : « La maison familiale du chanteur local Bourvil. »

Vingt ans plus tard, Bernard Alexandre, curé de Vattetot-sur-Mer, chantre du pays de Caux, savoureux conteur récemment disparu, analyse en connaisseur le phénomène, livrant en pâture l'une de ces histoires pittoresques et cruelles dont Gide, le « châtelain de Cuverville », fut la victime :

« Elle se déroule sur le quai de la gare de Criquetot-l'Esneval. Tenant son père par la main, le petit Gollain, âgé de sept à huit ans, voit un monsieur " de la ville " qui descend du train, serviette à la main :

— Tu vois le monsieur là-bas ? lui dit son père.
— Oui, papa.
— Tu sais qui c'est ?
— Non, papa.
— C'est André Gide.
— Ah...
— André Gide, tu sais pas ce qu'il fait ?
— Non, papa.
— Eh bien, c'est un académicien.
— Ah...
— Tu sais ce que c'est qu'un académicien ?

— Non, papa.
— C'est un fainéant.
Bourvil eut de ces réflexions, assure l'abbé Alexandre. Vis-à-vis de lui, de la vedette qu'il était devenu, bien des Cauchois tenaient le même raisonnement. »

Circonstance aggravante. Gide était un « touriste », Alexandre, après quarante années de vie commune avec eux, est resté un « horsain » : c'est-à-dire « celui qui vient d'ailleurs, et qui, forcément, dérange ». Tandis que Raimbourg, lui, était « d'ici ».

En 1969, Bourvil n'ignore rien de la rumeur. Au fil des ans et de ses retours, il a pris quelque distance avec les habitants du pays. Il est là pour sa famille, pour « Doudou » son copain, pour son vieil instituteur aussi. Le présent, son présent, c'est Montainville, dans les Yvelines, à la lisière de Paris.

C'est là qu'il a acheté sa grande maison d'homme arrivé, neuve et blanche, nette et lisse, un peu à l'écart du village. Montainville, c'est un petit coin tarabiscoté et bien enfoui sur la colline. Cossues, soignées dans les moindres recoins avec leurs portails vernis, leurs barrières blanches et leurs grosses lanternes rustiques, les demeures respirent la retraite : « Nous avons choisi de venir ici car l'endroit nous rappelle notre chère Normandie », avaient dit les Bourvil au maire. Mais Montainville n'a rien à voir avec le village de son enfance : André s'y tient comme un citadin ordinaire qui s'évade à la campagne. Il y joue au paysan du dimanche, taillant haies et rosiers, tondant la pelouse, s'amusant avec son mini-tracteur. Il a même engagé un jardinier, un chômeur qui cherchait quelques menus travaux à faire dans les propriétés. Il a sonné chez Bourvil. Et a été reçu comme le Messie :

« Vous tombez bien, je n'arrive pas à planter mes troènes. Entrez boire un verre, vous allez m'aider... »

Et il est resté. Un jardinier... Si les Cauchois voyaient

ça. Mais ici, à Montainville, il n'est pas, il n'a jamais été André Raimbourg. Il est « Monsieur Bourvil », le grand comédien, qui fait ses courses à bicyclette, qu'on peut rencontrer chez l'épicier ou au café-tabac, en jean, chemise de velours et Pataugas, coiffé de sa casquette « fécampoise » bleu marine. Un type simple, chaleureux et direct. Le temps d'un salut ou de quelques mots lancés à la volée...

N'empêche. On n'exporte pas ses racines. Quand il revient ainsi au port d'attache, il se sent un peu comme l'acteur d'une double vie : il se revoit gamin, petit paysan sagement élevé au rythme des saisons. Avec les labours pour avenir. Ou pour s'en évader, l'usine à pointer. Ce n'est ni rose ni noir. C'est gris. C'est logique. C'est normal. Un destin au ras du sillon. Le destin de Raimbourg.

Bourvil a cassé le planning. Il a décroché la lune, s'est élevé dans les étoiles. Il est devenu quelqu'un. Mais pas quelqu'un d'autre. Il n'a rien largué, rien enterré. S'il boude un peu Bourville et ses mesquines rancœurs, il a la nostalgie du passé. Il aime retrouver son enfance, son adolescence. Car c'est là, dans ce pays à l'âme un peu dure, un peu fermée, un peu sectaire, que tout a commencé : premiers émois, premiers rêves, premières notes de musique, premières chansons. Avant le grand élan, André l'avoue sans honte, il aime bien prendre rendez-vous avec son histoire. Une histoire pas banale...

Balade en terre cauchoise. L'automne lui fait un drôle d'effet. L'automne, c'est une image finissante, celle des beaux jours qui agonisent. Et puis, novembre, il n'aime pas trop. Dans les cimetières, des ombres en noir s'agitent lentement autour des tombes oubliées tout le reste de l'année. Les fleurs de novembre, c'est un peu le remords. C'est aussi la mort...

Mais sous les falaises de Saint-Aubin, la lumière

d'automne a des couleurs d'évasion. Ici, décor et sentiments se noient dans l'infini. Le ciel n'erre pas au ras du sol, la pluie hostile ne vient pas buter tristement sur les fermes-forteresses, grands rectangles bordés de haies et de hêtres. Tout se mêle, fusionne, s'évanouit, cinglé par le vent du large.

André aime les plages du pays de Caux. Souvenir de gosse encore... Quand chaque jeudi, aux beaux jours, grand-mère Pesquet les emmenait « à la mer », pour une journée de sable et de soleil. Il la revoit, attelant elle-même le cheval, et emmenant la marmaille qui chahute dans la carriole... Saint-Aubin-sur-Mer, large échancrure trouant la falaise, a toujours sa préférence. Chaque été, il vient en abonné sur cette petite plage pour congés payés. Tandis que les célébrités se pressent sur la Côte d'Azur, ou plus près encore, à Deauville, de « l'autre côté de l'eau », qu'ils se montrent au gala des Ambassadeurs ou sur le champ de courses, André est en vacances chez sa mère. A ne pas manquer. Sous aucun prétexte. Producteurs et réalisateurs savent qu'il y a un grand blanc dans l'agenda de l'artiste. Aucun tournage jusqu'en septembre. Place aux jeux de plage et à la pêche à la crevette...

Bourvil et Saint-Aubin-sur-Mer. Sur le trajet, ni casinos ni soirées mondaines. André n'a même pas un petit bateau. Sous prétexte de cambriolage, il a revendu une maison qu'il avait acquise tout près, à Veules-les-Roses.

« J'ai pas besoin de ça », a-t-il dit simplement. La famille se loge à Tonneville, dans la grande maison familiale, et avec femme et enfants, André descend sur les galets. Là, entre mer et campagne, parmi les vacanciers ordinaires, allongé sur sa serviette de bain, il vit un été comme il les aime. Un été comme tout le monde...

— Vous êtes bien Bourvil, monsieur ?
— Mais oui...

Brève réponse. Le ton est aimable, sans plus. En bon Cauchois, Bourvil n'est pas très bavard avec les inconnus. Cela vient aussi un peu de ses débuts. Quand les gens ne savaient pas toujours faire la différence entre l'homme et l'artiste, quand ils pensaient que le grand niais qui se dandinait sur scène n'était pas fabriqué. C'était parfois un peu dur :

« On m'imagine aussi bête dans la vie que sur scène », s'était-il plaint un jour...

Toute timidité envolée, content d'avoir reconnu le promeneur en imper et casquette, le gêneur se tourne vers femme et enfants : « Je vous l'avais bien dit... » Un autographe, une photo, et Bourvil poursuit son chemin. Il le connaît par cœur, mètre après mètre. Contre la falaise, à l'extrémité de la promenade en ciment, les pêcheurs rangent leurs filets dans leurs cabanes. A marée basse, ils doivent tirer leurs grandes barques à fond plat avec des tracteurs pour remonter sur la berge. Étrange ballet motorisé, avec ses petits drapeaux qui claquent au vent et ses tribus de mouettes voraces. André Raimbourg connaît tout de cette vie-là. Il marchait à peine qu'il avait déjà le nez sur les poissons et crustacés vendus directement aux clients sur le bord de la plage. Ça n'a pas changé : le vieil étal de bois, la balance antique... et le pêcheur qui attend, silencieux, placide, sans faire l'article, laissant le soin à l'acheteur de faire l'effort. Mais l'enfant du pays a droit à quelques égards. Il reçoit même une invitation. Ce n'est pas la première fois :

— Si vous voulez, un jour, on vous emmène...

— Vous allez trop loin. Vingt kilomètres en mer, ça ne me dit rien, répond le terrien.

Un pêcheur lui tend une roussette à bout de bras :

— C'est pour vous, on vous l'offre.

— C'est gentil, mais ils ont dû en ramener à la maison.

Autre gêneur, plus insistant. Alerté et venu d'Yvetot, le

correspondant local de *Paris-Normandie*, le journal du coin, engage une conversation intéressée. Bourvil n'aime pas beaucoup qu'on lui tombe dessus, comme ça, à l'imprévu. Il n'a jamais pu se faire aux interviews. Mais on n'est pas à Paris. Ici, on n'a pas envie de refuser, de fuir. Il le connaît ce journaliste : depuis une dizaine d'années, chaque été ou presque, il vient prendre une photo de famille sur la plage de Saint-Aubin. Ou à la piscine de Dieppe. Il est même déjà venu boire un verre de cidre à Tonneville. Et puis, André n'a pas la mémoire courte...

A ses débuts, il était bien content de les voir. C'est même lui qui faisait les premiers pas. Il se souvient encore d'avoir poussé la porte de *Paris-Normandie*, un jour de septembre 1945. Gauche et timide. Il s'était trouvé devant un rédacteur qui fouillait furieusement un bureau encombré de paperasses :

— Voulez-vous un crayon ? lui avait-il demandé. Avant même de dire qui il était. Et le journaliste avait éclaté de rire. *Les Crayons*, c'était un fameux mot de passe...

On commençait déjà à parler de lui à Paris. Mais curieusement, Rouen ignorait quelque peu « la révélation » Bourvil. Toujours est-il que ce journaliste avait été sympa. Il avait fait un bon papier. André avait encore le titre en tête :

« Bourvil nous dit comment *L'Inconnue* le tira du pétrin. » Et la chute de l'article n'était pas mal non plus : « Avant de me quitter, Bourvil fut assez gentil pour me donner sa photo. Format carte postale. Et je lui rendis son crayon... »

Dieu que c'est loin tout ça...

— Alors, vos projets, monsieur Bourvil ?

— Ah oui, mes projets...

Un film de Jean-Pierre Melville, avec Delon, Montand et François Périer. Un polar avec un Bourvil inhabituel en flic sombre et cynique. Le titre ? il ne sait pas encore. Et puis, dans la foulée, quelque chose de plus amusant, plus dans sa tradition : *Le Mur de l'Atlantique,* dont quelques vestiges ornent encore la plage de Saint-Aubin. « Une histoire de résistance, un peu fantaisiste, mais inspirée de faits réels, tournée par Marcel Camus. Et puis, bien sûr, je serai chez moi, en Normandie... »

Pour l'instant, rien d'autre :

« Vous comprenez, je vais désormais me limiter à deux films par an. Faut pas fatiguer le public. »

Malin, le journaliste lui parle de ses gosses. Tout le monde sait ici que l'artiste est un père de famille exemplaire, à la fois rigoureux et chaleureux, et qu'il surveille de très près leur éducation. Ses enfants occupent, comme il l'a dit une fois lui-même, « la moitié de mes pensées... »

— On les voit moins souvent qu'avant avec vous ici. Ils n'étaient pas là cet été...

— Ils grandissent et sont plongés dans leurs études. Dominique, l'aîné, était en Suède. Il veut être avocat. Quant à Philippe, lui, c'est la philo qui l'intéresse. Ce ne sont plus des gamins, ils entrent dans la vie...

Souriant, Bourvil fait un petit signe de la main et remonte dans sa DS. « Toujours une DS », se dit le journaliste qui sait que Bourvil, s'il change de voiture tous les cinquante mille kilomètres, reste fidèle à la même marque... Pour le reste, il n'a rien remarqué. Car il ne traînait pas dans le coin par hasard. Depuis quelque temps, de vilaines rumeurs courent sur la santé du comédien. Dernièrement, un hebdomadaire à sensations a même titré sur « le drame de Bourvil ». Le confrère n'y est pas allé d'une plume légère. Là où d'ordinaire, on parle pudiquement de « cruelle maladie » il a écrit carrément « cancer », le mot tabou. En toutes lettres.

« Il n'a pourtant pas l'air d'un malade »... Cela fait quelques saisons qu'il rencontre l'acteur sur la plage de

Saint-Aubin ou dans la campagne cauchoise : toujours la même gueule, avec peut-être un peu moins de cheveux et un peu plus de rides. Mais toujours aussi costaud.

Vedette de cinéma ou pas, Bourvil a l'allure d'un homme de la campagne. Peut-être qu'en cherchant bien, paraît-il un peu plus las, un peu plus soucieux :

« Mais avec sa gueule, pense le journaliste, dès qu'il n'a plus le sourire, il a l'air malheureux. Il n'y a pas de milieu. Comme dans ses films... »

Après tout, il est comme tout le monde, il vieillit. Et puis, il tourne tellement depuis des années, il n'arrête pas. C'est vrai qu' « il a la santé, Raimbourg », mais peut-être a-t-il seulement besoin de souffler un peu.

« Tu travailles trop, André... »

Personne ne sait, personne ne doit savoir. Un comique, pour le public, ne peut pas être malade. L'image ne colle pas. Surtout pas à Bourvil, incarnation du rire, sain, rustique, enfantin. Il va bien, il va forcément bien.

Novembre 1969. Dernière rencontre avec son copain Roger Douville. André est venu à son exposition de Caudebec-en-Caux. Il parcourt avec lui les salons de l'Hôtel de la Marine où sont présentées les sculptures. Comme d'habitude, il le félicite. Comme d'habitude, ils plaisantent en se souvenant du bon vieux temps. Mais le présent est moins rose. Quant à l'avenir...

« Tu comprends Roger, il faut que je fasse front, que je lutte contre la maladie en continuant de vivre et de travailler comme si elle n'était pas là. L'ignorer, ne pas en parler. Des gars comme nous, ça doit savoir vivre avec cette sorte de saloperie. Si je m'arrête, je suis foutu. Je dois me battre, c'est mon seul espoir... »

« Doudou » acquiesce en silence. Les larmes aux yeux. Reconnaître son cancer, c'est admettre la défaite. Et André n'a pas l'âme d'un vaincu.

Dans le pays de Caux aujourd'hui, on raconte qu'André Raimbourg, dit Bourvil, n'était pas un « plaigneur »...

II

Rien n'a changé...

RIEN n'a vraiment changé au « pays à Bourvil ». Même si la campagne se vide. Même si les gens de la ville s'amusent dans leurs fermettes d'opérette. Même si, pour beaucoup, les paysans d'hier sont devenus les ouvriers d'aujourd'hui, tassés dans les cars qui les emmènent, à l'heure de la traite, vers les usines de la vallée. Vers Renault, à Sandouville.

Coincé entre Le Havre et Rouen, dévorantes pieuvres citadines, le pays se rétrécit. Devenue chapelet de torchères, la Seine-frontière a coulé ses bacs et s'est laissé enjamber. Les falaises se chapeautent de centrales nucléaires : Penly, Paluel... Sans fureur, ça rapporte au pays. Il y a la voiture et la télé, la machine à laver et les Kleenex, les banques et les engrais, les congés et les hypermarchés, le camping et le bowling... Mais rien n'a changé.

Ni oublié ni contourné, le pays de Caux n'ignore rien de toutes les avancées et bouillonnements du monde moderne. Tout est proche ici : la mer, la ville, l'usine... N'empêche que le Cauchois se méfie. D'instinct. Dans ce monde tissé d'habitudes, on préfère vivre en « à côté » plutôt qu' « avec ». Quant à se mélanger, on n'y vient qu'en dernière nécessité. On dédaigne d'abord toutes les hardiesses et toutes les tentations trop brutales. Tout ne s'y fait, ne s'y dit et ne s'y décide qu'après une longue réflexion : on avise...

« Vite n'est pas cauchois », écrit l'abbé Alexandre. Là-haut, sur le plateau où, de tout temps, l'homme et la terre semblent avoir fait corps, le Cauchois vit le progrès comme tout le monde. Mais il continue de penser à sa manière. Et à son rythme.

Un drôle de pays. Où la mer, pourtant à deux pas, demeure invisible, ignorée des gens de l'intérieur. Un pays de repli, non tenté par le large. Un pays de routine, aux portes à demi fermées, plutôt qu'à demi ouvertes...

« Îlot perdu au milieu des terres, l'habitat cauchois favorise la solitude et le silence. La règle absolue étant de se " suffire ". » Retranchés volontaires, les habitants ne font guère confiance aux « étrangers », et tout comme au siècle dernier, limitent leurs sorties habituelles aux bourgs du voisinage, cités rurales prospères que n'atteignent pas les ambitions des grandes cités voisines.

C'est ici, dans ce pays de bruine et de brume, que flotte encore le fantôme de Maupassant. Dans les grandes cours-masures bordées par un rideau de hêtres, les foires agricoles et les banquets de fête. Là où le jeteur de sort est encore redouté, et le rebouteux consulté bien avant le dernier recours. Là où le notaire est roi, et le châtelain respecté. Où il est déconseillé de trop en dire, de trop se découvrir « parce que le mot prononcé est traître », là où celui qui parle le premier a toujours tort, où on apprend plus vite le calcul que l'orthographe...

« André, il était bon dans les deux, c'est peut-être pour ça qu'il n'était pas tout à fait comme nous. » A Bourville, on tient à rétablir la vérité, parce que ce n'est pas la peine de « raconter des choses fausses ». On a tellement dit et écrit que Raimbourg était un cancre, un garnement évaporé qui ne pensait qu'à faire des bêtises... Sans doute que pour une grande vedette comique, ça fait mieux dans les journaux, plus naturel, plus logique : il a commencé tout petit, vous savez, avec du poil à gratter et des boulettes en papier. Il faisait enrager son monde. Intenable... Mais non, Raimbourg était un petit garçon sage, studieux, et bien obéissant. Un bon écolier. Le meilleur de sa classe. C'est après, seulement après, qu'« il a mal tourné »...

Pour le reste, on dira juste ce qu'il faut. Pas plus. Bourville — maintenant, aux alentours, on dit « le pays à Bourvil », consécration tardive... et posthume — ne donne pas dans le culte de la personnalité. A chaque week-end ensoleillé, des voitures de touristes — surtout les Belges — quittent la grande route qui traverse le plateau dénudé et descendent un peu plus bas, vers le village de l'artiste. Les curieux peuvent flâner longtemps dans les sentiers. Derrière les haies et les bosquets, ou jusqu'au fond des vergers à pommes, il n'y a rien, strictement rien à voir. Pas même une tombe, et c'est ce qui les étonne le plus, Bourvil ayant choisi de reposer à Montainville, son village d'adoption. Peut-être qu'en fouillant un peu — mais va-t-on vous le dire ? — vous trouverez quelqu'un d'assez hardi pour vous envoyer au Musée cauchois d'Yvetot. A coup sûr, la visite vaut le détour, c'est le plus extraordinaire bric-à-brac d' « objets paysans » qui puisse s'imaginer.

Œuvre de Constant Lecœur, une « figure », ancien député reconverti en brocanteur des us et coutumes cauchoises, kidnappeur de la tradition locale. Depuis des années et des années, longue barbe au vent, il ratisse la campagne avec passion, et entasse ses découvertes dans des cours, des hangars et des granges. Et c'est là, entre des pots à lait du siècle dernier, des charrettes, des herses, des harnais ou des machines « à goutte » que stationnent, épinglés sur des panneaux, les grands hommes de la contrée : Maupassant bien sûr, Félix Faure et René Coty, tous deux havrais, mais tolérés et invités en voisins. Et puis, Bourvil, dont la vie et la carrière se résument à quelques photos, articles de presse, affiches de films et quelques partitions des années d'après-guerre, comme en distribuaient les chanteurs des rues...

L'ignorant y verrait une marque d'oubli. Et le malveillant, une pincée d'ingratitude. Il aurait tort. André Raimbourg était devenu célèbre. Emportant un peu de folklore et quelques histoires de ferme. Tant mieux pour lui. Mais un paysan cauchois qui fait ses bagages, il est comme assis entre deux bancs. Plus de place. Bourvil n'était plus au pays, ça ne regardait personne ici...

« Moi, vous savez, je ne peux pas faire grand-chose, on aurait vite fait de dire que je profite. » Maire de Bourville depuis dix-huit ans, Marcel Ménard est aussi le frère — le demi-frère — d'André Raimbourg. Visage, allure, silhouette, expression... comme un air de famille. Peut-être même aussi le même humour, le même goût pour se moquer un peu de soi et des Cauchois. Pour les quêteurs de nostalgie, c'est beau, presque trop beau. Le voilà donc, le gardien du Temple, le guide de la mémoire, le prêtre du souvenir... Pourquoi pas une Saint-Bourvil au village? pourquoi pas un festival, une kermesse, pourquoi ne pas faire la fête? Avec un tel emblème?

Le maire n'est pas contre, le frère en rêve sans doute. Il est ce qu'on appelle ici « un Cauchois ouvert ». Un « audacieux ». Et à l'entendre, André y est pour beaucoup : « C'était un Monsieur. On discutait souvent ensemble et il me faisait comprendre bien des problèmes. Parfois, il m'emmenait avec lui. Pour le tournage des *Misérables* par exemple, en Allemagne de l'Est. Sans lui, aujourd'hui, je ne comprendrais rien au Mur de Berlin. Il m'a sorti de mon trou. » Et puis, il lui doit tant. Quand Marcel, gravement malade, vivait un cauchemar, c'est lui, André, qui le secourut durant ces trois années d'immobilisation : « Sans lui, je passais de l'autre côté. » Et cette ferme, cette grande ferme et sa centaine d'hectares. C'est

André. Ému, pudique, admiratif, gêné aussi, Marcel referme doucement le placard aux souvenirs. Le privilège est trop fort, trop voyant : « On aurait vite fait de dire que je profite... »

Le petit village vit donc tranquillement son amnésie. Avec un tout petit accroc. Aujourd'hui, Bourvil à Bourville se résume à une petite bâtisse blanche ardoisée de noir : la salle des fêtes, coquette et proprette, inaugurée en septembre 1987, avec dans le hall d'entrée un portrait rieur, aux couleurs vives et naïves.

Sur les hauteurs pourtant, dans le hameau de Tonneville, la « petite sœur », Denise Raimbourg, aujourd'hui âgée de soixante et onze ans, vit toujours. Réfugiée dans une solitude farouche, elle habite la grande maison de famille, la grande maison de l'enfance : carrée, massive, s'ouvrant sur un vaste potager. Tel est le décor : un univers clos, entre haies et barrières. Où l'on vit sur la terre, pour la terre, par la terre. Au rythme des saisons et des moissons. Où rien ne compte plus que la santé des bêtes. Où l'on ne chante et danse qu'aux fêtes. Où, au début du siècle, les bruits de la ville n'arrivent qu'après un lent détour...

Lorsque Bourvil commencera à brûler les planches avec son numéro de comique-paysan, et que l'on cherchera à savoir d'où vient cet étonnant fantaisiste « nouvelle vague », les journalistes trouveront d'abord l'histoire du jeune rural qui monte à Paris un peu trop belle, et par là même, un peu suspecte. Certains y verront la patte d'un impresario habile, exploitant à fond, et à partir d'un personnage de scène monté de toutes pièces, des origines vaguement campagnardes. Conte de fées, style « valise en carton », version paysan normand, pour faire rêver les foules...

Pour vérifier. Ou démentir. Il suffit alors d'aller sur place. Comme Jean Polbernar, envoyé spécial du *Miroir des vedettes* à Bourville, par une belle journée d'été 1947. Pas déçu du voyage...

« ... S'y rendre est presque une expédition.

Entassés, cahotés dans un car brinquebalant, encombré de paniers, de parapluies, de valises et de cabas, nous roulons pendant plus de deux heures dans un décor de prairies d'un vert si cru qu'il paraît irréel. De temps à autre nous traversons un village pimpant comme un jouet de poupée...

La mer est proche et, cependant, nulle part on ne sent son influence...

— Pardon, madame, la route de Bourville, s'il vous plaît ?

— C'est bien simple, monsieur, vous prenez cette route qui monte à droite, vous verrez un chemin : ce n'est pas celui-là, il vous mènerait à la sucrerie, continuez tout droit et vous verrez un poteau indicateur...

Il nous faut encore marcher... encore deux kilomètres. De chaque côté de la route, la plaine s'étend à perte de vue : riches herbages, terres grasses sous le ciel changeant de la Normandie et au détour d'un chemin, Bourville apparaît.

Le village est frais et coloré comme un décor de music-hall. Des fermes cossues se blottissent derrière de grands arbres : chaumières normandes aux volets verts, grandes cours bruissantes de volailles blanches, granges aux hauts toits de chaume.

— La ferme de Bourvil ? C'est la troisième sur la gauche, après la mare... d'ailleurs, vous ne pouvez pas vous tromper, c'est la seule maison à deux étages...

C'est le décor classique, une immense cour où des poules picorent tout autour : les remises, les hangars, les étables, le poulailler, le clapier, un chariot qui attend, des pommiers, une niche d'où sort un chien de garde débonnaire qui vient renifler les visiteurs...

« ... Au fond de la cour, une maison en briques rouges, entourée d'un jardinet, semble sourire au soleil.

Dans l'herbage attenant, des bœufs se frottent à la clôture, dévisagent un instant les visiteurs et, philosophes, se remettent à brouter.

Tout est calme dans la maison. Les hommes : le beau-père et les frères d'André Raimbourg sont " à la plaine ". Sa sœur et sa mère vaquent aux occupations de l'intérieur. Une vieille pendule normande rythme l'existence bucolique et féconde de ces gens simples. Seul, sur une table, un poste de T.S.F. jette une note moderne et le soir, la famille se réunit pour entendre la voix de l'enfant prodigue... et prodige. »

C'est donc bien là, où rien n'a vraiment changé, que commence la vie d'André Raimbourg, même si pour l'état civil, il est né à cinq kilomètres d'ici, dans la commune voisine de Prétot-Vicquemare. Un 17 juillet 1917.

Ce jour-là, la grande actualité se passionne pour trois autres enfants, trois petits bergers portugais qui affirment avoir rencontré la Vierge à date fixe. C'est Fatima et le début d'une extraordinaire épopée religieuse. Mais à Prétot-Vicquemare, c'est la vie de tous les jours. Pénible, routinière. Sans miracle.

Les flammes de la guerre dévorent le monde. Le père est au front.

Rien de bien original. Il se prénomme André comme le fiston. Mais il ne le connaîtra jamais. Il a pourtant échappé à l'enfer, mais la fin de la guerre n'est pas porteuse de joie chez les Raimbourg. Ayant survécu au carnage, le soldat de Prétot-Vicquemare meurt en cours de démobilisation, terrassé par la grippe espagnole.

Eugénie Raimbourg se retrouve veuve. Avec trois enfants. René, l'aîné, âgé de quatre ans, André qui a alors deux ans, et sa petite sœur Denise, seulement vieille de quelques mois, et qui est née vingt-quatre mois, jour pour jour, après André. Mais les trois enfants ne restent pas longtemps orphelins. Joseph Ménard, un brave agriculteur de Bourville, tend un bras secourable à Eugénie et l'épouse. Il va élever les trois petits Raimbourg comme s'ils étaient les siens. Deux autres enfants naîtront encore : Marcel, le maire, et Thérèse, mariée à un cultivateur, toujours là elle aussi, et tout aussi discrète que sa demi-sœur, sortant peu de la petite maison basse et longue aux fenêtres à demi masquées par de gros dahlias. En face, depuis le fond du parc, le château écrase de toute sa hauteur les modestes demeures. Le grand parc, où André allait « voler » les châtaignes...

Plus bas, au centre du village, flanquée d'une minuscule et pimpante mairie, briques rouges et bois blanc, il y a l'école, qui tint tant de place dans le cœur de Bourvil. Le décor est resté le même. Si on oublie le macadam dans la cour de récréation, les panneaux de basket, et le poste télé au fond de la classe. Bien sûr, M. Lemonnier, « son cher maître », a disparu lui aussi, mais l'instituteur d'aujourd'hui honore bien la tradition. Venu pour quelques mois, en intérim, il enseigne depuis vingt-huit ans dans la commune, apprenant à lire aux enfants de ses premiers élèves.

« C'était sa place. » Premier rang, bureau de droite. Sans mémoire, les gosses ouvrent joyeusement leurs cartables et prennent leurs flûtes. L'instituteur aime la musique. Il bat la mesure, les enfants jouent. Et jouent bien. Plus qu'un hasard, c'est une jolie coïncidence. Aubade pour celui qui fut d'abord un fameux musicien.

III

« Mon cher Maître... »

Septembre 1927. A Bourville, le nouvel instituteur fait connaissance avec ses élèves. Moment important. Et redouté. Bourville, petit village d'environ quatre cents âmes. Une classe unique. Face au Maître, des enfants d'agriculteurs pour la plupart, élevés dans la nature et à la dure. Travaux de la ferme pour loisirs, et sans doute pour avenir. L'instruction de leurs rejetons n'est certes pas le souci premier des parents. De là à penser, du moins pour certains, qu'ils seraient plus utiles « dans les cultures » qu'à apprendre « des choses qui ne servent qu'à la ville », il n'y a pas loin. Mais à part ça, des gosses comme les autres, épris de jeux et de liberté. Et qui ne manquent pas d'espace...

Le jeune Raimbourg, dix ans et demi, est comme les copains. Dès que sonne la cloche, il range vite ses cahiers, claque son pupitre, se rue dans la cour. Mais en classe, il est de ceux qui travaillent bien. Pour l'instituteur, il sera bientôt le meilleur.

Très vite, en effet, René Lemonnier remarque l'assiduité du petit bonhomme à faire ses pleins et ses déliés sur son cahier d'écolier. Et comme il est au premier rang, il a tout loisir de l'observer. Physiquement, André Raimbourg n'offre rien de très particulier. Cheveux très blonds, yeux très bleus pour l'ascendance viking... joues bien roses et pommettes assez larges et hautes. Peut-être, quand même, ce drôle de nez, bizarrement tordu, comme s'il semblait hésiter sur la direction à prendre. En fait, quand on regarde aujourd'hui ses photos de jeunesse, on se rend compte que le petit communiant, costume noir, chaussures vernies, chemise blanche au large col ouvert, qui pose gravement près du prie-Dieu, a déjà son visage d'adulte. Le visage de Bourvil...

Par contre, ce qui étonne le maître d'école, c'est la personnalité pas ordinaire du gamin. Dans un de ses classeurs, il conserve — il le gardera jusqu'à la fin de sa vie — un texte du jeune Raimbourg, véritable poème-plaidoyer écrit pour défendre son hameau de Tonneville qu'il estime trop délaissé par la commune de Bourville. Encre violette, écriture bien droite. Et à l'oral, debout dans la classe, l'avocat de dix ans et demi a vaillamment récité son *J'accuse*.

Mon hameau

Mon hameau est si petit
que la commune l'oublie.
Entre deux fossés énormes
sortant des chênes, des ormes,
un seul et étroit chemin y est creusé
où deux voitures ne peuvent se croiser.
L'hiver, les voitures dont les roues
creusent le chemin font de la boue.
Croyez-vous qu'un cantonnier a mis la main ?
La commune dit : « Il n'en a pas besoin. »
Parfois cette terre est jonchée
de feuilles mortes qui sont tombées.
Toujours au bord du chemin
s'écoule un noir purin.
C'est dire que des nombreuses volées
de mouches viennent chercher la pâtée.

*De tout cela on pourrait se débarrasser
si l'on avait un cantonnier.
Au lieu de poteaux télégraphiques,
sur les fossés, il y a des orties.
Au pays, s'il y a des impuretés,
il y a aussi beaucoup d'activité.
Là-bas, en ferme, le vacher s'en va traire,
l'âne traîne le broc et se met à braire,
le cheval en hennissant,
va boire en galopant,
les volailles
courent, piaillent,
pour se voler et manger le grain jeté
par la fermière auprès du poulailler.
Toute la besogne est faite.
Tout, même les vaches sont traites.
Les veaux meuglent à l'arrivée du lait
qui est pour eux leur principal et bon mets.
Bientôt l'écrémeuse bourdonne,
en cuisine, les plats résonnent.
Puis, ce n'est pas fini,
c'est encore du bruit.
Car au bercail, les moutons chantonnent,
car au haut du clocher, midi sonne.
Rentrent du travail les ouvriers
comme le maçon, le vitrier.
Dans tout le pays, c'est une rumeur folle
où l'on ne peut retenir une parole.*

*Vive Tonneville, petit bourg
étant décrit par André Raimbourg.*

*Vive Tonneville !
dont son chef Bourville !*

« Pas commun », juge l'instituteur. Mais ce n'est pas tout. Car si le petit Raimbourg obtient de bonnes notes dans toutes les matières, avec une préférence pour le français, l'histoire et la géographie... C'est en dessin, discipline peu prisée, voire méprisée, surtout à la campagne, qu'il montre d'étonnantes dispositions : coup de crayon, sens de l'observation et du détail, goût de la couleur. Là encore, l'enseignant conserve quelques spécimens : voiture de voyage, maison familiale, bouquet de fleurs... le tout dessiné avec beaucoup d'adresse, de finesse et de sensibilité.

Cela étant, André Raimbourg n'est tout de même pas un phénomène d'assiduité. Et quand il n'est pas absorbé par ses devoirs et ses poèmes, il serait même un peu turbulent. Pas chahuteur, pas vraiment... Plutôt espiègle et « rigolo ». Un jour, l'instituteur a laissé traîner son monocle sur son bureau, et le petit André n'a pu résister au plaisir de le lui chiper pour faire le pitre, verre vissé sur l'œil, à l'heure de la récréation...

Une chose frappe d'ailleurs l'instituteur, c'est le goût de ce gosse pour les facéties, les mimes et les grimaces. Il adore les bons mots lancés à voix haute dans la classe, et ces réflexions, pour un gosse de dix ans, révèlent un penchant irrésistible pour l'humour...

« Ainsi, racontait René Lemonnier, un jour qu'il avait trouvé dans la cour de récréation un mouchoir portant l'initiale H, il le rendit à son propriétaire en l'appelant " hippopotame "... Une autre fois, comme j'interrogeais les élèves sur une leçon d'histoire naturelle se rapportant aux tortues, l'un d'eux venait de répondre qu'il connaissait la tortue terrestre. Un deuxième annonça fièrement qu'il y avait aussi des tortues célestes ! Ce qui provoqua naturellement l'hilarité générale... et cette malicieuse réflexion d'André : " Ta réponse ne m'étonne pas, tu viens de prendre ta leçon de catéchisme à l'église... " »

En fait, le petit plaisantin adore surtout les rires qu'il

provoque. C'est cela, le petit Raimbourg, il adore faire rire les autres...

Le plaisir des enfants heureux. René Lemonnier connaît maintenant les parents d'André. Il sait que sa mère est une brave femme, et que son beau-père, homme droit et bon, lui-même d'un caractère gai et optimiste, considère les trois enfants du premier mariage comme les siens. Chez les Ménard, gens simples et accueillants, l'atmosphère est chaleureuse...

« Notre enfance, confirme Marcel Ménard, s'est déroulée dans une ambiance familiale idéale. Nous avions des parents merveilleux qui nous donnèrent une bonne éducation. Dans la tradition de l'époque, bien entendu, et avec trois grands principes que vous retrouverez toujours ensuite dans la carrière d'André : bonne conduite dans la vie, respect du prochain, goût du travail bien fait... »

Bien sûr, ce n'est pas la richesse. La famille Ménard se situe même plutôt au seuil de la pauvreté. Et le grand potager qui s'étend face à la maison n'est pas là pour faire rural dans le décor. S'accrocher à sept sur une ferme de vingt-cinq hectares ne permet pas la folle vie. Le quotidien est modeste, les privations fréquentes. Mais on se serre les coudes et on ne demande pas trop à l'existence, si ce n'est de pouvoir vivre honnêtement et dignement.

Pour le reste, le travail est rude. Et les loisirs inexistants. La campagne des années trente, c'est encore un peu la préhistoire. Pas ou peu de machines agricoles pour les petites exploitations, pas d'électricité à la maison, pas de cinéma au village. Lever tôt, coucher tôt. Labeur sept jours sur sept. Avec de temps à autre, la grande fête au village — « l'Assemblaye » de la Saint-Victor en juillet — ou le banquet familial. Mais les gamins s'ébattent en plein air et galopent dans les champs...

Sans le savoir, le jeune Raimbourg illustre parfaitement les propos de Marcel Aymé sur sa propre enfance. Marcel

Aymé dont tant d'œuvres seront adaptées à l'écran et pour lesquelles Bourvil sera un acteur de prédilection :

« L'enseignement du maître d'école et la vie campagnarde », note ainsi l'écrivain dans *Le Chemin des écoliers*, « forment un tout cohérent ; l'hectare et le quintal, ce n'était pas pour moi des notions abstraites, l'un était représenté par un certain enclos et l'autre par des sacs de farine que je voyais manipuler au moulin chez mon oncle... »

Pas de sacs de farine pour André, mais des rasières de pommes à cidre, des villottes de blé, des mottes de beurre... Car il aide évidemment aux travaux de la ferme : il « loche » les pommes dans les arbres et s'occupe des bêtes quand il le faut. Il aime le sport aussi. Mais pratiquer le sport loin de la ville n'est pas facile. Tout de même, on s'est bien débrouillé à Bourville, les jeunes jouent au football. Enfin, essayent... Car monsieur le curé est contre. Il trouve sans doute que ce n'est pas bon pour la religion. En tout cas, il se débrouille pour faire coïncider les heures de catéchisme avec celles des matchs. Dilemme qui n'en est pas un. Car pour la très pieuse maman Raimbourg, pas question de sécher « le caté ». Anecdote d'enfance, sans doute, mais cette obstruction restera dans la mémoire du petit André comme un très fâcheux souvenir.

Bien plus tard, puisqu'on en est à « la religion », il y aura aussi — histoire typiquement cauchoise — une sombre affaire de calvaire situé sur les terres de Bourvil et restauré par le curé avec l'aide de ses fidèles sans que le propriétaire ait été prévenu. Ce qui le plongera dans une colère violente et rancunière. Mais il faut aller chercher des raisons plus sérieuses — que l'on nous définira simplement comme étant « personnelles et familiales » — pour expliquer l'anticléricalisme discret, mais réel, de Bourvil qui se fera un plaisir de tourner *Un drôle de paroissien* avec Mocky, un peu comme s'il réglait un compte avec le clergé. Le point final de son divorce avec l'Église étant bien entendu ses obsèques civiles...

En attendant, il est enfant de chœur. Les cérémonies religieuses, les processions ne le rebutent pas, bien au contraire. Il y voit un spectacle assez grandiose. Tout ce décorum, avec costumes, chœurs et harmonium, le transporte dans un autre univers. On dit même qu'une fois, perdu dans ses rêves de représentation, l'enfant de chœur s'est mis à applaudir à la fin de l'office. Scandale...

Fort heureusement, il ne s'oublie pas jusqu'à jouer de l'harmonica pendant les cantiques. André et son harmonica. Une vraie passion. C'était pourtant un cadeau de hasard. Tous les gosses ont un jour un harmonica ou un tambour. Pour sortir quelques fausses notes ou frapper comme un sourd. Avant de se lasser et d'abandonner le jouet dans un coin. Ça ne va généralement pas plus loin. Dans les premières années de ce siècle, il n'y a qu'à la ville, et chez les bourgeois, que les enfants peuvent — ou doivent — apprendre le solfège. La musique à la campagne, c'est comme le dessin : pas de la première urgence...

Seulement, André apprend. Et fait ses premières gammes. Tout seul bien sûr. A l'oreille. Mieux encore, l'instituteur autorise son « chouchou » à venir chez lui pour écouter la radio qu'il est un des rares privilégiés à posséder. Et, posté devant l'antique T.S.F., fasciné par les sons qui sortent de la boîte magique, le petit Raimbourg écoute, écoute jusqu'à l'ivresse. Et il retient tout ce qu'il veut. Musique et paroles. C'est la grande époque du comique Dranem — dont le vrai nom, coïncidence, est Armand Ménard, et dont le futur Bourvil n'a pas fini d'entendre parler, ni de son fameux *Ah ! les petits pois* —, de Maurice Chevalier et de quelques autres... Il prend son harmonica. Et il joue.

Ensuite, il y a la mandoline. Mais surtout, surtout le superbe accordéon diatonique qu'un jour, accompagnant sa mère à Dieppe, il voit briller dans la vitrine. Un rêve. C'est cher, un accordéon, très cher pour les Ménard, mais André travaille bien à l'école et, comme dit son instituteur, il paraît doué pour la musique. Va pour l'accordéon. André apprend à nouveau. Toujours seul. Et il apprend vite.

Plus tard encore, c'est l'apothéose. Un jour, Mme Ménard revient de la ville avec un gros paquet dans son sac. Un phonographe. Mécanique bien sûr puisqu'il n'y a toujours pas l'électricité à la maison. Mais pour André, c'est l'extase. Désormais, il va pouvoir écouter indéfiniment les enregistrements de ses chanteurs préférés. Plus besoin de saisir les paroles à la volée, l'oreille collée à la T.S.F. Il peut apprendre, reprendre et recopier. André joue de l'accordéon, chante, imite. Quand il remonte la manivelle du phonographe, le petit campagnard est transporté. Loin de la ferme, loin de l'école, loin des jeux d'enfants, loin de Bourville...

L'engrenage se met en marche. Personne ne s'en doute évidemment, à commencer par André lui-même qui, tout à son immense plaisir, ne se pose pas de questions sur son avenir. Les parents, eux, ne s'inquiètent pas encore. Ils sont un peu ébahis tout de même devant les frasques chantonnantes du gamin. On s'en doute, la carrière artistique ne fait pas partie de leur univers. Mais quand ils le voient s'envoler ainsi, déchaîné, sur une scène imaginaire... ils ne cessent de faire référence à l'un de ses oncles, infatigable animateur de fins de banquets : « Encore quelques années, et il sera comme lui... »

Car tous les prétextes sont bons, et Jean Cottard, un copain d'enfance, se souvient bien de ses folles séances « bourvillesques » :

« Ma mère et la sienne étant très amies, chaque été, au

mois d'août, j'allais passer une quinzaine de jours de vacances chez les parents d'André. A chaque fois, il y avait un grand repas familial chez Mme Pesquet, la grand-mère. Et dès qu'on avait fini de manger, on y avait droit. André se levait et commençait son numéro. On sentait que c'était son truc, qu'il adorait chanter et faire rire. Je le revois encore, se rabattant les cheveux sur le front et imitant Fernandel... »

Une joyeuse nature, un peu trop fantaisiste au gré des parents. Mais du moment qu'il travaille bien à l'école...

René Lemonnier acquiesce. Tout en éprouvant quelques soupçons. Ce gamin, décidément, n'est pas comme les autres. Tant de dons artistiques, tant de goût pour la musique et le spectacle sont plus que de simples aptitudes. Surtout que le terrain, en l'occurrence, est particulièrement inculte. Aucun environnement, aucune hérédité, aucune influence ne guident André, cela vient de lui, et de lui tout seul. Une telle volonté, une telle persévérance et un tel enthousiasme étonnent l'instituteur. D'autant qu'il est annuellement placé aux premières loges.

Chaque fête de fin d'année, à l'école, est l'occasion pour André Raimbourg de monter sur scène. Comme ses camarades. Mais lui prépare ses sketches et chansons plusieurs mois à l'avance : il répète, il peaufine, il améliore, il complète. René Lemonnier doit même parfois freiner les ardeurs de « son acteur », ce dernier inscrivant au répertoire des textes peu à leur place dans une distribution des prix. Le jour de la représentation, André domine, écrase ses partenaires. Quant aux prix, c'est lui qui les rafle aussi...

Tout finit donc par s'imbriquer, se mélanger. Surtout qu'avec les années, le jeune Raimbourg élargit un peu son horizon. Bien entendu, la campagne cauchoise se situe à cent années-lumière des Grands Boulevards ou des Champs-Élysées, très loin même de Rouen, la capitale normande... Mais tout de même, Bourville et les autres communes environnantes reçoivent parfois la visite d'un théâtre en campagne ou d'un petit cirque. André ne rate pas un spectacle, mais sa fascination va plus loin encore. Durant de longues heures, sur la place du village, il rôde autour des roulottes, s'approche de ces drôles de gens du voyage qui vivent si loin de sa réalité quotidienne et si près de ses rêves cachés. Entre deux parades et deux numéros de jonglage, les forains présentent également de petits films comiques où Dranem, qui fait ainsi ses débuts à l'écran, exerce ses talents de clown. Déguisé en agent de police, en concierge ou en mitron. Sous les yeux émerveillés d'un jeune admirateur...

Car l'autre choc, il a alors treize ans, c'est le cinéma. Même plus besoin d'aller à Dieppe. Un ambulant plante régulièrement son appareil de projection à Doudeville, chef-lieu de canton, situé à moins de quinze kilomètres. Une salle de spectacles improvisée, avec bâches et bancs de bois. Un régal. 1930, c'est l'année où le cinéma parlant attire de plus en plus les vedettes de la chanson. Et toute sa vie, Bourvil gardera en mémoire l'apparition de Georges Milton, le célèbre « Bouboule », roi du caf'conc', dans *Le Roi des resquilleurs* de Pierre Colombier. Et de ses deux chansons que toute la France reprend en chœur : *J'ai ma combine* et *C'est mon papa*...

1931. André Raimbourg doit mettre sa passion un peu entre parenthèses, et son accordéon plus souvent au repos dans sa housse. C'est l'année du certificat d'études. A l'époque, le « certif » pèse lourd dans les familles. A la campagne, plus encore qu'à la ville, c'est un brevet d'instruction qui fait la distinction. Le jeune André, qui ne sait pas encore qu'il sera Hyppolite, le candidat « exceptionnel » du *Trou normand*, fait un carton : 47 points 1/2 sur 50. Reçu premier du canton avec les félicitations du jury.

Fierté des parents. Quant à René Lemonnier, il est aux

anges. Plus tard, il dira à qui veut l'entendre que « Bourvil fut le meilleur élève rencontré dans toute sa carrière ». Et Marcel Ménard se souvient encore que « l'épreuve de dessin consistait à reproduire une louche. André l'avait tellement bien réussie, avec les ombres notamment, que l'inspecteur montrait le dessin à tous les autres candidats : " C'est comme ça qu'il faut faire, disait-il, c'est comme ça "... »

Pour M. Lemonnier, pas de problème : artiste ou pas artiste, il faut « pousser » André dans les études. Et l'inscrire à l'École primaire supérieure de Doudeville. En internat. Il peut devenir instituteur comme lui. André, docile, ne proteste pas. D'ailleurs, il ne se voit pas travailler à la ferme. Et en dehors de cela, que peut-il espérer dans l'immédiat ? La musique ? Le chant ? Il n'y pense même pas. D'ailleurs, personne ne comprendrait.

Réunion solennelle.

Les parents sont d'accord eux aussi. On écoute monsieur l'instituteur comme on écoute monsieur le curé. Ils ont de l'instruction, ils savent donc forcément de quoi ils parlent. Si M. Lemonnier dit qu'André « est capable », c'est qu'il a ses raisons. Bien sûr, financièrement, ce sera dur. Mais d'un autre côté, leur exploitation agricole est bien trop modeste pour faire vivre décemment tous les enfants lorsque ceux-ci seront devenus adultes. Eux-mêmes travaillent d'arrache-pied, et pour pas grand-chose. Déjà, René, l'aîné, celui qu'au village on appellera plus tard « le savant », a choisi les études. Tandis que les autres enfants s'amusent, il reste enfermé dans sa chambre avec ses bouquins. Il veut être médecin. André mérite aussi de « s'en sortir »...

Le jeune Raimbourg se sépare donc de son instituteur. Qui a si bien su le guider. Et le comprendre aussi. Respect et affection. Jamais Bourvil n'oubliera « son cher Maître » devenu par la suite directeur d'une école du bâtiment à

Dieppe. Pendant quarante années, il rendra régulièrement visite au petit monsieur aux cheveux blancs afin de « me témoigner, dira René Lemonnier, sa gratitude, sa sincère amitié et son indéfectible fidélité »...

En 1964, Bourvil lui lèguera même une chanson : *Bonjour, monsieur le maître d'école*.

> *— Monsieur le maître d'école,*
> *vous souvenez-vous encore de moi,*
> *d'un petit garçon qui ne fut,*
> *je crois, pas toujours sage...*

> *— Monsieur le maître d'école,*
> *malgré le temps qui s'envole,*
> *les souvenirs d'école*
> *ne s'oublient jamais...*

Épilogue émouvant : quelques années après la mort de Bourvil, René Lemonnier frappe à la porte de Marcel Ménard. C'est maintenant un très vieil homme qui approche de ses quatre-vingt-dix ans : « Je ne vais pas très bien Marcel, je sens que je n'en ai plus pour longtemps. » Et il lui tend une grande enveloppe brune : « Ce sont les seuls souvenirs qui me restent d'André » : la copie de *Mon Hameau*, trois dessins, un calendrier, et puis deux lettres datées du 1ᵉʳ octobre 1969 et du 27 janvier 1970 où, d'une écriture devenue souple et ample, l'acteur rassure son ancien instituteur en lui disant combien — touchant mensonge — il est heureux d'avoir retrouvé la santé.

« Je te les laisse. » Quinze jours après, « le cher Maître » d'André s'éteignait.

IV

La fête au village

Cassure. Finie la « petite » école. Derrière les hauts murs de l'École primaire supérieure — ancêtre du collège — André se sent perdu, abandonné. Son « cher Maître » n'est plus là pour le conseiller, l'encourager, au besoin même le gronder. Le soir, l'ambiance familiale lui manque terriblement. Plus de phonographe, plus d'accordéon, plus de chansons. Doudeville, c'est encore l'air du pays, mais, le petit campagnard étouffe en internat et son habit de collégien lui pèse comme une tenue de bagnard :

« J'avais une petite casquette, un uniforme, on marchait en rangs. Pendant deux ans, de treize à quinze ans, j'ai eu l'impression que j'étais un petit soldat désemparé dans un pauvre régiment... »

André a le moral en berne. Il regrette. Il n'est pas fait pour cette vie communautaire, en vase clos, pour les heures d'études et les nuits en dortoir. D'un naturel pourtant studieux, André regarde plus souvent la fenêtre que le tableau noir. Il supporte mal d'être ainsi « bridé » par la discipline et son comportement quelque peu fantaisiste et dissipé lui vaut de fréquents rappels à l'ordre. Quand ce ne sont pas quelques coups de règle sur les doigts. Il souffre. Mais il s'applique, il s'accroche. C'est un bon fils, il ne veut pas décevoir ses parents qui, il le sait bien, font de gros sacrifices, ni son instituteur qui met tant d'espoir en lui. Il tient un an, obtient le certificat d'études complémentaires — équivalent du brevet —, tente de poursuivre. Mais c'est trop dur. Contrit, repentant, il abandonne. Certain également que ce n'était pas sa voie. Jamais, il n'aurait pu être un bon instituteur...

René Lemonnier est désolé. Les parents déboussolés. Cet échec n'était pas prévu. A seize ans, André retrouve sa vie de plein air comme un prisonnier retrouve sa liberté. Il « bricole » à la ferme familiale. Pendant une année. Mais s'il aime la nature, la vie de cultivateur ne le séduit guère. Ça ne peut pas durer. Il faut trouver un travail. N'importe quoi...

Apprenti boulanger. Pourquoi pas ? l'essentiel est de ne plus être une charge pour les parents. Et chaque jour, André enfourche son vélo, prend la route de Dieppe, et file jusqu'à la boulangerie de M. Beaufils, sur la place de Saint-Laurent-en-Caux. Début d'une longue complicité entre Bourvil et la bicyclette. Plus tard, pendant les années sombres, il sillonnera Paris dans tous les sens, non seulement comme garçon de courses, mais pour se rendre dans les galas qui le conduisent parfois dans la lointaine banlieue. Devenu vedette, il n'abandonnera pas le vélo pour se déplacer dans la capitale ou pour accompagner ses fils dans de longues balades dans la campagne de Montainville ou de Bourville. Complicité imagée par une amusante chanson — *A bicyclette* — mais qui tournera au drame, lorsque tombant de vélo lors du tournage des *Cracks*, l'acteur aura pour la première fois révélation de sa terrible maladie.

Mais en attendant, le jeune Raimbourg pédale avec toute l'ardeur et l'insouciance de ses seize ans. Allant même jusqu'à disputer quelques compétitions de village. Expériences sans lendemain. Les mollets ne répondent pas aux ambitions sportives du mitron. Aucune importance. Seule compte la chanson.

Car si la vie d'André Raimbourg prend son élan, sa

passion, elle, reste la même. En vieillissant, le gamin à l'accordéon améliore ses dons artistiques. Désormais, il commande les partitions de ses chansons préférées. Guette le courrier. Et dès qu'il les reçoit, enfile les bretelles de son instrument. Il joue toujours d'instinct, il a toujours la tête pleine de refrains, mais il commence à souffrir de son ignorance du solfège. Pour amadouer croches et doubles croches, il lui faut apprendre. A cette école-là, il le sent, il ne risque pas de décevoir...

Fontaine-le-Dun, le bourg voisin, un peu plus bas dans la vallée, est fier de sa fanfare. André s'y inscrit. Leçons gratuites. Mais on ne défile pas avec un accordéon. Par contre, le cornet à pistons... André est d'accord : accordéon, cornet à pistons — « Le piston, dira plus tard Bourvil, c'est l'instrument qui chante par excellence... » — ou trompette, c'est toujours de la musique. Initiative importante, cette fanfare allant jouer un rôle déterminant dans la vie du jeune homme.

Désormais, tout s'enchaîne et tout s'accélère. Dans le joyeux désordre de l'adolescence finissante. Il est loin de s'en douter, mais André Raimbourg, avec son uniforme de l'orphéon et sa casquette ornée d'une lyre dorée, piaffe déjà dans les coulisses de Bourvil. Encore quelques marches, et il est sur scène...

Renommée, la fanfare de Fontaine-le-Dun est demandée pour toutes les fêtes du canton. Mais la kermesse ne s'achève pas au dernier coup de grosse caisse. Ensuite, il y a banquet, bal, spectacle. C'est à ce moment-là qu'en chœur, et sur l'air des lampions, « Dédé » est réclamé au balcon.

Au physique pourtant, le jeune Raimbourg apparaît toujours bien ordinaire. C'est un gars de la campagne semblable à tous les autres. Plus proche du *Chasseur français* que de la gravure de mode. Solide, rustique, « gaillard », dit-on dans le pays de Caux, et peu soucieux de son élégance. La frange qui le rendra si célèbre n'existe pas à la ville. La chevelure, blonde et déjà clairsemée, est relevée en arrière, dégageant un vaste front. Le visage, aux traits plutôt ingrats, est toujours déstabilisé par un nez de boxeur ringard. Les photos d'époque reflètent l'image d'un garçon pensif et réservé. Impression trompeuse. Figé sur le cliché, il est, au naturel, un expressif, avec ce regard doux et lumineux qui fera dire plus tard que Bourvil pleure et sourit d'abord avec ses yeux...

Bref, Raimbourg n'a rien du jeune premier enjôleur. Les jeunes filles ne se retournent pas sur son passage. Mais il est drôle, amusant, et c'est un charme qui ne manque pas de piquant. Et si certains l'affublent du méchant sobriquet de « pif-en-biais », d'autres lui donnent le surnom plus mélodieux et plus évocateur de « musique ». Car, lorsqu'il chante, André est radicalement transfiguré. Il laisse sa timidité et sa gêne aux vestiaires. Quand il chante, Raimbourg, il est quelqu'un d'autre...

« J'étais un drôle de zigotto, racontera plus tard Bourvil. Je chantais dans les bals, les noces et les banquets quand on me le demandait et même sans qu'on me le demande. Des airs à la mode, et c'était déjà une petite révolution dans le coin ! Cela changeait des traditionnels refrains comme *L'Angélus de la mer* ou *Pourquoi m'as-tu livré, Lison*... Il fallait que je me fasse voir. J'étais gonflé. La vedette quoi ! »

Plus d'un demi-siècle plus tard, Lucien Billard, l'un de ses amis, qui l'accueillit dans la fanfare confirme :

« Il adorait s'extérioriser. On sentait qu'il avait ça en lui, que c'était un besoin irrésistible. Après un banquet, ou même un simple casse-croûte, il suffisait que l'on crie : " Allez André, une chanson... " Et il se levait tout de suite, sans se faire prier. Il n'attendait visiblement que ça. Et généralement, il commençait par son refrain préféré : " Je veux être cultivateur, c'est l' seul moyen pour avoir du bonheur... " »

Ou alors — un peu plus tard — *Ignace*. *Ignace*, la folie du moment, le « tube » qui fait grimacer de rire toute la France. Au théâtre de la Porte-Saint-Martin, Fernandel, star incontestée du caf' conc', fait un malheur. Le petit débutant de Marseille a fait beaucoup de chemin et le comique troupier des Concerts Mayol — *Fibremolle fait des fredaines* — est bien loin. Fernandel est désormais une grande vedette : au cinéma, depuis *Le Rosier de madame Husson* tourné en 1932, sur scène depuis pas mal de temps également. Et avec cet ahurissant *Ignace*, c'est du délire.

André suit la carrière du glorieux comique à la trace. Il la flaire, il la respire, il la hume. « Être un nouveau Fernandel... » Dans un moment d'euphorie, il s'est même laissé aller à cette confidence.

Subjugué par Paulin, Fernandel enfilait jadis pantalon garance et redingote pour imiter son idole. Bourvil s'essaye aussi à copier l'homme au masque chevalin. Il s'est même rendu à son spectacle donné au cirque de Rouen. Et ce qu'il a vu depuis sa place à cent sous l'a estomaqué. Tellement impressionné qu'il a oublié de rire. Accent cauchois contre accent marseillais. C'est inédit. Mais l'imitation — lui qui sera le plus imité de tous les comiques — est encore un don chez Raimbourg, et son petit public des bals de campagne en redemande. Un succès qui le ravit bien entendu, mais qui, plus tard, lui posera quelques problèmes. Lorsque, lassé de jouer « les doublures », il voudra se débarrasser de cette peau devenue trop collante de « Fernandel normand ».

On n'en est pas encore là. Pour l'instant, à dix-huit, dix-neuf ans, le jeune homme prend la vie du bon côté. Et comme elle vient. Il la conjugue au présent. Avec un travail qui ne lui déplaît pas, et une passion, la musique, qui le fait « décoller ». Les parents, habitués à plus de sagesse, et qui ont sous les yeux l'exemple du frère aîné, bûcheur infatigable, se font quelque souci pour l'avenir de ce garçon qui, visiblement, n'est pas pressé de se prendre au sérieux.

De Fontaine-le-Dun à Saint-Laurent-en-Caux, en passant par Doudeville, André et son inséparable bicyclette sillonnent allégrement les chemins d'une jeunesse pleine de gaieté. Avec André, incorrigible optimiste, la fête est fréquente. Parfois, les répétitions de la fanfare s'achèvent dans l'arrière-boutique de la boulangerie avec orgie... de gâteaux invendus. Parfois aussi, la soirée, pour changer, se continue en musique. Car avec deux copains, André a créé une petite formation. Victor Gemptel, garagiste à Saint-Laurent-en-Caux et « fondu » des voitures de course, est à l'accordéon, et un toubib, le Dr Piory, au violon. Avec Raimbourg à la trompette, ça déménage. Un peu trop d'ailleurs, et pour éviter les plaintes de ses voisins, Piory loue une grande maison blanche sur le plateau, totalement isolée au milieu des champs. Le genre d'excentricité qui fait jaser dans le pays. C'est bien beau de ne penser qu'à chanter et à s'amuser. Mais jouer les clowns n'a jamais fait pousser les cultures ! Pensez-vous, parfois la lumière reste allumée toute la nuit, et le vent apporte de drôles de sons. N'auraient-ils pas des mœurs bizarres ?

Mais le « zigotto » a son côté sage. Et sentimental. Il fréquente Jeanne Lefrique, une jeune fille brune, douce et réservée. La rencontre s'est faite grâce à la fanfare, bien entendu. Musicien, le frère de Jeanne a amené plusieurs fois ses sept sœurs aux bals, à Fontaine-le-Dun et à Blosseville. Des bals très comme il faut, avec costumes, robes de soirée, surveillance des parents et où André, comme ses copains, met en pratique les cours suivis au cercle de danse. A l'époque, dans le pays de Caux, on ne peut guère se permettre de papillonner autour des jeunes filles en fleur qui attendent sagement, alignées sur des chaises, les invitations faites en bonne et due forme. Les Lefrique forment une famille très convenable. Ce sont des « horsains ». Originaire des Ardennes, le père travaille à la sucrerie de Fontaine-le-Dun. Comme contremaître, mais en fait, il occupe les fonctions de directeur adjoint. Ce n'est pas rien, car la sucrerie, dont on aperçoit depuis Bourville les hautes cheminées dominatrices, est la grande affaire du pays. L'entreprise marque toute la contrée de son empreinte paternaliste : les fêtes, les manifestations sportives... Et la fanfare évidemment. Sous le regard bienveillant de monsieur le contremaître, Jeanne Lefrique se laisse gentiment séduire par André Raimbourg. Comme tous les amoureux, ils ont leurs petites histoires, leurs petits secrets, et le boulanger de Fontaine-le-Dun dont la boutique se situe à cinq cents mètres de la maison des Lefrique, mettra quelque temps à comprendre pourquoi Jeannette, chaque matin, parcourt une dizaine de kilomètres à bicyclette pour acheter le pain de la famille chez son confrère de Saint-Laurent-en-Caux. Naissance d'une idylle qui restera parfaite. Et qui résistera à toutes les épreuves. Celle de la pauvreté. Et celle du succès. Bourvil n'oubliera jamais ce qu'il doit à sa compagne.

Dix-neuf ans. André commence à se sentir pousser des ailes, à se sentir un peu à l'étroit dans sa campagne natale. Au mois d'août 1936, il quitte Saint-Laurent-en-Caux pour Rouen. La grande ville distante d'une cinquantaine de kilomètres. Sacré changement de décor. Embauché dans une boulangerie de la rue Louis-Blanc, il découvre la capitale normande en livrant quotidiennement ses cinquante kilos de pain. Toujours à vélo.

Il continue à jouer du cornet à pistons, mais cette fois au sein de la réputée harmonie de Rouen-Saint-Sever. En fait, en s'éloignant tout doucement de son « cru » le jeune homme cherche sa voie. A tâtons. Souvent, il va se balader sur le port, le long des quais et des coques de bateaux.

Rêve-t-il au grand large, aux cargos qui lèvent l'ancre pour sillonner les mers du globe, aux voyages lointains et exotiques? Pas vraiment. André n'a pas l'âme aventureuse du jeune Marius, le héros de Pagnol... mais il se cherche un avenir. Tout simplement. Et pour l'instant, c'est flou...

La boulangerie? Elle lui permet de vivre. Et correctement. D'autant plus que son patron, satisfait du travail de son mitron, l'a augmenté de cinquante pour cent. De dix[1] francs, André est passé à quinze francs par jour. Pas mal payé. Mais sans se plaindre, André sait d'ores et déjà qu'il ne fera pas des petits pains toute sa vie. Il n'est pourtant pas mauvais apprenti... bien que rêveur, note son employeur, qui s'amuse à le taquiner lorsqu'il le surprend, aux heures de creux, à jouer de l'accordéon dans le fournil :

« Tu ferais mieux de penser à autre chose. Si tu te figures que la musique te mènera loin... »

La musique? André ne pense qu'à ça. Jouer de l'accordéon ou du piston, chanter. Le voilà son grand voyage, sa grande évasion... Mais comment embarquer? Sans apporter de vraie solution, le chef d'harmonie lui donne une idée : puisqu'il doit partir faire son service militaire dans quelques mois, et que d'ici là, il ne pourra rien construire de durable, pourquoi André ne devance-t-il pas l'appel? Volontaire, il aura le choix des armes. Et son arme à Raimbourg, c'est la trompette bien sûr...

André hésite. La famille, elle, commence à grogner un peu devant une telle instabilité. Le jeune homme manque singulièrement de suite dans les idées. Alors qu'il est bon élève, il ne veut pas devenir instituteur. Il revient à la ferme et la culture ne l'intéresse pas. Il devient boulanger et part à l'armée avant la date prévue. Tout cela est si

---

[1] Les sommes citées dans le texte sont en anciens francs.

soudain, tellement hors des normes. On est loin des prix d'honneur de la petite classe de Bourville, loin du certificat d'études...

Mais à l'armée, plaide André, il pourra perfectionner son talent musical, savoir ce qu'il vaut surtout. Ici, il le sent bien, dans les kermesses, les bals et les défilés du village, il ne progresse pas. Il doit aller voir ailleurs. Signature. Pour trois ans. Adieux déchirants, larmes et effusions. Direction : la musique du 24ᵉ régiment d'infanterie. Caserne de la Pépinière. A Paris.

V

Le comique du régiment

6 MARS 1937. « A Paris, j'étais seul. Tout petit et tout seul... »

Une image qui ne le quittera jamais et qu'il décrira fréquemment à ses amis : sa descente du train, sa démarche hésitante dans la foule des gens pressés, valise dans une main, cornet à pistons dans l'autre, et puis, du haut des marches de la gare Saint-Lazare : sa première vision de Paris...

On imagine la séquence. Le conscrit qui entre à la caserne n'a ni l'allure ni l'âme d'un Rastignac. André Raimbourg sort de sa campagne. Littéralement. Et en 1937, beaucoup plus qu'aujourd'hui, un paysan qui débarque à Paris, cela saute aux yeux. Le jeune Cauchois a l'air de ce qu'il est, avec sans aucun doute cette allure un peu risible, un peu pitoyable qu'on lui verra si souvent à l'écran. Seulement, comme dans ses premiers films, il ne faut pas se fier aux seules apparences. Raimbourg-Bourvil découvre un autre monde. Il en prend plein les yeux, plein les oreilles. Il emmagasine. Sagement, méthodiquement. Avant d'afficher sa véritable ambition : ne pas rester spectateur...

Il apprend donc. Et à toute allure. Les recrues du 24e régiment d'infanterie sont des musiciens de qualité. Il y a là des jeunes qui sortent du Conservatoire, d'autres qui sont déjà professionnels. Beaucoup, de toute évidence, n'envisagent pas un autre avenir que la musique. Déjà, pour André Raimbourg, cornet à pistons dans la fanfare de Fontaine-le-Dun, la révélation est d'importance. Ainsi, il pourrait ne pas avoir à choisir entre la boulangerie et la culture. Il pourrait être autre chose qu'une attraction de village pour dimanche et jours de fête. Il le croit avec d'autant plus de force que ses copains montrent l'exemple.

Bien sûr, ils bénéficient d'une autre formation, d'autres moyens aussi parfois. Mais de se trouver ainsi à leur contact, d'être si près d'eux alors qu'ils évoquent leurs projets, le rapproche aussi de son rêve d'enfant :

— Pourquoi pas toi, Raimbourg ?
— Pourquoi pas moi...

« Il nous l'a toujours dit, rappelle Lucien Biard. C'est à ce moment-là, à la Pépinière, qu'il a commencé à y croire. »

Chaude ambiance dans les chambrées. Où l'on s'entasse joyeusement pour rire aux gaudrioles de la nouvelle recrue. Toute la France continue à fredonner *Ignace*, mais à la caserne, quelques privilégiés ont droit à une version spéciale « made in pays de Caux », car évidemment le soldat Raimbourg continue allégrement à se donner en spectacle : chansons, histoires drôles, il fait un tabac... Le clou de la représentation étant naturellement l'imitation du grand Fernandel.

Le colonel lui-même est conquis. A la fête du régiment, il félicite le seconde classe Raimbourg pour son numéro et l'invite à sa table. Caricaturiste amateur, il croque le comique en quelques coups de crayons. Un dessin que Bourvil gardera longtemps dans ses archives...

Rigolards, ou même peut-être un peu vachards, les copains poussent l'impayable Normand hors des murs de la caserne, dans la rue, vers l'épreuve du fameux « crochet » où, victimes de la *vox populi*, succombent les apprentis-chanteurs du moment.

Né en 1932 dans un petit music-hall du boulevard de Clichy, et animé à l'époque par l'ineffable chansonnier Gabriello, le « crochet » apparaît simple dans son déroulement, souvent cruel dans son dénouement : des amateurs se présentent sur scène pour interpréter une chanson de leur choix. S'ils sont bons, ils vont jusqu'au bout sans problème. Dans le cas contraire, ils se voient brutalement stoppés par les huées impitoyables du public. Manié par l'animateur, un crochet ramène alors le candidat honteux dans les coulisses. Pendant des années, et bien après la guerre, les « crochets » feront la joie des Français, des plus modestes fêtes de quartier aux plus grands galas. Avec, pour apothéose, le célèbre « radio-crochet », créé dès 1936 sur les ondes de Radio-Cité par son propriétaire Marcel Bleustein-Blanchet et agrémenté — pour les auditeurs — du fameux coup de gong. Trait de génie. En quelques semaines, les candidats se présenteront par milliers...

Raimbourg entre donc dans l'arène. La scène, il connaît un peu, un tout petit peu. Mais du côté de Bourville, quand Dédé se déchaîne, c'est en terrain familier. Et conquis. Devant famille, amis, voisins, il ne risque rien, dès les premières notes, les premières grimaces, il met tout le monde dans sa poche. Là, c'est autre chose. Bien souvent, perdu dans la foule hurlante, André a souffert pour les malheureux « fauchés » en pleine chanson. Il y a, dans cette sanction populaire, quelque chose de barbare, de féroce, un côté « jeux du cirque » qui ne lui plaît guère...

« Vas-y Raimbourg », crient les copains de perme au pied de l'estrade. Raimbourg y va. Ou plutôt *Ignace*. En bidasse. Tremblant de l'intérieur, s'attendant au pire dès les premières mesures. Mais comme chez tous les artistes bien nés, son trac s'évanouit à la première note. Le crochet en est pour ses frais. Aucun sifflet. Le candidat ne s'enfuit pas sous les huées. Au contraire, c'est un triomphe. Premier prix.

A partir de ce moment, André collectionne les succès. Le « Fernandel normand » chante de podium en podium sans aucun raté. Mis en confiance, il vise de plus en plus haut. Un soir, il se présente à un concours organisé par le Poste Parisien et animé par le célèbre Georges Briquet, reporter vedette du Tour de France. Premier prix. Un autre soir, c'est Radio-Cité qui reçoit le soldat chantant, pour le concours des « fiancés du Byrrh ». Premier prix. De quoi s'acheter un accordéon tout neuf. Lors d'un concours, André passe même dans un cabaret de quartier, Le Tourbillon... puis c'est à nouveau Radio-Cité pour « le music-hall des jeunes amateurs », et il s'en tire si bien qu'il obtient un contrat de huit jours à Radio-Cinéma.

Dans les chaumières du pays de Caux, c'est l'ébahissement. Car Bourville est au courant bien entendu. En 1939, la radio est entrée dans les mœurs et dans les campagnes. Le petit écolier n'a plus à se rendre chez l'instituteur pour écouter la T.S.F... Là-bas, au village, tout le monde sait que « le Raimbourg, il passe à la radio ». Dans la maison Ménard, à Tonneville, toute la famille se rassemble autour du poste, posé sur une table, dans un coin, tout près de la grande horloge. Et là, coincés entre le lourd tic-tac du balancier et les crépitements du poste, la mère, le beau-père, les sœurs et frères écoutent les refrains d'André. Ça leur fait un drôle d'effet, l'effet d'un rêve, d'une magie. Ils sont là, dans leur ferme, à vivre comme aurait dû vivre André, comme il vivait encore il y a quelques semaines... Et c'est sa voix, son rire, ses chansons qui courent sur les ondes. La voix, le rire, les chansons de l'évadé...

Premier flirt avec la radio. Le grand amour sera pour un peu plus tard. Car survient un fâcheux contretemps. Septembre 1939 : déclaration de guerre et mobilisation générale. La « vedette du régiment » rentre dans le rang et son destin va provisoirement se mêler à celui de millions d'autres Français. Perdus, assommés, paniqués dans un pays en perdition.

La chute s'amorce en douceur. Drôle de guerre. Sur le front, les ennemis s'observent à la jumelle et s'arrosent de propagande. Les coups de fusil sont rares. Comme pour anesthésier le danger et désarmer l'angoisse, la France se refuse à broyer du noir, vit le masque à gaz en bandoulière, et s'adonne, en textes et en refrains, à une fantaisie échevelée : Pierre Dac crée *L'Os à moelle,* Arletty fredonne *Comme de bien entendu,* Ray Ventura et ses boys invitent joyeusement leurs compatriotes à « pendre notre linge sur la ligne Siegfried ».

En attendant la grande tuerie, les soldats s'occupent comme ils peuvent, et pour remonter le moral des troupes oisives, le théâtre aux armées ne chôme pas. Les plus grandes vedettes sont mobilisées, de Maurice Chevalier à Joséphine Baker, en passant par Fernandel. Dans son modeste registre, André Raimbourg participe à la fête forcée. Bandes molletières et ceinturon. Comique troupier nouvelle version...

Survient le grand chambardement. Plus question de faire le zouave. Pris dans la grande pagaille, noyé dans l'invraisemblable reflux, le soldat Raimbourg, comme tout troufion de base, navigue à vue. Il échoue à Pau. Pourquoi ? Et pourquoi pas ? De toute façon, il ne peut pas descendre plus bas. En compagnie de quelques milliers d'autres vaincus égarés dans les campements, il pose son barda, et n'a plus qu'une seule chose à faire : attendre...

Tristes jours. La France s'effondre et Raimbourg s'ennuie. Tout fout le camp à grande vitesse, et malgré sa nature optimiste, le Normand se fait quelque souci. Il est loin de chez lui, loin de sa famille et de Jeanne. Si encore, il pouvait chanter ou jouer de son accordéon, histoire de tenir le choc... C'est dans cette atmosphère crépusculaire, agitée de noirs soubresauts qu'André va trouver sa petite éclaircie. Et faire en même temps une rencontre capitale.

Non loin de Pau, dans le petit village d'Arzacq, un imprimeur de métier, mais accordéoniste de vocation, a ouvert un cabaret à deux sous. C'est sans prétention, mais chez Étienne Lorin, les bidasses se rassemblent, chantent et oublient leur cafard. Évidemment, André ne tarde pas à pousser la porte. L'occasion est trop belle. Nanti d'un premier nom d'artiste, « Andrel » — Fernandel n'est toujours pas loin —, il se lance dans son numéro et revit les beaux jours de la Pépinière et des crochets parisiens. Triomphe. C'est la fête à Arzacq. Et « Andrel » en profite pour élargir son répertoire. Déjà, il se sent un peu à l'étroit dans le costume de l'Autre, si prestigieux soit-il. Alors, il improvise, raconte des histoires de son cru, joue les idiots du village. De son village du pays cauchois. De Bourville...

L'armistice. Le Maréchal a parlé, les soldats rentrent dans leurs foyers. André Raimbourg retrouve Jeanne sa promise, sa famille, ses amis. Drôle d'impression. Le monde est en plein chaos, mais la bourrasque semble n'avoir qu'effleuré le village. La vie, au quotidien, n'a pas subi le moindre frémissement. Son copain toubib joue toujours du violon et Gemptel, le garagiste, est toujours aussi fondu de voitures de course. Tout cela lui paraît un peu vain, un peu dérisoire. Il se voit mal reprendre la vie d'avant, fermer la parenthèse, retourner aux fêtes du pays et reprendre sa place dans la fanfare. Après quelques semaines, reposé et bien nourri, il rumine déjà une nouvelle évasion. En trois ans, il a vu trop de choses, vécu trop d'événements. Il a goûté, du bout des lèvres seulement, mais goûté tout de même, à son rêve. Rester à Bourville ? André ne peut pas. C'est décidé, il prend à nouveau la clef des champs...

Ses parents crient « au fou ». Comment ? Il n'est pas bien à la campagne, avec sa famille, ses amis, bien au chaud ? Là où on saura se débrouiller dans les temps difficiles qui s'annoncent, où on mangera à sa faim. Supplications, conseils éclairés, reproches, rien n'y fait. Pas même un dernier argument de poids : et Jeanne alors ? Mais Jeanne comprend, comme elle comprendra toute sa vie. Retenir André, c'est à coup sûr le faire mourir à petit feu. Il doit tenter sa chance, il doit savoir. S'il revient, amer, déçu, désespéré même, au moins il n'aura rien à regretter.

Il n'a pas le moindre centime bien entendu, mais son copain Victor Gemptel le dépanne et lui prête trente-cinq mille francs. Un geste que n'oubliera jamais Bourvil. Plus tard, vers les années cinquante, lorsqu'il apprendra que Victor souffre d'un cancer, il fera appeler à son chevet et à ses frais l'un des plus grands spécialistes de la terrible maladie...

Second départ. Mais cette fois, André Raimbourg prend le train de l'avenir.

Deuxième partie

« PAS SI BÊTE »

I
« Je n'étais personne »

« JE suis parti comme un amateur. Je n'étais personne. J'en ai bavé, comprenant que dans le métier que j'entreprenais, il fallait toujours emporter ses bagages... »

En 1940, les bagages d'André Raimbourg sont maigres. Plus que maigres, squelettiques. Il n'a rien, il n'est rien. Aucune expérience, aucune relation. Aucun mot de passe, aucune porte où frapper. Pire encore, il part de zéro dans un pays qui ne vaut guère mieux. Pays bafoué, humilié, occupé. En quelques semaines, ça fait beaucoup. Aux illusions perdues succède la période noire. Devenue capitale de l'occupant, Paris la Ville lumière devient terne comme une préfecture de province. Paris n'a pas le moral, et cherche d'abord à survivre. Pas à s'amuser.

Raimbourg fait partie du troupeau des rationnés. Trouver un travail, trouver à manger. Et en même temps, ne pas se laisser bouffer par la misère, briser par la désespérance d'un quotidien cul-de-sac. Ne pas tout laisser tomber...

André a un toit. A Clichy, dans sa chambre de bonne, glaciale sous janvier, torride sous juillet, il organise méthodiquement sa dure existence d'aspirant à la gloire. La vie de bohème ne l'attire pas. Il n'a pas — il n'aura jamais — une mentalité de saltimbanque. Traîner dans des bistrots enfumés, refaire le monde durant des nuits passionnées et interminables pour se retrouver plus cafardeux et plus dépouillé encore aux premières lueurs de l'aube... très peu pour lui. Question de culture autant que de tempérament. Le jeune homme est de la campagne. Et d'un naturel plutôt sage. Ce qui ne l'empêche pas de rêver en secret. Mais pour tenir le coup, il lui faut du concret, du solide. André cherche donc du boulot. Et c'est urgent...

Compatissante, la concierge de son immeuble le dépanne en l'envoyant nettoyer et cirer les parquets des locataires. Cinquante francs par séance. Mais le tour des appartements est vite fait. Puis, en quelques semaines, Raimbourg traverse toute une escadrille de professions « volantes » : commis plombier, livreur (avec une voiture à bras), laveur de carreaux, commis boulanger, aide-comptable... avant de trouver enfin une occupation stable : garçon de course à la Fiduciaire. Pas mécontent, André. Il n'est pas enfermé dans un bureau ou dans un atelier, il se balade dans Paris, et puis surtout, il dispose d'un vélo. Son seul souci, ne pas se le faire voler. Car dans un pays privé d'essence où la voiture fait désormais figure de carrosse princier, la « petite reine » mérite vraiment son nom. Hors le deux-roues, point de salut. Paris en 40, c'est Phnom-Penh aujourd'hui...

Entre deux courses, André s'inscrit au Conservatoire. Toujours la musique. Et toujours la trompette. Et repart bientôt à l'assaut de ces bons vieux crochets qui peu à peu renaissent dans les quartiers de la capitale et dans les banlieues.

Tout cela a évidemment un petit côté de déjà vu, de déjà vécu. Surtout que pour rafler les prix dans ces concours d'amateurs, André ne prend pas de risques et endosse son costume d'avant-guerre de « Fernandel normand ». L'imitation fait toujours recette, l'ambition, elle, fait du surplace. Non seulement Raimbourg n'est personne, mais il est quelqu'un d'autre. Être un faux Fernandel à l'époque du faux savon, du faux tabac et du faux café, n'est pas si choquant. Mais André n'a pas la vocation. Son succès n'est que le succès d'une ombre. Plutôt frustrant.

Le candidat artiste végète. Ça n'a pas encore le goût amer des illusions perdues, mais on n'en est pas loin. Au 54 de l'avenue de Clichy, sa chambre de bonne ne coûte que sept cents francs par an. C'est encore au-dessus de ses maigres moyens. Au point qu'André doit partager sa piaule avec un camarade du Conservatoire. Plus tard, alors qu'il joue *Pacifico,* il retrouvera d'ailleurs son copain de misère, toujours musicien, dans la fosse d'orchestre. Un nommé Huss, grand et costaud...

« Vous avez vu le morceau », dira-t-il à ses partenaires de l'opérette, « quand je pense que nous dormions tous les deux dans le même petit lit d'une personne. Tête-bêche. Fallait vraiment être jeunes... »

Mais en attendant les bons souvenirs à raconter en famille et aux petits-enfants, la réalité du jour est un peu désolante. Seul, laissé à lui-même, et malgré toute sa volonté et toute son obstination, peut-être se serait-il découragé. Pour retourner dans ses terres, pour retrouver Jeanne surtout. Ce n'est pas bien difficile. Prendre un billet de train pour Dieppe ou Yvetot, et c'est fini... on enterre le rêve. De temps à autre, c'est vrai, il revient au pays. Juste le temps d'embrasser Jeannette, de se refaire un moral tout neuf, de se rappeler le goût du beurre et des œufs. Pas un mot sur les privations, les déceptions. André vit sa période noire dans le silence. Parfois, à la descente du train, à Yvetot, il fait une halte chez les parents de son ami d'enfance Jean Cottard. Après un bon repas, ils repartent tous deux vers Bourville. A bicyclette bien sûr, et comme au bon vieux temps. Mais là encore, hormis quelques histoires marrantes sur son boulot de coursier, pas une plainte, pas une confidence. Pudeur et goût du secret que l'on retrouvera jusqu'au bout, jusqu'à la terrible maladie. Derrière sa façade d'amuseur, Bourvil garde pour lui ses problèmes. Petits ou grands...

« Ça ne regarde personne... »

Et il repart très vite. Après avoir servi son lot habituel de blagues et d'anecdotes. Pas question d'abandonner.

Dans les moments les plus durs, quand les fins de mois sonnent le creux bien avant le 30, son frère René, interne des hôpitaux, est là pour le dépanner. Mais surtout, il y a Étienne Lorin, le copain d'Arzacq qui lui aussi est « monté à Paris ». Étienne, c'est plus qu'un soutien. C'est une locomotive. Sa part dans la réussite de Bourvil est considérable, voire primordiale. Non seulement, il est tout ce qu'aime André : un homme de cœur et d'intelligence, quelqu'un de vrai... mais Étienne a les mêmes idées que lui sur la chanson. S'ils ne mangent pas toujours à leur faim, les deux amis alimentent leurs soirées en discussions passionnées. A peu de choses près, ils sont d'accord sur tout... et d'abord pour se faire les interprètes, paroles et musique, d'une verve populaire drôle, sincère, plutôt primaire sans doute, mais sans vulgarité, ni méchanceté...

En fait, André et Étienne ne se quittent plus. Accordéoniste de grand talent et d'une technique à toute épreuve, l'ancien imprimeur a du caractère et met les bouchées doubles pour réussir son entrée dans le milieu artistique. Pour tout dire, il se débrouille mieux qu'André. Il « cachetonne » dans les petits galas de banlieue et les cabarets de seconde zone. Bref, Étienne commence à mettre le nez à la fenêtre, et comme il n'est pas égoïste, il fait prendre l'air à son meilleur ami...

Car une fois passé le choc de la défaite et surmontée la honte de l'occupation, les Français s'affairent fiévreusement à recoller les morceaux d'une vie ordinaire qui a subitement volé en éclats. Bien entendu, il y a les privations, les tickets de rationnement, la peur et cette hantise permanente de ne pouvoir s'en sortir L'heure est sans doute plus propice au couvre-feu qu'à la rigolade. Mais aux pires moments, la nature humaine fait aussi de la résistance. Laquelle, à défaut d'être toujours glorieuse, se contente ici d'être salutaire.

Comme on ne vit pas toujours avec un malheur dans sa famille, Paris se débarrasse de son brassard de deuil. Music-halls, cabarets, salles de spectacles en tous genres font le plein et en 1942, l'annuaire des spectacles recense cent deux boîtes de nuit ouvertes. On s'amuse, on s'étourdit sous les lumières tamisées et derrière les seaux à champagne. Frivolités et système D. Tandis qu'on torture, qu'on fusille. Qu'on extermine aussi.

Avec le recul évidemment, cette façon insouciante, égoïste de chanter et de danser sur les cadavres a quelque chose de choquant, voire de monstreux... Mais, écrit Henri Amoureux[1] : « Pour oublier le trop triste aujourd'hui, pour oublier, pendant quelques heures, l'Occupation, le marché noir, les incertitudes de la guerre, les Français qui n'ont plus d'essence pour leurs voitures et réservent les pneus de vélo aux raids de ravitaillement, les Français disposent des théâtres, des cinémas, des champs de courses, des stades. (...) Tandis que la France traverse le plus grand drame de son histoire, des faiseurs d'opérettes affûtent des couplets qui seront applaudis par des milliers d'amateurs... Et puis, il y a les chansonniers. Comme ils se moquent gentiment du malheur ! des tickets, du tabac sans tabac, du sucre qui ne sucre pas, des jours sans viande. »

Paris retrouve ses affiches : Tino Rossi, Piaf, Chevalier ou Trenet chantent l'amour ou la douceur de vivre... au théâtre, on frappe les trois coups pour Guitry, Cocteau, Achard ou Anouilh... et avec Bresson, Clouzot, Becker ou Cayatte, le cinéma ne manque de rien.

---

1. *La Vie des Français sous l'Occupation*, Fayard.

Quant à la faune fréquentant les cabarets : « Clientèle mêlée. Vainqueurs dans une guerre facile, ayant conquis une capitale sans ruines, les soldats allemands font du " gay Paris " un but d'excursion. (...) Ils prennent le chemin du Lido, du Casino de Paris, des Folies-Bergères, du Concert Mayol, de toutes ces salles qui, par la plume et la cuisse, prouvent abondamment que " Paris reste toujours Paris "... »

Drôle d'ambiance. Et c'est dans cette atmosphère crépusculaire, en noir et rouge, couleur de deuil et de sang, que le timide et rougissant André Raimbourg va sortir doucement, tout doucement de l'anonymat.

C'est Étienne Lorin, évidemment, qui enclenche le mécanisme, qui le pousse dans la lumière. Au bluff, il fait d'André un accordéoniste confirmé. Celui-ci se retrouve, en compagnie d'Étienne, sur la scène de l'ABC, accompagnateur de Bordas, la célèbre femme à barbe. Second déclic, toujours grâce à son copain qui commence à se faire un efficace réseau de relations : une place de chanteur-présentateur au Prélude, une boîte de Pigalle. Le présentateur est quelconque, emprunté, nanti d'un accent de laboureur. Mais avec les mêmes « armes » le chanteur, lui, ne passe pas inaperçu :

« Soixante-dix francs par soirée... Pas question d'arrêter de travailler bien sûr. Je ne me couchais jamais avant deux heures du matin, et le lendemain, je roupillais sur mon vélo de garçon de courses... »

De réputation douteuse, Le Prélude offre un avantage de choix au jeune fantaisiste. Il s'y nourrit correctement. C'est du moins ce que raconte Jean Richard :

« Cette boîte de nuit était fréquentée par des crémiers. Et on y mangeait bien. Comme visiblement, Bourvil avait faim, les entraîneuses, compréhensives et gentilles, l'imposaient à leurs clients en disant : " Invite-le, il va te faire marrer... " Il racontait une gaudriole, puis d'un seul trait, avalait une omelette au rhum, la spécialité maison après les filles [1]. »

Entre-temps, les duettistes font un petit tour au pays d'André. Entracte rural pour un gala donné au profit des prisonniers de guerre. C'est là, en 1941, qu'André retrouve son ami d'enfance Roger Douville, le sculpteur, qui rentre précisément de captivité. A Fontaine-le-Dun, la grange transformée en salle des fêtes est comble pour voir « le p'tit Raimbourg qui réussit bien à Paris ». Car André enjolive toujours la dure réalité du moment. Pieux et classique mensonge. Pour rassurer maman, Jeanne et toute la famille qui se trouvent au premier rang. « Ne dites pas à ma mère que je suis dans la dèche, elle me croit artiste professionnel... »

N'empêche, les lumières commencent à clignoter dans la nuit. Juché sur son inséparable vélo, André prend tout ce qui se présente. De cinéma minable en cabaret douteux, il apprend, se perfectionne, improvise, invente. En guettant les réactions du public, il se teste lui-même. Peu à peu, il se débarrasse de l'Autre, le glorieux aîné qui, après l'avoir entraîné, le paralyse. Il a ses propres histoires, son propre sens du comique, sa propre inspiration. Pourquoi « Fernandel normand » ? Et pourquoi pas « normand » tout court ?

Le petit écolier-poète de Bourville retrouve l'inspiration de son enfance. Mais cette fois, le maître d'école, son « cher Maître », n'a plus à le calmer, à le discipliner : « Attention, Dédé, tu ne seras pas instituteur », menaçait gentiment le brave enseignant quand il voyait le garnement pousser la plaisanterie un peu trop loin, emporté par les rires de ses copains... Mais là, au contraire, laisse-toi aller, André, laisse-toi aller... Les vannes sont ouvertes. Raimbourg, cette fois, en a marre de Fernandel, marre

---

[1]. *Ma vie sans filet,* Éditions Robert Laffont

aussi de tous les autres qu'il cherche plus ou moins à copier, à imiter, en abandonnant toujours un peu de sa propre personnalité. C'est décidé, il veut être « lui », d'un seul morceau, ne ressembler à personne, créer un style, une silhouette, un personnage, inventer quelque chose qui n'existe pas, que personne n'a encore vu ou entendu. Quelque chose qui te colle à la peau, André. Qui soit de toi et à toi. De A à Z. Ne plus compter sur personne, balancer les modèles à la poubelle. Être seul maître à bord. Et sur scène. Que « Bourvil » devienne une marque, un sigle, une enseigne. Un nom...

« Je ne sortais pas de ces foutues chansons de Fernandel qui n'étaient plus faites pour moi. J'étais à court de refrains, et comme j'étais totalement inconnu, je ne trouvais personne pour m'écrire des chansons correspondant à mon tempérament. Je ne me suis pas découragé pour autant et je m'y suis collé.

Avec Étienne pour la musique, j'ai mis sur le papier ce que je pensais. Il y a des choses qu'on ne verra jamais : " trop mauvais "... Mais enfin, j'ai écrit des chansons, des monologues, construit ce personnage de " futé de village " qui m'a longtemps collé à la peau comme le seul costume du pauvre. Le public a ri, la partie était gagnée... »

Nous y sommes. Pantalon trop court, veston étriqué, boutonné serré, c'est l'habit noir du Cauchois en goguette, celui qu'André a ramené un jour de sa campagne natale. L'habit de noces ou celui du dimanche parqué dans l'armoire à naphtaline. L'habit de toute une vie. De mort aussi qu'on enfile au défunt pour son ultime voyage. Frange sur le front, sourire béat, rire de crécelle, voix de fausset, c'est l'imbécile heureux, le simplet magnifique. Accent traînant et paysan, vocabulaire des noces, banquets et enterrements du pays de Caux, c'est le terreux nature, le péquenot caricature. Dérision dans le mélo, ridicule dans le tragique, c'est la sublimation de l'ordinaire, l'apothéose de la platitude...

Riez, riez, gens de la ville. Le benêt qui vous salue est aux anges. Il s'est fait peu à peu et à tâtons. Mais cette fois, il a tout saisi, tout compris. Fini Raimbourg — il existait déjà un Lucien Raimbourg, un vague cousin paraît-il, et au demeurant excellent comédien de théâtre —, fini Andrel et Fernandel. Bourvil entre en scène. Jumelé avec son village jusqu'à prendre son nom, il a de la paille dans les cheveux, une pâquerette entre les dents et des sabots aux pieds. Et avec sa gueule à vendre du beurre et des volailles sur le marché de Gonneville-la-Mallet, il va en faire des tonnes. Plus besoin d'aller chercher Ignace ou Félicie, il n'a qu'à rameuter ses souvenirs de jeunesse, ses histoires de fanfare et de bals champêtres. Enterré le comique troupier. Le comique paysan sort de son champ...

Il débute à l'Alhambra où il « passe » en numéro quatre avec trois chansons. Puis on le voit au petit Casino, temple de la chanson faubourienne situé au cœur de Paris, impasse Jouffroy. Avec ses plafonds à dorures et ses niches aux paysages naïvement peints, c'est le dernier café-concert authentique où l'on sert depuis des décennies la spécialité maison : une cerise à l'eau-de-vie !

Bourvil entre également sur la grande scène du théâtre de l'Étoile. Le rideau s'ouvre de plus en plus largement...

Un soir de 1942, Robert Picq, futur auteur avec Pierre Ferrary du fameux « tribunal » radiophonique, est dans la salle du Casino Montparnasse. Par hasard. Refusant de collaborer aux journaux de l'Occupation, il a monté un numéro burlesque qu'il tente de placer auprès des directeurs des scènes parisiennes. Celui du Casino Montparnasse est du nombre. Il a donc frappé à sa porte :

« D'accord, venez me voir après le spectacle. »

Robert Picq attend donc, sagement assis dans son

fauteuil, regardant distraitement les attractions qui se succèdent...

« Et maintenant mesdames, vos cœurs vont battre », annonce la présentatrice Joan Daniell, « voici un nouveau chanteur de charme : Bourvil... »

Bourvil... Robert Picq ne connaît pas. Il n'en a même jamais entendu parler. Le « chanteur de charme » fait son entrée. Stupéfaite de l'apparition, la salle s'esclaffe. Il chante, et les rires n'en finissent plus. Le grand niais avec une frange blonde fait un tabac. Il a fini, il salue... le public le retient. Bourvil ne peut plus sortir de scène.

Robert Picq est subjugué :

« Ce type-là est formidable. Mon Dieu qu'il est marrant », glisse-t-il à sa femme assise à ses côtés, « te souviens-tu de Fernandel quand on l'a vu pour la première fois au Belleville-Palace dans son numéro de comique troupier ? C'est le même phénomène, le même impact sur le public. Ce Bourvil va tout casser lui aussi. Si le cinéma met le grappin dessus, il va faire un malheur... »

Bourvil n'a pas fini de ramer, mais la galère est un peu plus légère. Ses deux chansons — *Reviens dis* et *Attachement* — plus quelques histoires et quelques jeux de mots en raccroc, juché sur sa bicyclette, il fonce, tente sa chance avec de plus en plus d'acharnement. Parcours du combattant : il ne compte plus les portes qui lui claquent au nez, les « on vous écrira » ou « ce n'est pas le genre de la maison ». Mais dès qu'une audition se présente, il est là. Plutôt mal à l'aise d'ailleurs. A cinquante pour cent de ses moyens et de son talent. Sans répondant, sans le public et ses rires, il manque de points de repère. Affalé dans son fauteuil, sûr de son jugement et de son coup d'œil, l'examinateur est sans pitié : « On vous écrira... »

Jusqu'au jour où... « Ça marche, je vous engage pour vendredi. » Une seule chanson a suffi. M. Carrère est écroulé. Il pleure de rire. Et ce n'est pas rien, M. Carrère

Propriétaire d'un cabaret huppé de la rue Pierre Ier de Serbie, à deux pas des Champs-Élysées, il accueille une clientèle triée sur le volet de l'Occupation. Des privilégiés, parfois peu reluisants et insupportables, « têtes et fourchettes du Tout-Paris » qui n'ont pas besoin de tickets de rationnement pour commander champagne et caviar. Bourvil dans une telle ambiance ? M. Carrère a ri, c'est entendu, mais ses clients ? Bourvil fait un triomphe. Prévu pour deux semaines, il en reste six. A trois cent cinquante francs la soirée. La Fiduciaire ne va pas tarder à perdre un garçon de course...

Léger frémissement. Bourvil commence à y croire. « Lorsqu'on est admis, dit-il, c'est un cercle dont on ne sort plus. » André entre dans l'écurie de M. Trives, imprésario fort coté qui s'occupe déjà — excusez du peu — des intérêts de Tino Rossi. Bourvil n'aura pas à regretter le choix de ses débuts. Jusqu'à la fin, André Trives, devenu l'ami de l'artiste, saura se montrer digne de sa confiance. Et puis surtout, le 23 janvier 1943, il épouse « sa » Jeanne. Deux témoins, c'est tout. Et un minuscule appartement au 25, rue des Laitières, à Vincennes. « Notre boîte à sardines », disent-ils tendrement...

Halte sur une vie privée. Toute petite halte. Malgré l'éloignement, les remous, les coups durs et le temps qui passait, André épouse son amour de jeunesse. Du fond de sa campagne cauchoise, patiente, discrète jusqu'à l'effacement, Jeanne a attendu. Elle dut faire d'ailleurs beaucoup plus, soutenant son fiancé dans les moments de creux et de déprime, l'encourageant à persévérer malgré les échecs, à se battre pour s'imposer. A se battre contre la famille également. Car papa et maman Lefrique, s'ils trouvent André sympathique et de bonne compagnie, l'estiment un peu farfelu pour construire durablement un bonheur à deux. « Faire l'artiste », ce n'est pas un métier. Et installés dans leur bourgeoise campagne, ils s'inquiètent pour l'avenir de leur fille chérie. Mais Jeannette a tenu bon.

C'est une belle histoire. Un peu fleur bleue dans ses premiers élans, très famille jusqu'à la fin. Comme d'autres grands comédiens de sa génération, comme Gabin, comme de Funès ou Fernandel, qui eux aussi épousèrent soit la « jeune fille de leurs débuts », soit une « étrangère » au métier, Bourvil saura élever une barrière quasi infranchissable entre sa vie privée et sa vie professionnelle. Vedette populaire, homme spectacle en pleine lumière, il redevient lui-même dès qu'il n'est plus en scène et que les caméras s'arrêtent de tourner. C'est-à-dire un homme ordinaire, plutôt pudique et timide, presque secret. Rideau baissé, il retourne à l'ombre, à sa femme, et plus tard à ses enfants. Ils seront peu, très peu, comédiens, réalisateurs, musiciens, à franchir la porte des Bourvil, que ce soit à Paris ou à Montainville. Contrairement à ce qui se passe fréquemment, la notoriété, le vedettariat, ne déstabiliseront pas ce couple modèle :

« Ma vie privée est heureuse et sans histoires. Je suis un très mauvais client pour les rubriques sentimentales », confie un jour Bourvil. « Mon seul roman d'amour, je l'ai vécu avec Jeanne, ma femme, il dure heureusement. Au moins, je sais qu'elle m'a aimé pour moi-même, quand j'étais obscur et pauvre, non pour devenir l'épouse d'une vedette... »

Grand chambardement. La France accueille ses libérateurs et retrouve son âme. Les fusillés ne sont plus les mêmes, les « fusilleurs » non plus. Le cauchemar s'achève, mais pour des mois encore, le catalogue d'horreurs reste à feuilleter : Hiroshima et Nagasaki, Auschwitz et Buchenwald. Les tueurs de Nuremberg paient l'addition et aux assises de Paris, Petiot ricane devant ses valises sanglantes. Pas de quoi danser ? Pas de quoi chanter ? Bien au contraire, c'est le moment ou jamais. Et cette fois, la fête est sans remords et sans indésirables...

Et quelle fête! Dans le sillage de la 6 CV Renault à damiers d'Yves Corbassière, les folles nuits de Saint-Germain-des-Prés sécrètent les nouveaux talents. Du Tabou au Lorientais, les cavernes de l'existentialisme hissent le drapeau noir de la révolte autorisée aux rythmes endiablés du be-bop et du bogie-woogie. Bientôt, ce qui n'est d'abord qu'une petite récréation turbulente de quartier devient, avant de devenir légende, une mode dévastatrice. Les étoiles du spectacle traversent la Seine, viennent s'encanailler dans les souterrains crasseux pour se frotter aux « piliers » du Temple dont ils happent les noms inconnus au passage : Juliette Gréco, Boris Vian, Claude Luter, Roger Pierre et Jean-Marc Thibault...

Bourvil reste sur son rivage. Qu'irait-il faire lui, l'héritier du caf' conc', avec sa tronche et ses histoires de comique paysan dans les caves « révolutionnaires » de Saint-Germain? Ce n'est ni son monde ni son public. Qu'importe! Pour le rire et l'optimisme, destination « France profonde », il est dans le vent. Car on le voit dans tous les cabarets de tradition : chez Ma Cousine, à La Vie en Rose, au Poulailler. Inspirés par l'air du temps, André et Étienne ont créé de nouvelles chansons : *Timichiné la Pou-Pou*, *Quand même*, et *Houpetta-la-Bella*, une parodie du genre cher à Tino Rossi. Trois gentils succès, mais qui vont être éclipsés, balayés par un quatrième titre : *L'Inconnue*... qui deviendra, titres plébiscités par le public, *La Marchande de crayons*, et plus simplement encore *Les Crayons*...

C'est le gros boum. Bourvil n'a pourtant pas changé sa recette : paroles de dérision sur fond de pitoyable mélo. Mais cette fois, le résultat dépasse toutes ses espérances.

La Marchande de crayons s'évade des cabarets et des music-halls...

> *Elle n'avait pas de parents*
> *puisqu'elle était orpheline,*
> *comme elle n'avait pas d'argent,*
> *ce n'était pas une richissime.*
> *Elle eut cependant des parents,*
> *mais ils ne l'avaient pas r'connue,*
> *si bien que la pauvre enfant,*
> *on la surnomma l'inconnue.*

Elle file dans les rues...

> *Elle vendait des cartes postales*
> *puis aussi des crayons.*
> *Car sa destinée fatale,*
> *c'était de vendre des crayons.*
> *Elle disait aux gens de la rue,*
> *voulez-vous des crayons ?*
> *Mais reconnaissant l'inconnue,*
> *ils disaient toujours non.*
> *C'est ça qu'est triste...*

S'envole dans les campagnes...

> *C'était rue de Ménilmontant*
> *qu'elle étalait son petit panier.*
> *Pour attirer les clients,*
> *elle remuait un peu son panier.*
> *Mais un jour, un vagabond*
> *qui passait auprès de son panier*
> *lui a pris tous ses crayons,*
> *alors, elle s'est mise à crier.*

Toute la France fredonne la chanson « débile »...

> *Voulez-vous des cartes postales,*
> *je n'ai plus de crayons,*
> *mais les gens, chose banale,*
> *ne voulaient plus qu'des crayons.*
> *Quand elle disait dans la rue*
> *qu'elle avait des crayons,*
> *ils disaient à l'inconnue,*
> *tes crayons sont pas bons.*
> *C'est ça qu'est triste...*

.. et toute la France écoute Bourvil à la radio...

> *Un marchand de crayons en gros lui dit :*
> *viens chez moi mon enfant,*
> *je t'en ferai voir des beaux.*
> *Je ne t'demanderai pas d'argent.*
> *Ce fut un drôle de marché,*
> *car c'était un drôle de marchand,*
> *et elle l'a senti passer*
> *car elle en eut un enfant...*

La guerre est finie. Et Raimbourg a gagné son pari.

II

Le miracle de la T.S.F.

Août 1944. Les Français retrouvent la liberté des ondes. En manque depuis quatre ans, débarrassés de Radio-Paris et de sa propagande, ils ferment la sinistre parenthèse, reviennent à leurs habitudes d'avant-guerre. La bonne vieille T.S.F. reprend du service à plein temps. Mais l'élan est tel, l'enthousiasme est si débordant, qu'elle va s'en trouver rapidement chamboulée...

Dans la cuisine, le salon ou la salle à manger... Sur le buffet, le guéridon ou la petite table d'angle, trône désormais le nouveau maître de la vie familiale : « Le poste »... dans son costume de bois verni, en dôme, à l'ancienne mode, puis très vite, meuble plus large, plus cossu, ailes arrondies et petite aiguille lumineuse, et un peu plus tard, luxe suprême, la version décapotable, avec pick-up sur le toit. Les rendez-vous sont sacrés. On finit de manger à temps, on débarrasse la table, on fait taire les enfants, et on tourne le bouton. Chaîne Parisienne ou Radio-Luxembourg. Pas d'autre choix. Commence alors, dans le silence et la pénombre, la grand-messe des ondes...

Pas de télévision bien sûr, pas — ou si peu — de bagnoles pour les week-ends. Le cinéma est encore une sortie, une fête. Pour le quotidien, le midi, la soirée ou le dimanche : la radio, rien que la radio. Séries, théâtre, feuilletons, variétés. Avec bruitage, fond sonore, effets spéciaux... Captivés, ensorcelés, les « chers auditeurs » et la petite boîte font la fête. Les chansonniers ont la grosse cote, Piedalu-Ded Rysel est increvable, la famille Duraton renaissante en reprend pour vingt ans, et « Ploum ploum tralala » descend dans la rue...

« Pour bien comprendre ce phénomène radio, explique Pierre Tchernia, il est indispensable de se replacer dans le contexte de l'après-guerre. Moi, à la libération j'avais seize ans. J'ai donc fait partie de cette génération qui a découvert la vie en même temps que la liberté. C'est une sensation extraordinairement forte. On avait encore faim, il y avait des restrictions, mais les Allemands n'étaient plus là. On était libres. Ce fut donc une explosion. Et pour les jeunes comme moi, le temps des découvertes, comme celle du jazz par exemple, et de tous les films américains d'avant-guerre qui déferlaient sur les écrans après avoir été stockés dans les caves pendant quatre années...

Nous étions dans un total esprit de liberté. Et la radio subissait la même vague. Techniquement inventée en 1924, elle avait connu son premier éclat juste avant la guerre, en 38-39. Essentiellement grâce aux postes privés comme Radio-Cité, Radio 37 ou le Poste Parisien qui apparaissaient beaucoup plus " vivants " que les radios nationales au style " ampoulé " et où les informations notamment étaient récitées sur un ton solennel et cérémonieux. Or, depuis la Libération justement, on retrouvait le ton moderne, un peu impertinent des radios privées... »

Avec les anciens talents, disparus sous l'occupation allemande, et qui refont surface : Jean-Jacques Vital, Saint-Granier dit « le marquis », Jean Nohain, le légendaire « Jaboune » bientôt sacré empereur des ondes... Et d'autres, les nouveaux, qui surgissent : Robert Beauvais et Francis Blanche surtout, génial novateur. Tous, animateurs et créateurs d'émissions radiophoniques, comprennent qu'après les années noires, il faut offrir du rire, des chansons et des jeux aux Français. Qu'il faut également être avec eux, parmi eux, à leur contact, sortir des studios, descendre sur la place publique, donner du spectacle sur des scènes de théâtre ou de music-halls. Faire de l'ambiance...

Une démarche de rêve pour un artiste comme Bourvil. Avant-guerre, lors des grands concours-crochets diffusés à la radio, il a pu mesurer l'impact de son « numéro » sur le public. Depuis, il est devenu un fantaisiste de cabaret, dont le succès ne fait que croître. La dernière halte du comique paysan se situe alors au Club, établissement parisien de grand renom. On s'y bouscule pour aller applaudir Bourvil et rire avec ses *Crayons*...

Une clientèle sélecte, un orchestre excellent, raconte Pierre Berruer [1], et il y a là des musiciens de talent : le guitariste gitan Django Reinhardt, un pianiste nommé Édouard Ruaux, futur Eddie Barclay. Et dans les attractions du spectacle figure un véritable " Fregoli ", qui change de costume à toute allure et suggère des personnages historiques avec de simples détails vestimentaires. Une débutante qui monte est également au programme. Elle s'appelle Line Renaud et chante " Mademoiselle from Armentières, voulez-vous ? "... Bourvil passe juste avant elle. En principe, il reste peu de temps en scène. Mais aussitôt, c'est le " boum "... Bientôt, le public ne se dérange que pour Bourvil. Les autres artistes voient ça d'un mauvais œil :

" On ne peut plus chanter avec lui ! "

La plus malheureuse, c'est la jeune Line Renaud. Quand elle lui succède sur scène, elle est accueillie par des sifflets. Les spectateurs tapent du pied et scandent : " Bourvil ! Bourvil ! Bourvil ! " Elle fond en larmes et Guérin doit la pousser chaque soir pour qu'elle affronte la clientèle... »

---

1. *Bourvil, du rire aux larmes,* Presses de la Cité.

Sur les hauteurs de Bourville, au hameau de Tonneville, la maison de l'enfance... *(Collection des auteurs.)*

... Et le dessin qu'en fit l'écolier André Raimbourg à 10 ans.

Photo de famille. Devant André, de gauche à droite : son frère, Marcel, aujourd'hui maire de Bourville ; ses sœurs, Thérèse et Denise, qui habitent toujours dans le village. *(Collection particulière.)*

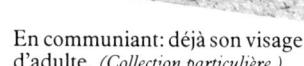

En communiant : déjà son visage d'adulte. *(Collection particulière.)*

Le rire légendaire en caricature.
(Collection Musée Cauchois.)

Les débuts au cinéma. A chaque film, une chanson. *(Collection Musée Cauchois.)*

Première rencontre avec Gérard Oury et l'œuvre de Marcel Aymé. *(Collection Musée Cauchois.)*

Sur sa charrette de foin, en sabots, un brin d'herbe à la bouche... *(Collection Musée Cauchois.)*

Dans *Le Trou normand*, première apparition à l'écran d'une ingénue boudeuse... et prometteuse : Brigitte Bardot (1952). *(Photos Léonce Moutardier.)*

Dix-huit ans après son idole, Fernandel, Bourvil reprend le rôle du *Rosier de Mme Husson* (1950). *(Photo M. Olmes.)*

Une jeune première dans le film : Yvette Etiévant. *(Photo M. Olmes.)*

Scène de vie ordinaire : Bourvil en compagnie des figurants et des habitants de Conches. *(Photo M. Olmes.)*

Détente dans un magasin de Conches en compagnie de Jacqueline Bouvier-Pagnol (à gauche) et Yvette Etiévant. *(Collection Henri Duquesne.)*

Ce n'est pas une scène de film. Au naturel, Bourvil adorait les gosses. *(Photo Mme Leroux.)*

En répétition pour *Pacifico*, Bourvil entre Pierrette Bruno et Jo Moutet. *(Collection Jo Moutet.)*

Toujours *Pacifico*. Encadrant le chef d'orchestre, Bourvil et Georges Guétary. *(Collection Jo Moutet.)*

A la première des *Hussards* (1955), Bourvil en compagnie d'un autre Cauchois célèbre, l'abbé Bernard Alexandre, récemment disparu. *(Collection des auteurs.)*

Duo de choc dans *La Route fleurie,* puis *Pacifico. (Collection Jo Moutet.)*

Dans les studios de la radio avec sa vieille amie et complice, Pauline Carton, pour *Les Aventures de Bourvil. (Collection Robert Picq.)*

Jean-Jacques Vital décou­ Bourvil et le lance dans s émission « Pêle-mêle » (19 *(Collection des auteurs.)*

Mais s'il fait courir le Tout-Paris, le Normand sait pertinemment, comme les autres artistes en vogue, qu'il n'y a que la radio pour faire courir toute la France. Les premières tentatives ne sont guère concluantes. Pour les experts, qui se targuent de comprendre ou même de précéder les goûts du public, ce Bourvil a peut-être une voix marrante sur scène, mais à la radio, c'est sûr, elle ne « passera pas »...

Cependant les grandes émissions populaires radiophoniques ne peuvent ignorer plus longtemps le phénomène. Au cinéma Zola, dans le XVe arrondissement, le comique paysan vient justement de remporter un succès retentissant. Et c'est partout la même chose, son succès est prodigieux... autant qu'inexplicable, déplorent les sceptiques, mais il faut faire avec, et en profiter. Il ne durera sûrement pas longtemps.

Saint-Granier et François Chatelard se dévouent. Ils font appel à lui pour « Sans tambour, ni trompette »... Un peu plus tard, Francis Blanche et Pierre Cour l'accueillent dans « Sans rime ni raison » sur Paris-Inter. Passages sans lendemain apparemment, le temps d'interpréter une chanson — sa fameuse chanson —, mais c'est assez pour le lancer.

Car la chance qui, depuis quelque temps, ne repousse plus Bourvil, va cette fois lui ouvrir largement les bras. Sous la forme d'un petit homme chauve qui, grippé, enfoui au fond de son lit, entend *Les Crayons*. D'habitude, Jean-Jacques Vital n'écoute jamais la radio, et surtout pas celle des concurrents. Pas le temps. Mais la maladie le transforme en auditeur attentif, et ce comique — qu'il ne connaît pas — fait brusquement monter sa fièvre de plusieurs degrés.

Robert Rocca, l'un des chansonniers vedettes de l'époque, raconte.

« Moi, par contre, je connaissais Bourvil de vue. Depuis

ses débuts à Paris. Comme nous, il galérait dans des spectacles de chansonniers qui passaient dans les cinémas, aux entractes, entre deux films. On se croisait dans les coulisses. Juste le temps de se dire deux mots, bonjour, au revoir. A le voir comme ça, c'était un type tout ce qu'il y avait de quelconque. Mais dès qu'il entrait sur scène, il apparaissait transfiguré. Tout de suite, on se rendait compte qu'il faisait un effet extraordinaire sur le public. C'était quelque chose de nouveau, que les gens ne connaissaient pas, qu'ils n'avaient jamais vu et qu'ils trouvaient formidable... »

Jean-Jacques Vital est du même avis. Professionnel de choc et toujours pressé, il veut tout et tout de suite. En l'occurrence, il veut Bourvil.

« Ce fut la grande chance de sa vie. Jean-Jacques m'a appelé au téléphone tout de suite, dans la soirée. Car je travaillais déjà pour son émission " Pêle-Mêle ". Il était complètement déchaîné. " Écoute, je viens d'entendre un type extraordinaire dans une chanson pas possible, invraisemblable. Il faut que tu me le trouves maintenant... " J'ai mis la main sur Bourvil sans problème, et c'est ainsi qu'il a vraiment démarré. »

Jean-Jacques Vital est alors l'un des grands manitous des ondes. Héritier des meubles Lévitan, il a commencé avant-guerre sur l'antenne du publicitaire Bleustein-Blanchet où il créa son « Pêle-Mêle » première formule. Inventeur comblé de la famille Duraton (où il joue le fils), il est passé de la Radiodiffusion française à Radio-Luxembourg et a créé sa propre société, Air Production. C'est un pionnier, incroyablement actif et inventif, qui inonde de nouveautés la production radiophonique.

Infatigable, en perpétuelle effervescence, ayant un sens profond du public, ce présentateur de grand talent est également un commerçant intraitable. Terriblement exigeant au point d'en être tyrannique, il ne travaille pas dans la douceur...

Quoi qu'il en soit, son « Pêle-Mêle » est l'émission vedette du moment. Elle correspond exactement aux goûts du Français moyen qui veut chasser de sa mémoire les derniers vestiges de la guerre. Animée par Jean-Jacques Vital lui-même, c'est une espèce de patchwork radiophonique avec chansons et sketches, avec des jeux également, animé par le célèbre Monsieur Champagne. Sans oublier, pour la partie musicale, Ray Ventura et ses Collégiens.

> *Pêle-Mêle, c'est notre nouvelle émission,*
> *Pêle-Mêle où il y a des brunes et des blondes,*
> *Il faut, il faut de tout pour faire un monde,*
> *Pêle-Mêle...*

... chante le générique. L'irruption de Bourvil sur la scène et face au public donne encore une tout autre dimension à l'émission.

Jean-Jacques Vital n'est pas toujours très tendre avec ses invités. Il aime à se mettre en vedette aux dépens des autres, il aime aussi disposer d'une tête de turc pour faire rire un public bon enfant, mais cruel. Bourvil semble offrir le profil idéal, mais Vital découvre aussi que le chanteur assume son rôle de souffre-douleur à la perfection. Non seulement, il tire admirablement son épingle du jeu, mais encore, il souffle la vedette à l'animateur, en faisant preuve d'un sens inné de la repartie et en improvisant à chaud. D'abord surpris, Jean-Jacques Vital est vite conquis. D'autant plus que les Français, au premier « Pêle-Mêle » de Bourvil, se marrent derrière leur poste de radio en écoutant *Les Crayons* assortis de commentaires « débiles » du style :

« C'est triste, hein quand même, de ne pas reconnaître

son enfant. Faut pas être physionomiste. Il me semble que si j'avais un enfant, je le reconnaîtrais. A condition qu'il me ressemble, naturellement... »

Désormais, et durant des mois, la France des auditeurs se met à l'écoute de Radio-Luxembourg, chaque vendredi, à partir de 20 h 30. En quelques semaines, Bourvil explose littéralement. A chaque fois, bien sûr, il reprend *Les Crayons*, mais cela ne suffit pas, on en redemande et il lui faut renouveler son répertoire. Dépassé par son triomphe, le jeune comique épuise son stock de chansonnettes et de sketches. Aiguillonné par un Jean-Jacques Vital qui le fait « bosser comme un nègre », il passe à la vitesse supérieure, aligne chansonnette sur chansonnette. Qui se souvient de l'inénarrable *Fille des abattoirs*.

C'est la pauvre fille des abattoirs,
A La Villette, il faut la voir,
Dernier supplice des pauvres moutons, des pauvres génisses,
Chair à saucisse pour que les riches, ils se remplissent...

... Et monologue sur monologue : *La Plume, L'Inventeur, L'Ingénieur, Le Vélo, Le Conservatoire*, et *Les Castagnettes*, l'un de ces grands succès du moment, et dont l'origine — normande — est assez savoureuse.

Loin de la péninsule ibérique, *Les Castagnettes* sont en effet nées sur la route de Dieppe, en 1940. André Raimbourg venait d'être démobilisé et rentrait à Bourville. A pied. Le reste, il l'a raconté lui-même...

« Mon uniforme de troufion me faisait ressembler à un travailleur de l'organisation Todt. Je fis de l'auto-stop. Une auto s'arrêta. Le chauffeur me prit pour un Allemand. Il m'interrogea :

— *Arbeit ?*

Étonné, je crus, moi aussi, avoir affaire à un Allemand. Je répondis :

— *Ja!*
J'avais l'air fatigué. Le chauffeur me dit, goguenard :
— *Kaputt?*
— *Ja...*
Décidé à bénéficier de l'auto, j'insistai :
— Vous pouvez emmener moi ?
— *Nix* benzine, répliqua l'autre.
— Zut ! fis-je...
Alors, l'automobiliste réalisa.
— Français ?
— Oui.
— Mé itou... »

... Et ce « mé itou » d'un habitant d'Ourville-la-Rivière donne *Les Castagnettes,* histoire d'un Bourvil auto-stoppeur et danseur espagnol perdu dans la ménagerie du cirque de... Gavarnie.

« Je vais vous parler d'une histoire que j'ai eue en Espagne. Avant d'être artiste lyrique, moi j'étais danseur espagnol, je dansais avec des castagnettes, alors comme j'en voulais des vraies, des bonnes, je m'étais dit : je vais aller en chercher en Espagne ; j'étais allé jusqu'à Bilbao et je revenais à pied vers les Pyrénées parce que je voulais les passer en fraude, mes castagnettes. En cours de chemin, je vois une auto qui passe par là ; je me dis, je vais l'arrêter, ce sera toujours ça de moins à faire à pied ; je ne parlais pas espagnol, mais je lui ai dit comme ça : " Stop, stop ! " Alors il a bien compris, il s'est arrêté et je lui ai dit (parce que je parle un petit peu espagnol) : " *Baillassé a Francia ?...* " (Allez-vous en France ?) Il me dit : " Si !... " Je lui réponds : " Hockey... " vu que je parle plusieurs langues ; je suis monté avec lui, puis on a parlé espagnol... J'ai bien compris, il faisait comme ça avec la main, puis pour dire bas, il faisait comme ça ; puis pour dire haut, il faisait comme ça, et pour dire large comme ça ; alors, comme j'ai des facilités pour les langues, je comprenais tout de suite.

On a parlé comme ça pendant deux ou trois heures et à un moment, il s'est retourné vers moi et m'a dit : " Vous français ? " Je lui dis : " Oui ! " Il me répond : " Moi aussi ! " C'est bête, hein !...

Après on a continué notre chemin, mais on ne parlait plus espagnol, c'était pas la peine puisqu'on ne savait pas, n'est-ce pas. Après ça on arrive à la douane ; c'était plein de douaniers, alors quand j'ai vu ça, j'ai mis les castagnettes sur le siège de la voiture, comme ça, ils ne pouvaient pas les voir, mais j'ai eu tellement peur, je me suis mis à trembler, que les castagnettes jouaient toutes seules ; alors je suis parti en galopant ; on ne me voyait pas le derrière par la poussière...

Après ça, la nuit est venue : alors c'était triste, vous savez, dans la montagne des Pyrénées, par une nuit sans lune. J'étais embarrassé vous savez... Je savais bien qu'il fallait passer par un col, mais quel col ? Vous savez là-bas, c'est des cols raides... des cols montants, puis c'est toujours la même chose, les douaniers se mettent dans les cols pour repousser ceux qui veulent passer ; alors comme je savais qu'ils repoussaient du col, je n'ai pas été leur demander un renseignement. J'étais embarrassé !... J'avais bien entendu dire : si tu te retrouves perdu dans la nuit et que tu n'as pas de boussole, dirige-toi avec le grand chariot et le petit chariot, mais... là-bas il en passait jamais... Alors, j'étais embarrassé, puis dans le lointain on entendait des mugissements : " Hu !... Hu !... " C'était la ménagerie du Cirque Gavarnie, parce qu'il y a un cirque là-bas... J'ai marché toute la nuit, je me suis retrouvé en France sans m'en rendre compte ; j'avais perdu mon portefeuille, ma montre, un peu tout... sauf mes castagnettes ; j'étais content, je n'avais toujours pas été en Espagne pour rien, car elles étaient belles mes castagnettes, et on voyait bien qu'elles étaient spéciales, parce que dessus, c'était écrit : " Made in France ". »

« Chaque semaine », se souvient encore Robert Rocca, « l'émission était enregistrée en public, rue Washington, dans un grand studio où s'entassaient une centaine de personnes. Dans un premier temps, c'est moi qui lui ai fait ses textes, et ça marchait formidablement bien. Je me souviens notamment d'une histoire que je lui avais écrite, qui s'intitulait *Le Chansonnier,* et où il faisait un numéro extraordinaire. Il fallait fournir, fournir. Bourvil, lui, toujours sur sa bicyclette, allait de cabaret en cabaret, car il continuait de chanter pratiquement tous les soirs. Tandis que je préparais des textes d'avance afin qu'il ait le temps de les apprendre pour la prochaine émission. Je les lui déposais dans sa boîte aux lettres, à Vincennes, rue des Laitières. Il habitait au septième étage, sans ascenseur et je n'avais pas le courage de monter l'escalier... »

Lancé tel un satellite par la radio, Bourvil ne cesse pratiquement plus de tourner sur les ondes.

En novembre 1947, l'attraction vedette de « Pêle-Mêle » change de trottoir. Mauricet, un ancien chansonnier devenu directeur des variétés à la R.D.F. (Radio diffusion française), désire monter une grande émission populaire : « Constellation 48 ». On y retrouve Ray Ventura et ses Collégiens et de futures étoiles comme Henri Salvador. Bien entendu, Bourvil y joue un cousin de Normandie aux reparties naïves écrites par les duettistes Robert Picq et Pierre Ferrary. Exemple : Bourvil reçoit une lettre de sa femme restée au pays. Il la lit au public...

« Mon cher mari,

Je mets la main à la plume pour te donner de mes nouvelles qui sont bonnes, sauf que le veau a été malade et l'oncle Charles aussi... Alors j'ai appelé le vétérinaire pour qu'il vienne les ausculter, vu que le médecin il n'aurait pas su soigner le veau, et que je ne pouvais pas les appeler tous les deux au prix qu'est tout ! Alors le vétérinaire il a ausculté le veau, puis il a jeté un coup d'œil sur l'oncle

Charles par la même occasion : paraît qu'il a la fièvre aphteuse et qu'il faut plus qu'il tète ; mais il n'a pas voulu prendre la purge que le vétérinaire il a dit, ces vieux-là c'est têtu ! Il me regardait avec ses gros yeux en remuant les oreilles ; alors je lui ai répondu que s'il ne voulait pas se soigner, y pouvait bien crever dans son coin et que personne n'irait plus à son enterrement. J'y ai donné un biberon de lait comme le vétérinaire y m'a dit : j'ai voulu y faire avaler sa purge en la mélangeant avec sa soupe. Il faisait, " meuh, meuh ! " pour appeler sa mère. J'ai bien du mal avec tout ça ! Comme si le vieux, il aurait pas pu attendre que le veau il soye guéri pour tomber malade. Faut pas qu'il quitte l'étable. Il a fallu que je le mette sur le seau. Je voudrais pas qu'il crève, ça promet d'être une belle bête ! on a beau être ses héritiers, ça ferait quand même de la peine... il a deux petites cornes qui commencent à pousser. Enfin ce matin ça va mieux. En ce moment, il fume sa pipe sur le pas de la porte... Et j'ai pu le mener brouter dans le pré... »

A « Constellation 48 », la « campagne » bat son plein...

Les chansonniers sont en vogue. Que ce soit au club, au bistrot, au cabaret ou même au tribunal, ils distillent un esprit frondeur, joliment tourné dans la forme, gentiment moqueur sur le fond, qui met en joie les auditeurs. Bientôt, sur Radio-Luxembourg, Bourvil devient le client attitré du « Café du Coin » où, face au barman Jacques Grello, puis Maurice Horgues, il sert quelques vérités premières et humoristiques sur le pauvre monde. Cinq minutes quotidiennes. Le tout sous la bannière de plus en plus envahissante de la publicité. Consommateur modèle, Monsieur Chose n'omet jamais de terminer sa discussion par un vibrant :

« Mais Victor, donnez-moi mon Vérigoud. Car quand je n'ai pas mon Vérigoud, je boude... »

Ou plus tard, par un tout aussi éloquent :

« Cinzano, moi j'aime ça ! »

Autre grand souvenir radiophonique : *Les Aventures de Bourvil*, série de sketches comiques et hebdomadaires écrits par Robert Picq et mis en ondes par André Sallée sur Radio-Luxembourg...

« Bourvil y représente », peut-on lire à l'époque sous la plume de Marcel Lapierre, « un brave Français moyen à qui l'existence réserve de mauvaises surprises. Il a pour partenaires ses amis Parasol (Pierre Destailles) et Vachette (Buguette) et son amie Thérèse (Jacqueline Girel). Viennent s'ajouter, selon les détours du scénario, des personnages épisodiques qu'incarnent Pauline Carton, Jane Sourza, Pierrette Souplex, Pierre Mondy et Picq lui-même... » Quand ce n'est pas Jean Carmet qui court alors désespérément après le plus petit « cach'ton ».

Pendant deux ans (1951-1952), c'est donc *Bourvil au restaurant, Bourvil chez le docteur* ou bien encore : *Bourvil gardien de la paix* ou : *Bourvil chef de gare*. Enregistrées dans les conditions du « réel » afin de bien reconstituer l'atmosphère — « On faisait du cinéma pour aveugles », se souvient Robert Picq —, *Les Aventures de Bourvil* sont très suivies. Petit problème tout de même, la société des pâtes Milliat Frères, promotrice de l'émission, préconise un comique de plus en plus épais, ce qui finit par mettre Bourvil mal à l'aise :

« Peux-tu affiner un peu mon personnage », demande-t-il un jour à Robert Picq en lui rendant un sketch intitulé *Bourvil garde-malade,* « je suis vraiment trop idiot là-dedans ».

Picq s'exécute d'autant plus volontiers qu'il est d'accord, et remet à l'artiste une seconde version, qui, celle-là, lui convient parfaitement. Mais quelques jours plus tard, au moment d'enregistrer, ils s'aperçoivent que le texte a été une nouvelle fois bouleversé par un auteur pirate désigné par la direction de Radio-Luxembourg, elle-même soucieuse de ne pas déplaire à Milliat Frères.

Drame. Robert Picq, soutenu par un Bourvil qui a l'habitude de suivre son texte au rasoir, refuse que « son » sketch ainsi défiguré soit joué. André Sallée, très ennuyé, tente de raisonner les mutins. Rien à faire. Jusqu'au moment où tous trois trouvent la solution : *Bourvil garde-malade* sera joué en enlevant toutes les répliques — « sauf une qui était excellente » — qui ne sont pas de Robert Picq.

Quant à l'auteur félon, croisé dans les couloirs de Radio-Luxembourg, il sera payé d'une gifle retentissante assenée par son confrère outragé...

Souvent guidé par l'incontournable Jean-Jacques Vital, Bourvil continue sa razzia d'émissions radiophoniques...

En 1952, c'est un nouveau et formidable succès avec l'émission « Soucoupes volantes » écoutée par plus de quinze millions d'auditeurs. En « professeur Soucoupe », et en compagnie de sa vieille complice Pauline Carton et d'André Gillois, Bourvil explore les temps modernes et futurs sur un ton évidemment peu scientifique.

Plus tard encore, et conséquence directe de l'incroyable triomphe de l'opérette *La Route fleurie*, Bourvil reforme chaque dimanche un duo radiophonique avec son compère Georges Guétary dans « Calvacade ». Tous deux s'y affrontent amicalement, l'un défendant « ses poulains comiques » et l'autre « ses poulains de charme ».

Fin 1969-début 1970, il retrouve une dernière fois Robert Rocca et Maurice Horgues sur les antennes d'Europe N° 1 pour une nouvelle série d'émissions humoristiques touchant l'actualité. Et Monsieur Paillasson fait encore merveille. Malgré la souffrance...

Le jour de sa mort, Roger Parment, un journaliste normand qui connut bien Bourvil, saura dire, en quelques mots, ce qu'un tel duo Bourvil-radio, *a priori* peu imaginable, avait de séduisant, presque magique pour l'auditeur...

« On a dit qu'il devait sa carrière à la radio. Et si c'était le contraire ? Si c'était une certaine radio qui lui était redevable de son écoute ? C'est que sa voix passait bien et que ses confidences allaient directement de l'oreille au cœur... On s'éveille sans enthousiasme, la tête bourrée d'anxiété. Mais jaillit des ondes toute la tendresse du monde, sans cris, sans larmoiements. Bourvil chante et l'angoisse disparaît. »

III

Les gros sabots...

Bourvil-radio. Et dans la foulée, Bourvil-cinéma.
L'artiste est plébiscité par la rue. Alertés, quand ce n'est pas entraînés, par un public qui impose sa loi, les professionnels du spectacle se donnent le mot : il y a sur scène un marrant qui casse la baraque. Il ne fait pas dans la dentelle, rire de campagne et *Almanach Vermot,* mais ça marche...

Les pros se déplacent donc pour juger du phénomène, et sauf de rares exceptions, le verdict est favorable. Ce Bourvil est une nature, qui vaut certainement mieux, infiniment mieux que toutes les pitreries qu'il assène en cascade. C'est un garçon sans héritage, mal dégrossi, qui n'a pas eu ni le temps ni les moyens de poser son talent Mais il possède un don, quelque chose qui ne s'apprend pas...

« Il a le pouvoir suprême », jugent quelques experts éclairés, « celui d'une présence colossale. Dès qu'il arrive sur scène, les autres sont éclipsés. On ne voit plus que lui... »

Cadeau du ciel qui fait dire aujourd'hui à Claude Autant-Lara :

« Indépendamment du talent, il y a des acteurs que le public ne veut pas voir et d'autres qu'il veut voir. C'est inexplicable, mais c'est ce qui fait les vedettes. Peut-être est-ce une espèce d'impact physique qui se photographie et retourne dans la salle. En tous les cas, Bourvil, c'était ça... »

Un artiste a surgi. Et comme d'habitude, la nouvelle se répand vite chez les chercheurs de têtes, les chercheurs de vedettes. Un metteur en scène frappe donc à la porte. C'est le plus rapide. Le plus malin aussi sans doute. Même s'il n'est pas le meilleur...

La scène se passe un jour de 1946, dans un studio de radio, à l'issue d'une émission où figure Bourvil : un petit homme, la quarantaine rondouillarde, souriant, affable, s'approche de l'artiste. Et le tutoie d'emblée...

— Tu as déjà joué la comédie ?
— Jamais !
— Alors parfait, tu es l'homme qu'il me faut...
— Oh, mais pardon ! J'ai dix-sept jeux de physionomie...

Bourvil mime la fureur, la timidité, la jalousie, l'étonnement... Et s'arrête. Le petit homme ne l'écoute plus, ne le regarde plus. Les grimaces de son nouveau poulain ne l'intéressent pas. Pour lui, l'affaire est faite.

C'est un spécialiste de ce genre de découverte. André Berthomieu n'a pas son égal pour flairer les nouveaux talents comiques et les amener devant une caméra. Avant Bourvil, il y eut Yves Deniaud, le lampiste Leguignon du fameux « Tribunal » de Radio-Luxembourg. Après, il y aura Robert Lamoureux (*Le Roi des camelots,* en 1950), Jean Richard (*Portrait de son père,* en 1953) et Darry Cowl (*Quatre jours à Paris,* en 1955).

Henri Berthomieu. Curieux bonhomme. Ancien comptable, d'où son grand souci des finances, et ancien chansonnier, d'où son goût pour le cinéma de boulevard, et qui connaît son métier de réalisateur sur le bout des doigts :

« Bertho était très fort, peut-être le plus fort d'entre nous, dit Gilles Grangier, mais il n'avait ni le désir ni l'ambition de faire une grande carrière. En plus, il était très gâté. Comme ses films marchaient bien, il n'arrêtait pas de tourner. Des œuvres gaies, sans aucun dépassement de temps, ni d'argent. Bertho travaillait à toute vitesse. Du pain bénit pour les producteurs... »

Un « cinéaste pépère », comme dit un Claude Autant-Lara nettement moins clément, qui ne prend aucun risque et ne s'embarrasse d'aucune complication. Un épicier du Septième Art qui a même exposé ses recettes dans un *Essai de grammaire cinématographique*, mais qui, et ceux qui le malmènent l'oublient trop souvent, remplit les salles. Et ce n'est pas Bourvil qui va faire baisser la moyenne des entrées.

En réalité, le Normand a déjà fait une courte apparition à l'écran. L'année précédente, en 1945, Robert Dorfmann, un jeune et ambitieux producteur que Bourvil trouvera souvent — et pour son bien — sur son chemin, découvre le fantaisiste et ses *Crayons* sur la scène de Bobino.

Emballé, séduit par l'impact du chanteur sur le public, il le verrait très bien dans l'un de ses films, *La Ferme du pendu*, drame paysan tiré d'un roman de Gilbert Dupé, que Jean Dréville s'apprête à tourner :

— Mais je n'ai pas de rôle pour lui, et tout est bouclé.

— Débrouille-toi pour lui faire une petite place. Crois-moi, ça vaut le coup.

Dréville va donc à Bobino. Plutôt grognon. Et revient convaincu. Il se débrouille...

Dans ses souvenirs confiés à Jacqueline Cartier, Charles Vanel, l'une des vedettes du film, raconte d'ailleurs que l'audition s'avéra décevante, presque inquiétante pour la suite :

« Il est venu passer une audition en nous chantant ses *Crayons* Le trac aidant sans doute, je ne l'ai pas trouvé drôle du tout. Il avait même un côté perdu, pathétique... C'était son angoisse à lui qui ressortait... »

Au tournage, tout change. En une seule et brève scène, celle d'un mariage champêtre où au dessert, il pousse la chansonnette, l'apprenti-comédien s'en tire avec les honneurs...

Anecdote : plus de vingt ans plus tard, en 1966, Jean Dréville proposera à Bourvil de tenir un second rôle, derrière Michel Galabru, dans *La Sentinelle endormie*. Peu soucieux de son standing alors au top, et considérant que le personnage est intéressant, Bourvil acceptera. Jusqu'au moment où il s'apercevra que son contrat lui interdit les rôles secondaires. Furieux, il avouera à Dréville :

« Quelle connerie d'avoir signé ça ! »

En tout cas, avec Bertho, et pour son premier vrai film, il devient déjà carrément vedette. Il est un peu perturbé, Bourvil, presque paniqué. A tel point qu'il se raccroche à son premier réalisateur, Jean Dréville. Il lui téléphone, comme il le fera à chaque proposition de tournage durant quatre ou cinq années, pour lui demander conseil :

« Dois-je accepter, monsieur Dréville ? Qu'en pensez-vous ? »

Cela va tellement vite pour lui. Des années de galère, et puis soudain, une carrière qui passe le turbo. Maintenant, sur scène, il se sent à l'aise. Ses chansons, ses sketches passent bien. Le public répond, et bien au-delà de ce qu'il espérait. C'est l'école du caf'conc' et du music-hall d'où sortent les grands aînés, les Maurice Chevalier et les Fernandel... Mais le cinéma ? il n'y connaît rien, ignore toutes les techniques, tous les trucs, toutes les ruses. Comment savoir si on est bon ou mauvais face à une caméra ?

« T'en fais pas André, ça ira tout seul... » Bertho n'est pas homme à prendre des risques inconsidérés, il est sûr de son coup. Né à Rouen, peut-être sait-il aussi, comme l'affirme le père Alexandre, que « tout Cauchois est naturellement comédien. Ils se foutent de savoir qu'une caméra est là ou pas. Ils restent incroyablement naturels et ne tentent pas de jouer à l'acteur. Ce qui leur donne un grand air de vérité, d'authenticité. Une qualité que Bourvil, plus que tout autre, possédait à la perfection. »

De plus, Bertho joue la sécurité. Comme d'habitude. Connaissant bien le folklore normand, il fait du « chanteur paysan » « un acteur paysan ». Tout simplement. En prenant soin de saupoudrer ses films de quelques séquences vraies où l'apprenti-comédien, en retrouvant son passé, joue son propre personnage : péquenot ou bedeau, piston ou accordéon... c'est l'idiot du village débarquant à Paris, le campagnard naïf pris au piège des roueries de la ville. C'est la fraîcheur, la candeur, l'innocence... Avec tout de même, quelque part dans le dénouement bon enfant, l'avertissement plus ou moins apparent, plus ou moins sous-jacent : l'imbécile n'est pas obligatoirement celui qu'on croit...

« Vous paraissiez si gauche, si intimidé, lui avoue la jolie Michèle Philippe dans *Le Cœur sur la main,* que je vous avais pris pour un idiot... » Et Bourvil, « virtuose d'Yvetot » perdu dans les jupes d'une vedette de la chanson, répond : « C'est toujours l'impression que je fais la première fois. Seulement après... »

Seulement après... Il faudra du temps, beaucoup de temps pour que se dissipe le malentendu. Pour ses débuts au cinéma, Bourvil est habillé sur mesure. Carrière commencée à l'envers, ce dont bénéficient seulement quelques privilégiés. Alors que bien de futures étoiles galèrent d'abord dans des rôles de hasard et de petite fortune avant la consécration, il est propulsé au premier plan. Seule condition — mais elle est de taille — à cette éclosion foudroyante : que Bourvil ne sorte pas de ce personnage qui fait sa gloire naissante, qu'il garde son costume de paysan, qu'il continue à interpréter les simplets avec la même spontanéité. Quitte à passer pour ce qu'il n'est pas. C'est le prix à payer.

En quatre films, lesquels reposent exclusivement sur lui : *Pas si bête* (1946), *Blanc comme neige* (1947), *Le Cœur sur la main* (1948) et *Le Roi Pandore* (1949)... On serait tenté de dire que le mal est fait. Ce serait oublier un peu vite la découverte du comédien. Car dans ces pantalonnades de peu d'intérêt, Bourvil apparaît déjà unique, inimitable. Sans rien apprendre, il possède tout : un regard pour toutes les détresses du monde, un rire pour toutes les joies, un mouvement de menton pour tous les reproches. Ce n'est pas physique d'un côté, mental de l'autre. Ce n'est pas silence ou parlé. C'est tout à la fois. Un exemple tout bête : il court à l'écran comme jamais personne n'a couru avant lui — en croisant les jambes, en détalant comme pris en filature. Or, non seulement on le voit courir, mais on le voit penser en courant. A une simple mimique, à un mouvement de tête ou une grimace en coin, à une paupière qui s'affaisse ou un front qui se plisse. Et on comprend tout. Sans sous-titres.

Plus significatif encore : rien ne convient mieux à Bourvil que de rester en arrière-plan et de traduire par des riens, par de simples mimiques, toute la panoplie des sentiments que ses partenaires s'escriment à développer en de longs affrontements verbaux. C'est un magicien du muet, ayant comme personne le don d'exprimer en silence ses joies et ses peines...

La plupart des critiques sont d'accord là-dessus. Un acteur est né. D'une plume prémonitoire, un spécialiste enthousiaste écrit à propos de la prestation du jeune acteur dans *Pas si bête* :

« Le sujet simple de cette production ne sert que de prétexte au déploiement des dons extraordinaires que Bourvil apporte au cinéma français, qui peuvent faire de lui-même une de nos plus grandes vedettes... Ce garçon joue avec une simplicité et un naturel étonnants. Sous ses apparences comiques, on ne cesse de sentir battre un cœur humain, ce qui donne encore plus de vérité au personnage qu'il incarne... » Un conseil tout de même : « Il devrait cependant soigner un peu sa diction... »

Mais en même temps, les critiques éreintent Berthomieu et ses films, crient au gâchis, regrettent que le petit nouveau se soit ainsi fourré dans les pattes d'un mauvais exploiteur de vrais talents. Il n'est d'ailleurs pas certain qu'ils aient eu tout à fait raison : Bourvil était-il capable de se lancer directement dans *La Traversée de Paris* sans avoir fait ses classes dans *Pas si bête* ou *Le Roi Pandore*? Il lui fallait s'étoffer, apprendre son métier, acquérir un minimum d'expérience. Et plus que tout autre sans doute, un minimum d'assurance...

En passant, mais seulement en passant, Bourvil se place derrière la caméra d'un metteur en scène de classe. Pour la première fois. L'imprévisible et « diabolique » Henri-Georges Clouzot le sollicite pour *Miquette et sa mère* (1949). Tremblant de trac, Bourvil se retrouve aux côtés de deux monstres : Louis Jouvet et Saturnin Fabre. Mais hélas, le sombre Clouzot n'a ni l'humour ni la légèreté d'un auteur de vaudeville. D'autant qu'il révèle que Miquette est « une erreur et le fruit d'un malentendu. J'avais signé un contrat pour un autre film que le Centre du Cinéma m'a déconseillé de faire. J'ai donc dû renoncer, mais des pressions se sont exercées qui m'ont obligé à faire ce film que je n'avais pas du tout envie de tourner... »

Fiasco. Mais là encore, Robert Chazal écrit ·

« Ce comique aux effets terriblement gros... est ici un excellent comédien. Il est d'une exquise sensibilité, d'une naïveté désarmante, d'une sincérité bouleversante. »

André Berthomieu, lui, passe la main. Vieux routier de la pellicule, et tenu pour responsable des débuts « infamants » du jeune Bourvil, « Bertho » a pourtant tout senti, tout deviné :

« Si l'on veut réussir avec Bourvil, il ne faut surtout pas le traiter comme un quelconque acteur. C'est un comédien instinctif auquel il faut laisser la bride sur le cou. Bourvil impose plus qu'il ne compose. Ses possibilités sont immenses... »

Mais il laisse à d'autres le soin de les faire fructifier...

23 décembre 1949. Bourvil traverse l'Atlantique. Il s'embarque à Cherbourg à bord du paquebot *Queen Elizabeth*. Direction le Canada, via New York. Il n'est pas seul. En fait, il accompagne « en attraction » une troupe de joyeux drilles, Les Burlesques de Paris, dirigée par Max Révol, personnage de légende, tout à fait dans la note du spectacle qu'il présente : « Un gros léger, écrit Jean Richard, à la silhouette imposante et au crâne luisant... »

Car Jean Richard est de l'aventure canadienne. Et parmi les autres « burlesques », spécialistes de la parodie comique et du rire en folie, on trouve aussi un jeune pianiste farfelu et zézayant qui a américanisé son vrai nom Darricau en Darry Cowl, et un auteur de sketches infatigable, diaboliquement inspiré par tous les travers insolites de la vie quotidienne : Roger Pierre. Au programme de la troupe qui se produira durant un mois au His Majesty's Theatre de Montréal, une revue au titre évocateur : *Quelques pas dans le cirage*.

Bourvil, lui, est la vedette qui monte, qui monte... Du côté de Montréal, les Québécois adorent les chansons et histoires du « cousin normand ». Arrivé sur place, il est traité comme un prince. Chambre dans un grand hôtel et table réservée dans un restaurant de classe. Bourvil n'est pas d'accord et fait changer toutes les réservations pour rester avec ses copains de tournée :

« C'est comme ça que je l'ai connu, raconte Roger Pierre, lui et sa gentillesse formidable. Je n'étais rien à l'époque avec mes 7,5 dollars par jour. Eh bien, Bourvil refusait tous les régimes de faveur. Il ne nous quittait pas et venait notamment manger avec nous au Dir Ty Moor, sorte de fast-food où l'on se régalait d'un super chili con carne. Avec lui, l'ambiance était sans problème, il n'arrêtait pas de se marrer et de raconter des histoires... »

Sa préférée du moment, un peu leste, est celle du petit garçon affirmant à son copain qu'il peut, quand il le veut, faire imiter le cri du loup à sa grand-mère. Avec une simple question :

« Grand-mère, cela fait combien de temps que tu n'as pas fait l'amour ?

— Ouououahoou... »

Il y a aussi la farce de l'autographe avec Jean Richard.

Un jour, dans la salle du Dir Ty Moor, Bourvil est submergé par une horde d'étudiants qui lui demandent un autographe. Jean Richard se mêle à la foule des admirateurs et tend un bout de papier à Bourvil qui signe et resigne sans même lever la tête. Apparemment, il n'a rien vu. Hilare, content de sa blague, Jean Richard revient vers la table des copains de la troupe avec sa feuille de papier. Mais ce qu'il lit lui donne une tête d'arroseur arrosé : « Grand con », avait écrit Bourvil...

Revenus du Canada, Bourvil et Roger Pierre restent en contact. Avec son compère Jean-Marc Thibault et Jean Richard, Roger Pierre fait les beaux jours du cabaret L'Amiral, situé rue Arsène-Houssaye, dans le quartier des Champs-Élysées. C'est d'ailleurs lui qui façonne le personnage de Claudius Binoche, gars de Champignol, nouveau cul-terreux qui « lancera » Jean Richard, mais dont l'idée a été directement importée des spectacles du terroir québécois.

Un soir, Bourvil vient faire un tour à L'Amiral pour saluer ses amis « canadiens ». Jean Richard est justement sur scène. Il y joue un conférencier militaire passablement ivre et discourant sur les méfaits de l'alcool. Titre du monologue : *L'alcool tue, c'est pas douteux*. Auteur : encore et toujours Roger Pierre...

Emballé, Bourvil demande à son copain de lui écrire un texte sur le même thème. Roger Pierre s'exécute. Bourvil y ajoute quelques trouvailles de son cru, et cela donne *L'Eau ferrugineuse*, discours fameux, ponctué d'irrésistibles balbutiements, qui demeure encore aujourd'hui l'un des numéros les plus célèbres du Normand.

Un autre jour, Bourvil frappe encore à la porte de Roger Pierre :

« Fais-moi une chanson. Mais une chanson d'ouvrier, demande-t-il en riant, j'en ai marre de jouer les paysans... »

C'est ainsi que naît *A Joinville-le-Pont*. Heureux de devenir « un plombier-zingueur », Bourvil inscrit la chanson à son répertoire. En 1952, devant trois à quatre mille personnes, il l'interprète au Vélodrome d'Hiver, boulevard de Grenelle, pour le départ des Six Jours. Gros succès. Tout le monde reprend « A Joinville-le-Pont-Pont-Pont » en chœur...

La collaboration Bourvil-Roger Pierre s'arrête là. Plus de tour de chant pour le Normand. Il a décidé de prendre *La Route fleurie* qui, durant quatre années, va totalement l'accaparer. Roger Pierre et Jean-Marc Thibault, amuseurs-duettistes en pleine ascension, décident donc de reprendre *Les Plombiers-zingueurs*. Ils en feront un « tube ».

« Je n'étais alors qu'un modeste artiste, à la fois interprète, auteur et compositeur, dit aujourd'hui Roger Pierre, mais je suis très fier d'avoir travaillé pour Bourvil. Je garde un merveilleux souvenir de cet homme qui, devant le succès qui lui tombait brutalement dessus, sut rester lui-même. C'est-à-dire modeste et lucide. Quand il me demandait quelque chose, c'était toujours avec gentillesse et timidité. Il était même gêné, car j'écrivais principalement pour Jean Richard. A L'Amiral, j'ai créé trois revues pour lui. Et Bourvil, de peur que j'aie des problèmes avec Jean, me disait : " Écris pour ton copain, c'est normal, laisse tomber pour moi... " »

De toute façon, le succès de Bourvil devient tel qu'il n'a bientôt plus besoin de rechercher ses auteurs. Ils viennent à lui, défilent pour lui proposer chansons, sketches et monologues. Sans oublier les chroniqueurs radiophoniques, artisans besognant à la chaîne, qui doivent rendre leur copie au jour fixé. Sans faiblesse.

Ainsi, pendant les deux années que durent « Les Aventures de Bourvil » sur Radio-Luxembourg, Robert Picq se rend-il chaque semaine au domicile du comédien pour lui soumettre le texte de la prochaine émission. Bourvil habite alors rue Jean-Goujon, dans le quartier des Champs-Élysées. Beau quartier, bel appartement. Suivant un rituel bien établi, les deux hommes vont dans le vaste bureau où trône une superbe bibliothèque remplie de livres tout neufs, dont une collection des œuvres complètes et reliées de William Shakespeare : « Je ne les lirai sans doute jamais, rigole le propriétaire des lieux, mais ça fait bien... »

Pour lire ce qui n'est encore qu'un brouillon, Robert Picq s'installe derrière un grand bureau. Tandis que Bourvil écoute, face à lui, assis sur le divan. Ambiance chaleureuse, détendue. Pas la moindre engueulade. L'interprète n'est pourtant pas toujours d'accord. Et il le dit. Mais d'un air si contrit, avec tant de gêne et tant de gentillesse que l'auteur en est désarmé :

« Tu crois vraiment que c'est nécessaire, ce truc, Robert ?... Peut-être pourrais-tu changer ça ?... j'aimerais mieux autre chose... »

La satisfaction, par contre, s'affiche, tonitruante. Bourvil éclate d'un énorme rire, de son rire légendaire, il se roule sur le divan, levant ses deux jambes au ciel. Comme un gamin.

Parfois, sur le coup de midi, c'est un joyeux intermède. Du dehors, on entend des « bonjour Bourvil, bonjour Bourvil », l'acteur se lève et va dans la salle à manger dont les fenêtres donnent sur une grande cour et sur une passerelle qui relie curieusement les deux ailes de l'immeuble. Trottinant sur le chemin métallique, les midinettes d'un grand couturier parisien quittent leur travail en saluant leur illustre voisin.

Hilare, Bourvil leur envoie des paquets de baisers : « Salut les filles, salut les filles. »

Images du bonheur. De la réussite. Tout va bien.

IV

La tête dans les étoiles...

Car il a réussi. Le petit campagnard, qui rêvait d'être Fernandel, qui adorait faire rire les copains, amusait les fins de banquet et les bals de village, a gagné. Victoire « au naturel », à la régulière, doucement amenée, lentement forgée... avant qu'un artifice inattendu — la radio — ne vienne tout faire exploser.

André Raimbourg assume tant bien que mal. Héberlué devant un tel engouement populaire, il tente de ne pas perdre la tête, à défaut de pouvoir maîtriser sa fulgurante ascension. Il essaie de comprendre aussi : car enfin, son personnage de scène, ses chansons et ses sketches ne sont pas nés avec la radio. Encore moins avec le cinéma. Cela fait pas mal d'années maintenant qu'il traîne son accent normand et sa tête d'ahuri rural dans les crochets de banlieue, les cinémas de quartier et pour finir, dans les cabarets chic. Jusqu'à faire de son pauvre costume de clown-paysan un habit de lumière...

André a vite compris qu'il ne devait surtout pas jeter aux orties sa panoplie d'origine. Né du nom de son village, Bourvil ne change pas sa nature. Ne rien renier, ne rien oublier. Se souvenir par exemple de son enfance, de sa jeunesse, des sentiers de terre, des fermes à colombages, des fêtes champêtres, de la fanfare, des jours de marché et des foires agricoles. Se revoir lorsque, tout gamin, il s'isolait déjà dans un coin de la grande salle, assis à l'extrémité du banc, pour observer celui qui avait, comme d'habitude, « bu un p'tit coup de trop », retenir les bons mots, les histoires du pays, les querelles de voisins : *L'Ingénieur*, c'est ce cantonnier de Bourville, « bavacheux » et prétentieux... Le gros malin, ce faux drôle assommant avec ses histoires qui ne faisaient rire que lui...

Artiste « sauvage » mais discipliné, travailleur acharné et lucide, Bourvil se dresse lui-même, s'apprivoise, en prenant soin de sauvegarder l'essentiel de sa surface. Une image un peu pitoyable, mais touchante, d'idiot du village ou de péquenot des villes. A partir de là, un peu à la manière d'un auteur de bandes dessinées qui complète son héros tout neuf à petites touches progressives, il améliore cette mine rustico-comique qui le propulse en haut de l'affiche : à la fois naïf et roublard, habile et maladroit, malin et emprunté, rusé et lourdaud, débrouillard et embarrassé...

« Dans les chansons de Bourvil, écrit joliment Roger Boussinot, des événements naissent au bal des ruraux, le destin se déplace par carte postale, les humains vont à bicyclette, on tient les comptes avec un bout de crayon. Dans le monde simplet (et pas si simplet) que Bourvil suggère, rien n'est important peut-être comme de " ne pas s'en croire ". On regarde d'un œil quelquefois amusé, on écoute avec une minutieuse attention des paroles ordinaires où tout de même pourrait se cacher un piège, une subtilité, le petit — ou grand — quelque chose qui change tout. A vrai dire, il n'y a tout cela dans les premières chansons de Bourvil — en elles-mêmes évidemment banales — qu'à condition de les interpréter d'après ce que Bourvil, depuis, nous a dit... »

Mais à l'orée de sa carrière cinématographique, Bourvil ne dit rien, n'explique rien.

« Jamais, je ne me serais cru aussi idiot... »

Si le grand Dranem, star du music-hall du début du

siècle auquel on le compare si souvent, lâche cet aveu catastrophé lorsqu'il se voit pour la première fois à l'écran dans *Les Souliers de Dranem* réalisé par Zecca... Bourvil, lui, se garde bien d'une telle déclaration. Ce serait du suicide. En jouant les ahuris à gros sabots, il a découvert un truc formidable. Le public en veut, le public en redemande, le public est ravi. Il est conquis par ce cul-terreux plus vrai que nature dessiné sur l'affiche de *Pas si bête*, allongé sur une charrette de foin... Et quand Bourvil résume l'intrigue du film, il n'est toujours pas descendu de sa carriole :

« Eh ben voilà, c'est l'histoire d'un brave gars de la cambrousse qui rencontre une jeune fille qu'est sa cousine... seulement lui, il n'en sait rien... il ne l'apprend qu'après...

C'est bête hein ! Figurez-vous que ma cousine elle a des sous parce que son père a fait fortune à la ville. Moi, j' suis un bon gars, mais tout le monde n'est pas comme moi. Dans cette histoire, par exemple, il y a un coureur de dot, un nommé de Belmont, qui fait des épates avec son nez à rallonge mais qu'est complètement fauché ! Ce blason, même dédoré, éblouit ma cousine et la pauvre enfant se laisserait bien emberlificoter... Mais j' suis là et j' mets les pieds dans le plat.

Ensuite, c'est moi qui l'épouse la Rosine... Parce qu'il faut que je vous dise que c'est Rosine qu'elle s'appelle, ma cousine !... Vous voyez bien que dans ce film, je ne suis pas si bête que j'en ai l'air... »

Pour faire bonne mesure, et appuyé par M. Trives, l'homme des « bonnes affaires », André Berthomieu se débrouille pour faire chanter sa nouvelle vedette dans chacun de ses films. Paroles de Bourvil, musique d'Étienne Lorin. Succès populaire garanti.

De *Pour sûr*...

> *Avec ses yeux de braise*
> *au pied des meules de foin,*
> *elle revenait des fraises*
> *et moi de l'herbe aux lapins,*
> *pour sûr... qu'est-ce que tu dis ?*

... à *La Tactique du gendarme*...

> *Un gendarme doit avoir de bons pieds,*
> *mais c'est pas tout, mais c'est pas tout.*
> *Comme la montre a son tic-tac,*
> *le gendarme a sa tactique...*

. en passant par *C'est l' piston*...

> *Qu'est-ce qui m'a fait venir à Paris,*
> *c'est l' piston...*

... c'est toute la France profonde, celle de la rue, des bistrots, des ateliers d'usine, des fêtes de quartier et des bals de campagne, qui fredonne les dernières chansons de l'ami Bourvil. Le conte de fées du petit chanteur des champs devenu vedette à la ville s'étale dans tous les magazines. Sa photo figure même dans le calendrier des postes. Encore inconnu au dernier coup de canon de la guerre, le nouveau comique entre dans les foyers. Caricaturé, mais héros des chaumières...

Clignotant de la ferveur populaire, les chansons, mots, gags et expressions de Bourvil sortent de l'écran et descendent de scène pour trotter dans la vie quotidienne des Français : les « Qu'est-ce que tu dis », « pour sûr » et autres « c'est bête, hein »... on les entend partout. Plus tard, ce sera le « bourreau d'enfant » de Fernand Raynaud et plus proche de nous encore, ce sera « l'enfoiré » de Coluche. Assimilation étonnante *a priori*, mais ce n'est qu'une question d'époque. La seule vraie différence entre un Bourvil, qui détestait les amuseurs « méchants », et un Coluche, qui en fut l'archétype, se compte en années, les trente années qui les séparent... et toute l'évolution, mœurs, violence et langage, qu'ils n'ont pu avoir en commun. N'empêche qu'ils sont de la même race : tous deux des « héros français », mélange de Jacques Bonhomme et de Guignol, portés par leur époque, mais influençant leur temps également. Coluche est un féroce, privilège d'un pays tranquille, peinard, sans grandes convulsions... Bourvil est un gentil, on sort des horreurs du nazisme, de l'holocauste, de la nausée... Qu'importe, il y a, omniprésente chez ces deux artistes, cette correspondance mystérieuse, presque magique, entre le moral et le physique, entre l'homme et le bateleur. Si bien que les Français, très vite, ne font plus la différence. Pour eux, Bourvil et Coluche n'incarnent pas un personnage sur scène ou à l'écran. Ni costumés ni fardés. Ils sont obligatoirement les mêmes dans la vie. Et à bien des égards, ils ont raison...

André Raimbourg, dit Bourvil, est donc heureux quand s'ouvrent pour lui les portes de la réussite. Il a la tête dans les nuages, il vit un rêve, « quelque chose » qu'au plus fort de ses ambitions il n'aurait jamais espéré. Mais en même temps, il s'efforce de garder les pieds sur terre. C'est un bonheur d'homme sage, qui croit plus au travail, à l'obstination, à l'honnêteté qu'à la chance. Ses données sont simples : il a conscience qu'il aurait dû rester un simple paysan normand, et au lieu de ça, par le biais de quelques chansons et quelques histoires, il devient l'ami de toute une population... Il va donc manier ce privilège qu'il juge inouï comme une fragile porcelaine. Nullement pressé de forcer une nouvelle fois son destin, il ira à son pas. Menant peut-être sa carrière « comme on mène ses bêtes à l'abreuvoir », sans audace et sans insolence, mais en sachant ce qu'il fait, à défaut de savoir où il va :

« Pour réussir, il m'a fallu longtemps. J'ai attendu l'âge de trente ans pour avoir une salle de bains, et de 1937 à 1944, j'ai vécu dans une chambre de bonne à Clichy. Ça m'a rendu sage.

C'est dire si j'apprécie maintenant les joies données par la réussite et l'argent. Tout est question de comparaison dans la vie. Celui ou celle qui n'a eu que des joies s'imagine que tout lui est dû. Ceux qui subissent la misère désespèrent du lendemain sans savoir que tout peut arriver un jour, avec du courage et de la persévérance... »

A l'évidence, ce bouffon n'aime guère les folies. Il sort d'un long hiver, et craignant son retour, il ne pense qu'à se couvrir. Peu étourdi par son succès brutal, la jeune vedette s'attend à des lendemains peu chantants. Il aura d'ailleurs toujours un peu « peur de manquer ». Et dans les premières années, véritable bête de somme du spectacle, Bourvil ne fera pas le tri, prenant tout ce qui se présente, accumulant galas, films, opérettes, pièces de théâtre, tournant l'après-midi et chantant le soir...

Promu vedette, Bourvil ne change pas. Il ne changera jamais. Le portrait tracé par tous ceux, riches et célèbres, pauvres et anonymes, qui le côtoyèrent de son enfance jusqu'à sa mort, finit par n'être plus qu'une image d'Épinal aux couleurs si douces, si harmonieuses qu'elles en deviennent presque irritantes. Mais c'est ainsi. Bourvil est un homme charmant, bon, généreux, ouvert. Qui s'exclut des rivalités mesquines, des bouderies et des scandales déclenchés par un nom mal placé sur l'affiche ou un rôle jugé peu avantageux. Qui, une fois prise sa décision de tourner un film ou de jouer une pièce de théâtre, n'a d'autre souci que de faire bien ce qu'il a à faire. Sans s'occuper des autres. Des comédiens — et des plus grands — sont des bouffeurs d'écran, prêts à toutes les ruses pour balancer le partenaire, autrement dit le rival, hors du champ. Bourvil laisse faire. Même s'il se sent lésé. Il veut bien jouer des coudes pour se faire sa place au soleil. Mais pas aux dépens des autres.

Concert de louanges : « Vous ne trouverez personne pour dire du mal de lui », nous a-t-on dit fréquemment. Et c'est vrai, nous n'avons trouvé personne. Bourvil a toujours été épargné. Y compris chez ceux qui lâchent plus facilement le venin que la récompense. Claude Autant-Lara, qui ne parle des acteurs qu'avec un mousqueton à la main, ne tarit pas d'éloges sur l'homme et le comédien Bourvil. Et Gilles Grangier, verve vacharde, à la Gabin, résume toute sa tendresse et toute son amitié en une édifiante formule : « Ce que j'aimais bien chez André, chez le bonhomme, c'est qu'il était net... »

Le portrait est si lisse qu'il risquerait de devenir morne. Donc trompeur. Car derrière le regard plissé à la normande se cache un vrai caractère. Malicieux, rusé, madré. En bon paysan cauchois, Bourvil n'étale pas son intelligence d'homme discret comme une garde-robe de théâtre. Mais il n'aime pas non plus être pris pour ce qu'il n'est pas. Et quand c'est le cas, quand le malentendu va trop loin, Bourvil rugit alors d'une de ces colères rares, mais épiques, qui effrayent ses proches. Le mensonge et la malhonnêteté, notamment, le mettent hors de lui. Il a une sainte horreur, « Cauchois qui s'en dédie », de « se faire rouler », et c'est l'explosion. Celui qui est alors pris en flagrant délit est banni à tout jamais de son univers. C'est irrémédiablement fini : « Dans ces moments-là, dit maman Raimbourg, il est effrayant avec ses grands yeux bleus... »

Sa mère. Et sa famille. Parallèlement au succès, et au même niveau, le vrai bonheur de Bourvil se situe là. Toujours discrète, toujours dans l'ombre, mais beaucoup plus présente qu'on ne le pense généralement, Jeanne voit évidemment la vie quotidienne s'améliorer de façon spectaculaire. Le couple a quitté « la boîte à sardines » de

Vincennes pour s'installer rue Jean-Goujon. Plus tard encore, symbole de réussite, les Raimbourg emménageront dans le XVIe arrondissement, boulevard Suchet. Le 28 avril 1950, naît un premier fils, Dominique, suivi d'un second, Philippe, en 1953. La famille est en place.

Temps des premières vaches grasses, des premiers signes de générosité envers ses proches. Bourvil a le geste et la manière...

Pour son beau-père par exemple, qui rêve, en 1947, d'acheter une voiture. Une Citroën, il en parle sans cesse. Rêve inaccessible...

Un jour, la Citroën en question surgit dans la cour de la ferme. Surpris, le père Ménard, qui avait déjà rencontré le vendeur, croit à une démarche intéressée, histoire de lui forcer un peu la main :

— C'est très gentil de me l'apporter. C'est vrai qu'elle est très belle et que j'en ai envie. Mais elle est trop chère pour moi actuellement. Plus tard peut-être...

— Mettez-vous tout de même au volant. Rien que pour voir, répond le vendeur avec un petit sourire en coin...

Joseph Ménard se laisse faire, en protestant un peu pour la forme, et s'installe. Sur le volant, il trouve une enveloppe. Qu'on lui demande d'ouvrir. A l'intérieur, une lettre d'André qui explique bien entendu qu'il lui offre la voiture. Touchante intention : Bourvil a fait graver une petite plaque sur le tableau de bord. Avec ces simples mots : « A Joseph Ménard. »

Quelque temps plus tard, au médecin qui soigne son demi-frère Marcel, atteint d'une très grave tuberculose, et qui ne réclame pas toujours ses honoraires, Bourvil donne un poste de télévision : « Pour tout ce que vous avez fait pour mon frère », explique-t-il simplement en le lui apportant...

Ce n'est qu'un début. Plus tard, lorsqu'il sera parvenu au sommet de sa carrière, Bourvil fera plus, beaucoup plus pour sa famille.

Belle santé morale. Mais le physique n'est pas à la traîne. En 1947, remplaçant Berthomieu, Gilles Grangier tourne *Par la fenêtre*, quatrième film de Bourvil qui y joue bien sûr un jeune paysan normand, Pilou, partant à la recherche de sa fiancée dans Paris. Le réalisateur découvre un garçon particulièrement costaud, « ayant une armature folle ». Et, jusqu'à sa maladie, Bourvil impressionnera acteurs et metteurs en scène par sa robustesse de campagnard, élevé à la dure et en plein air...

Gilles Grangier découvre aussi pour la première fois cette gentillesse dont Henri Jeanson, prince des bons mots, dira qu'elle est « contagieuse » :

« Nous sommes devenus amis après une petite histoire sans importance. A l'époque, j'avais une voiture un peu luxueuse. Et la sienne était tombée en panne. Comme j'allais beaucoup en Normandie, je l'ai emmené dans son coin. Et je l'ai ramené. C'était la moindre des choses. Mais ce simple geste l'a beaucoup touché. Il était très sensible à ces petits trucs... »

Confronté aux caprices d'une Suzy Delair insupportable, Grangier dirige un Bourvil docile, patient, qui écoute comme un élève ce que lui dit le réalisateur... Ce qui ne l'empêche pas de laisser libre cours à son tempérament de joyeux drille :

« Dans la vie, il était très drôle, il déconnait tout le temps, adorant faire des blagues. Pendant le tournage, une voiture venait nous chercher tous les matins. Elle prenait Bourvil juste avant moi. Et celui-ci, pour m'appeler, jouait un solo de clairon dans la cour de mon immeuble. Inutile de dire que ce réveil matinal n'était pas du goût de tous. J'ai dû faire promettre à Bourvil de laisser le clairon chez lui. Le lendemain, à sept heures moins le quart du matin, il se pointait avec un accordéon... »

Un marrant. Mais pas un inconscient. Il se revoit encore descendre les marches de la gare Saint-Lazare avec son piston à la main, et il a beau garder la tête froide, il se sent parfois un peu dépassé par son extraordinaire aventure. Il se dit aussi que c'est trop beau, que ça ne peut pas durer, qu'il va lui arriver une « tuile », et que l'échec, pas plus que le succès, ne peut toujours être dominé. Car il connaît les caprices du public, il a déjà vu des dizaines d'étoiles ne briller qu'une seule saison avant de sombrer dans la nuit. Lui tient le choc, c'est vrai, mais tout en continuant de travailler comme un fou, d'accumuler films, pièces de théâtre et opérettes, il guette anxieusement le mauvais signe, la mauvaise passe. Fataliste, il confie parfois à ses proches qu' « il va falloir se bagarrer ». 1951 laisse entendre effectivement quelques craquements dans la marche triomphale. Pas vraiment une traversée du désert, plutôt un ralentissement, une légère chute de régime. Presque logique après l'époustouflante euphorie mise à feu par *Les Crayons*. Mais ce qui marque Bourvil, et le marquera longtemps, c'est l'incident de parcours — dû d'ailleurs à un concours de circonstances — du 9 décembre 1951. Parce qu'il a lieu à Rouen. Autrement dit chez lui.

Vedette de « La Féerie étoilée des bâtons blancs » organisée par les œuvres sociales de la police, Bourvil était pourtant heureux de se produire dans son pays. La dernière fois, c'était en 1948, toujours à Rouen, mais en compagnie d'Yves Montand, de Claude Dauphin et de Maurice Teynac, les Rouennais ne l'avaient vu que le temps d'un sketch, déguisé en garde champêtre.

Cette fois, Bourvil est en vedette. Du moins le pense-t-il... Vedette au Cirque de Rouen, là où depuis des années défilent les plus grandes étoiles de la chanson française... là où, adolescent, il a vu Fernandel, Fernandel son idole, son modèle, son maître. Et maintenant, c'est à son tour. Incroyable...

Mais dans l'enceinte du cirque, une assistance survoltée, venue pour danser avec l'orchestre — alors très en vogue — d'Aimé Barelli, s'impatiente de ne pas encore disposer de la piste. Après un interminable défilé de mannequins et diverses attractions, vers 2 h 30 du matin, Bourvil entre enfin en scène. Et c'est la catastrophe. Il commence à peine son numéro que quatre mille deux cents personnes déchaînées le sifflent et le conspuent, lui envoyant même quelques objets divers. C'est la « bronca ». L'artiste se retire et les organisateurs le retrouvent en larmes dans les coulisses. Bourvil est effondré. Lui faire ça chez lui, dans son pays, et à un moment où il doute, plus encore que d'ordinaire, de son avenir. Les journalistes l'entourent :

« Surtout n'en parlez pas, supplie-t-il, sinon ma carrière est fichue... »

Consolation. Le lendemain, en matinée, tout se passe bien. Mais pour Bourvil, rien ne peut effacer la cruelle désillusion, et plus encore l'humiliation, de la veille. Il répète et répète :

« Plus jamais, je ne reviendrai chanter à Rouen. »

Il tiendra parole, et n'acceptera de revenir dans la capitale normande que pour jouer *La Bonne Planque* en 1964 sur la scène du théâtre des Beaux-Arts, savourant son triomphe comme une revanche. Mais Bourvil n'oubliera jamais l'odieuse « féerie » et l'évoquera souvent avec amertume. Longtemps, trop longtemps, la bourgeoisie rouennaise ne fera référence qu'aux qualités artistiques des seuls régionaux Victor Lambert et Victor Boucher, méprisant quelque peu ce qu'elle appelait « les paysanneries » de Bourvil. Un expert les avait prévenus pourtant. Maurice Chevalier, le grand « Momo » lui-même qui, en

1948, lors d'une réception donnée en son honneur à l'hôtel de ville de Rouen, avait pronostiqué :

« Mon successeur ? Ce sera quelqu'un de votre coin. Né du caf' conc', comme moi. Bourvil. Il va faire un malheur... »

V

Le Trou normand

« Recherche figurants pour tournage *Rosier de madame Husson.* »

Mai 1950. Conches-en-Ouche dans l'Eure.

« La vedette, c'est Bourvil... »

Chez le boucher on discute. Au café on commente déjà :

« Le Normand. Oui, près d'Yvetot. »

La maison de la presse commande des journaux supplémentaires : l'armada du cinéma va envahir le chef-lieu de canton.

Fête au village. Les jeunes filles se sont pomponnées. Les garçons rasés de près — la barbe de deux jours n'est pas encore à la mode. Belles robes et beaux costumes sont de sortie. Aux portes des magasins, les affichettes annoncent l'événement.

Henri Duquesne a réussi. Une fois de plus. Peu de chose finalement lui résiste. « Le distingué président du syndicat d'initiative de Conches », comme écrivent alors les journalistes locaux, est une personnalité. Il a des responsabilités régionales. Du poids. Du caractère. On l'avait contacté, comme beaucoup d'autres sans doute. Le réalisateur, Jean Boyer, était à la recherche d'un lieu pittoresque mais également capable de loger et nourrir une cinquantaine de personnes. Un point d'attache idéal. Flairant tout l'intérêt touristique d'une telle initiative, Henri Duquesne s'était juré de remporter la palme. Son dossier a séduit le metteur en scène qui, bientôt, se laisse convaincre. On placera le nœud de l'action dans cette ferme... Ce toit de chaume, cette barrière, cette cour parfaitement exposés à la lumière, il fallait les trouver. On les a choisis parmi cinquante autres. Henri Duquesne voit d'un œil satisfait débuter les repérages du *Rosier de madame Husson*. Le premier des films normands nés de l'association Bourvil-Boyer.

La famille Boyer est dans la chanson, un nom devenu célèbre depuis que Lucienne, la sœur de Jean, fait battre le cœur des foules sur deux notes et trois « je t'aime ». Le père, lui, était chansonnier, ce que devient d'abord le jeune Jean Boyer avant d'opter finalement pour le cinéma parlant comme auteur de refrains dans des films musicaux. Puis il collabore à des dialogues, signe des adaptations avant de diriger les acteurs.

Décédé en 1965, à soixante-quatre ans, il ne figure pas parmi les plus brillants réalisateurs français. Il fut l'un des plus prolixes, tournant souvent quatre films dans une année. Prolixe et parfois attachant. Car Jean Boyer, injustement méprisé, c'est aussi un style, une finesse, une élégance dans la mise en scène. Sa plus belle réussite étant, sans conteste, *Circonstances atténuantes* en 1939. Un vaudeville très proche de la comédie musicale où Michel Simon, Arletty, Mila Parély et Andrex fredonnent en chœur *Comme de bien entendu*. Chanson célèbre, écrite par le réalisateur, qui a fort bien résisté à l'épreuve du temps.

Si *Le Rosier de madame Husson* n'est pas à classer parmi les chefs-d'œuvre, la « patte » de Boyer va néanmoins, et pour la première fois, améliorer l'image de Bourvil pataud irrémédiablement niais. Moins sur le fond que dans la forme d'ailleurs. Mais le style de Boyer, plus aérien, plus nuancé, moins préoccupé de provoquer les rires à bon marché, donne un peu d'air au paysan béat.

D'autres signatures, celles d'auteurs prestigieux, marquent aussi la différence : Guy de Maupassant pour le premier film, puis Marcel Aymé, puis Arlette Pitray, petite-fille de la comtesse de Ségur. Avec, en prime, un dialoguiste-producteur pas tout à fait comme les autres : Marcel Pagnol, échappé de son folklore méridional, exilé dans le « grand nord ». C'est lui qui est venu chercher le comédien normand...

« Félicitations... », Bourvil a tout de suite reconnu l'homme qui vient de faire irruption dans sa loge du Théâtre des Variétés où il joue *Le Bouillant Achille*. Pagnol fait partie des gens qu'il admire profondément. *Marius, César, Fanny,* il adore. Toute sa vie, Bourvil exprimera le regret de n'avoir pas tourné dans la fameuse trilogie de la Canebière. Et puis, Pagnol, c'est Fernandel dans *Regain, La Fille du puisatier, Angèle, Le Schpountz*. Pagnol, le rêve... Mais Pagnol, ce n'est pas pour lui... Lui, le Normand, avec sa frange blonde, qu'irait-il faire au royaume de la bouillabaisse ?

« Je produis une nouvelle version du *Rosier de madame Husson*. Je souhaiterais que vous soyez le Rosier. »

Le Rosier... Maupassant... Pagnol... Et Fernandel. Reprendre le rôle créé par son idole en 1932. Le grand saut. Bourvil est tétanisé. A la fois heureux et inquiet. Il hésite. Handicapé par cette modestie envahissante qui le fait douter de ses possibilités.

Il a la nuit pour réfléchir. Ça porte conseil... Le lendemain il accepte. Il sera Zidore le Rosier. Mais il veut tout de même savoir : pourquoi lui ? Réponse brève, simple et logique :

« Maupassant est normand, pas méridional. »

L'histoire est connue : Mme Husson et les dames patronnesses de Gisors, désespérées de ne pouvoir trouver de jeunes filles pures, décident de remettre le prix de cent mille francs à un garçon un peu simplet. Le fils de l'épicière dont les vingt-cinq ans fleurent bon l'oranger.

Après le banquet du comice de la foire Saint-Achille, juste avant de recevoir sa « récompense », Zidore perd sa vertu. Maupassant l'ayant dirigé à dessein vers une maison close.

Aux côtés de Pauline Carton, Yvette Étiévant, Jacqueline Bouvier-Pagnol, Bourvil évoque son rôle. Il aime l'atmosphère si particulière de l'auteur. Maupassant c'est un « pays ». Il fait de sa région natale une peinture peu indulgente mais réaliste. Les dames de charité à l'esprit étroit ne sont pas épargnées, les bons gros du conseil municipal, l'épicière, les pompiers non plus. En lisant le scénario, Bourvil se retrouve chez lui. Il reconnaît les gens, les lieux, les mœurs. Au point d'avoir l'impression de tourner un film régional. Mais avec quelque chose en plus : les dialogues de Marcel Pagnol dont la verve atténue légèrement le trait souvent cruel de l'auteur. Et, lorsque l'on compare le film à la première version, celle d'avant-guerre, Bourvil affirme :

« La trame sera la même. Mais l'ensemble portera l'empreinte de l'auteur de *Fanny*, de *Marius*. Il sera plus humain. »

« Cela n'empêchera pas les spectateurs de rire », enchaîne Jean Boyer.

En attendant de s'amuser dans les salles, les gamins ne se privent pas pendant le tournage. Les premiers jours, ils entourent Bourvil, répétant à plaisir : « Qu'est-ce que tu dis ? » Gentiment, l'acteur de *Pas si bête* ne se lasse pas de répondre. « Pour sûr. » Cette complicité avec les enfants ne se dément jamais.

Un matin Bourvil arrive chez Henri Duquesne :

— Comment va le petit ?

— Pas très bien, il est resté au lit. La grippe sans doute.

— Tu permets que je monte ?

Bourvil va voir le gosse. Dix minutes après il redescend avec lui et l'emmène faire un tour.

« Je ne sais pas s'il a guéri mon fils, conclut M. Duquesne. Mais ça lui a fait un bien immense. Il était tellement heureux. »

Bourvil, ou plutôt André Raimbourg, est un lointain parent de Mme Duquesne. « D'ailleurs », dit le mari d'un air entendu, « ils avaient les mêmes traits de caractère. Méfiance des Cauchois. Réserve et timidité à établir le contact... Bourvil ne se jetait pas dans vos bras. Il faisait mentalement son enquête rapide sur les " nouvelles têtes ". Lorsqu'il vous avait adopté c'était gagné. D'ailleurs on pouvait facilement l'atteindre. Il était très gentil avec les habitants de la commune. On le questionnait sur son métier, ses origines, jamais il ne vous envoyait balader. »

Au gré du hasard, avec aisance, Bourvil fait connaissance avec tout le pays. Il va au cinéma local, dispute quelques parties de pétanque, se transforme en vendeur un jour de relâche : la pluie empêche le tournage du comice agricole que Jean Boyer veut placer au milieu des étals du marché hebdomadaire. « Nous n'aurons rien à faire. Veux-tu que je vienne chez toi ? » lance Bourvil à Henri Duquesne qui possède alors un commerce de tissus.

Dans la matinée, l'acteur arrive en compagnie de Jacqueline Pagnol et Yvette Étiévant, prêts à faire l'article. On sort les rames de tissu. Beaucoup plus de curieux que d'acheteurs se précipitent alors dans le magasin. Et cette récréation donne une jolie photo d'un Bourvil inattendu, bouffarde à la bouche, jouant les boutiquiers d'occasion...

L'équipe s'intalle à Conches et dans les communes voisines. A l'origine, seuls les extérieurs devaient être tournés en Normandie. Mais la petite pluie de printemps bouleverse les plans. En attendant le soleil, on réalise les intérieurs initialement prévus en studio. Dans la cuisine de la ferme de la Bretonnière ; à la mairie pour le conseil municipal ; chez un boucher du coin pour la scène d'ivresse du Rosier ; tandis que Mme Husson prend ses quartiers dans le salon d'un riverain. On pousse les murs dans les maisons « réquisitionnées », on s'arrange, on trouve des solutions à tout. Les Conchois ont adopté le Cauchois et se sentent quelque part artisans du Rosier. Aussi est-ce tout naturellement qu'en délégation ils vont voir la première du film présentée, non pas à Paris, mais dans l'Eure. A Breteuil.

La critique est plutôt flatteuse pour le Normand. Après les gros sabots de Berthomieu, on découvre donc un Rosier au jeu plus piquant. Certes, ce n'est encore qu'un gentil divertissement. N'empêche, Maupassant va bien au teint de Bourvil le Normand...

« Très longtemps, on a trop misé sur Bourvil, simple paysan, affirme l'abbé Alexandre. Je lui ai moi-même souvent reproché de n'avoir plus enregistré du Maupassant. Il était le seul à le jouer avec authenticité. Il était vraiment un personnage à la Maupassant. »

Effectivement, l'acteur ne récidivera pas. Faute de proposition très certainement. En revanche, la même année, il tourne un autre film avec Jean Boyer : *Le Passe-muraille*, d'après une nouvelle de Marcel Aymé. L'auteur n'est pas ravi : pour lui, Bourvil n'est qu'un pitre incapable de la moindre émotion. Mais son œuvre a déjà tellement été triturée par le réalisateur et surtout le dialoguiste débutant, Michel Audiard, qu'il ne se sent plus tellement concerné par la réalisation. Il ne fait donc pas d'esclandre lorsqu'on lui amène « ce comique ». Plus tard, en une autre occasion, il ne s'en privera pas...

Quoi qu'il en soit, *Le Passe-muraille* ne... passe pas la rampe. Accueil plus que mitigé. Ce qui n'empêche pas Marcel Pagnol de croire fermement en l'avenir de « son poulain » :

« Pour Pagnol, comme pour Boyer d'ailleurs, c'était un

acteur-né... Je les entends encore tous deux exprimer leur admiration, raconte Henri Duquesne. Marcel Pagnol m'a dit un jour : " Pour moi, en ce moment, c'est le numéro un. Parfois, il atteint le sublime. Il cache des trésors de sensibilité. " »

Marcel Pagnol est bien décidé à tourner une nouvelle fois avec « sa découverte. » Juste un an après *Le Rosier,* il lui propose un autre film dont il est le producteur · *Seul dans Paris.* La réalisation est confiée à Hervé Bromberger. Cet ancien journaliste signe là son troisième film.

Un paysan (encore) vient de se marier. Il part à Paris, mais dans le métro perd sa femme... Et c'est le drame assorti de plusieurs situations rocambolesques. Avant de rejoindre la capitale, une partie du film est une nouvelle fois tournée en Normandie, dans l'Eure. Thibouville, petit village enfoui dans la verdure, se passionne pour le mariage de M. et Mme Milliard : Bourvil et Magali Noël. Les petites filles de l'orphelinat, massées à la sortie de l'église, tiennent leur rôle avec application. « Vive la mariée... » Un villageois s'approche, il voudrait bien discuter avec l'acteur. Il sait que c'est un gars du coin : il l'a vu, pour les besoins du film, manier avec dextérité la charrue. Tout de même, il est intimidé, ne sait quoi dire. Le temps est superbe. Presque la canicule. C'est rare en Normandie. Autant parler du temps.

— Alors m'sieur Bourvil, ça va ?
— Ça va.
— Il fait chaud.
— Oui.
— Surtout pour un petit pays comme le nôtre...

Humour non calculé qui dépasse la fiction.

Le scénario d'Alex Joffé est bien construit. Mais, *Seul dans Paris* ne fait pas une grande carrière. Marcel Pagnol, pourtant, est satisfait. Car là, c'est évident, Bourvil exprime toute la panoplie des sentiments. Film d'images plus que de dialogues, *Seul dans Paris* mêle plus intimement l'émotion et le comique. Un soupçon d'épaisseur psychologique, angoisse, humanité... le tout n'est que faiblement esquissé mais amorce une véritable évolution. On commence à prendre au sérieux la veine dramatique du bouffon.

« L'homme seul dans la tragédie fait rire les autres », dit Bourvil à un journaliste...

Mais en attendant, il est inquiet. 1951 : cette année-là sonne le creux... Creux de la vague comme en connaissent tous les artistes, mais qui survient justement après cette réalisation déroutante : l'acteur n'a-t-il pas déçu une partie de ses partisans qui veulent seulement rire ?

« Le public vient voir la cage aux lions en se demandant si le dompteur sera mangé. » Bourvil avait fait cette réflexion juste avant le tournage. L'avait-on déjà dévoré ? La question s'imposera à lui, plus intensément encore, à la fin de cette année noire. Au moment du bide de Rouen.

L'acteur ne se doute pas qu'en réalité, *Seul dans Paris*, film aujourd'hui méconnu, alerte un certain Claude Autant-Lara aux prises avec un projet de film en souffrance qu'il tente désespérément de placer : *La Traversée de Paris*. Et dans cette traversée, il verrait bien Bourvil désormais...

D'ailleurs, très vite, ses craintes s'envolent. Nouvelle accélération. Son petit calepin de rendez-vous fait le plein. Et, une dernière fois, avec Jean Boyer, il récidive.

Le joli mois de mai, décidément, porte chance à Henri Duquesne. Deux ans, mois pour mois, après *Le Rosier*, le « distingué président du syndicat d'initiative » reçoit de nouveau l'équipe de tournage. Jean Boyer pourtant a parcouru un périple de trois mille cinq cents kilomètres à travers la Normandie, en Seine inférieure ou dans le Calvados. Mais il est revenu à ses premières amours. Pour le plus grand plaisir des commerçants locaux. Le printemps est magnifique, aucun problème de contretemps. Cette fois c'est donc de façon délibérée que Jean Boyer préfère, au studio, la réalité locale. L'ensemble du film est réalisé sur place, y compris les scènes de classe, tournées dans une école voisine, au milieu des enfants ravis de l'aubaine. Même chose pour les figurants choisis en fonction de leurs compétences dans la vie de tous les jours : ainsi ce photographe, qui tient magasin sur la place de la mairie, sera reporter ; ce correspondant local, journaliste à côté du véritable camion sono de son quotidien. Et les habitants retrouvent des visages connus. Un jour, un concours de pétanque réunit le groupe de tournage et les meilleurs régionaux de « La Boule d'argent bonnevillaise » et de « L'association bouliste conchoise ». Bourvil fait équipe avec deux techniciens. C'est lui qui remporte la finale. Le soir, une tombola est organisée. Mme Boyer gagne un bon pour un gâteau pour douze personnes et Bourvil... un timbre de bicyclette.

Mais le film, au fait ? C'est *Le Trou normand*. A ce moment-là l'établissement s'appelle plus pompeusement Hôtel de France. Débaptisé et repeint pour la circonstance, il a, depuis, gardé son nom d'acteur. Et affiche une certaine fierté : il tient la vedette, objet de bien des convoitises.

Le Trou normand. Film charmant, sans prétention. L'oncle d'Hippolyte (Bourvil) vient de décéder. A la surprise générale il lègue l'hôtel-restaurant à son neveu. Mais à une condition. Pour hériter le jeune homme doit obtenir son certificat d'études. A plus de trente ans, Hippolyte va donc reprendre le chemin de l'école pour étudier avec application la généalogie des Capétiens et les règles du système métrique. Tandis que sa tante, s'estimant lésée, fera tout pour l'empêcher de réussir.

Cette petite histoire d'Arlette Pitray rassemble quelques-unes des figures du cinéma français, véritables stars du second rôle. Jeanne Fusier-Gir, Pierre Larquey, Noël Roquevert, Jane Marken.. Il y a aussi, pour la première fois à l'écran, un jeune fantaisiste aux yeux rieurs et aux cheveux noirs, bavard comme un camelot : Roger Pierre. Mais l'histoire du Septième Art retiendra surtout l'autre débutante. Une jeune fille de dix-huit ans à peine : minois ravissant, bouche boudeuse, taille fine, gracieuse comme une ballerine... Brigitte Bardot, par le biais d'un modeste film tourné sous les pommiers normands, fait une entrée discrète, presque clandestine, dans son futur royaume.

Déjà un peu garce sur les bords, Javotte étourdit le pauvre Hippolyte. C'est B.B. dans son cocon avant de devenir papillon. La « diablesse » inventée par Vadim n'est pas encore née. Vive, spontanée, Brigitte n'est pas encore gâtée par le mythe Bardot. Et elle souffre, la malheureuse, sous les reproches acerbes d'un Jean Boyer peu emballé par cette nouvelle recrue à qui — qu'il lui soit beaucoup pardonné — il ne voit aucun avenir :

« Celle-là, je n'en ferai jamais rien », répète sans cesse avec quelque impatience, et en public, le réalisateur...

Quarante ans après, *Le Trou normand* fait évidemment sourire. Mais on admire surtout la virtuosité avec laquelle Bourvil se tire d'affaire dans un rôle somme toute peu reluisant, passant d'un comique de foire à l'émotion la plus pudiquement exprimée...

« Il savait faire le petit con, et soudain, basculait de l'autre côté », résume Henri Duquesne.

Tout bascule, en effet, lorsque Hippolyte se croit irrémédiablement roulé. Il a volontairement échoué à son certificat d'études pour gagner le cœur de sa cousine et elle se moque de lui, courant vers le bellâtre Roger Pierre et sa voiture de sport. Son poignant : « Ben alors, j'ai tout perdu... tout perdu... tout perdu » traduit toute la détresse du monde. Son béret d'idiot du village, enfoncé jusqu'au ridicule et jusqu'aux oreilles, devient invisible. Ne reste plus que ce regard d'honnêteté bafouée, de candeur piétinée...

Il est vrai qu'Hippolyte, quelques minutes auparavant, s'était vengé par anticipation. En giflant la perfide. Scène pénible que Bourvil a bien des difficultés à tourner correctement : frapper une demoiselle aussi jeune et aussi jolie, c'est impensable. Blouse grise, béret noir, cartable en bandoulière, Hippolyte, l'écolier attardé, se lance. S'applique. Face à lui, Javotte la coquette en robe vichy s'attend au pire : petite tape, presque amicale. La queue de cheval de la « victime » n'a même pas tressauté... « Ce n'est pas bon. On reprend... » Sept fois, il doit recommencer. Crescendo. Pour terminer enfin par un vrai soufflet bien claquant qui fait venir les larmes aux yeux de B.B.

Plus tard, Bourvil proposera sa jeune partenaire pour d'autres films. Et notamment, en 1965, pour une comédie musicale *La Petite Chiquette*. Mais B.B. ne se montrera pas enthousiaste. Le projet de tournage quant à lui tombera à l'eau...

On demandera très souvent à Bourvil, premier amoureux de cinéma de la future star, ce qu'il pensait d'elle à l'époque du *Trou normand* :

« Comment la trouviez-vous ? »

Et Bourvil, d'un air rusé, répondait invariablement.

« Très belle... »

Privilégié par rapport aux spectateurs ordinaires, les Normands reconnaissent dans ces films tournés à leur porte, non seulement leur pays, mais aussi leur caractère, leur atmosphère. Et dans leurs têtes une idée prend forme. Quelques journalistes osent la formuler, sans trop y croire. Et si on réalisait des films normands comme ont fait des films méridionaux ? Si l'accent chantant du sud était remplacé par les intonations plus lourdes de la terre ? Si après César, Marius, Fanny, on s'intéressait aux histoires de Zidore, Javotte, Hippolyte et d'autres à venir ? Eux, ils ont Fernandel. Nous, on a Bourvil...

Mais les Normands n'ont pas Raimu, et Pagnol ne fait que passer. Pourtant il a acheté une maison dans la région et recherche des ancêtres dans la branche normande de son grand-père... Ça ne suffit pas. L'époque n'est pas la même. Les Méridionaux ont une longueur d'avance. Leur accent, servi par une pléiade d'acteurs folkloriques, a pris d'assaut un cinéma de bons mots et de scènes pittoresques. Le parlant à l'odeur du pastis, le bruit heurté des boules de pétanque, le son mélodieux des cigales. Et puis, la Normandie est par nature trop timorée, trop refermée sur elle-même. Plus pudique aussi.

« On n'imaginait pas vraiment, affirme l'abbé Alexandre, que l'accent des paysans du Nord pouvait séduire les gens du Sud. On était restés avec cette idée que seul le style de Pagnol avait cette faculté de plaire à tous, y compris les spectateurs du Nord. L'inverse ne pouvait pas être vrai... Il aurait fallu un Pagnol normand pour Bourvil. »

Il n'existe pas. Ce n'est pas grave. L'optimisme est revenu. Car l'année du *Trou normand,* c'est également celle de *La Route fleurie,* une route qui va le mener loin, loin, loin...

VI

Sur *La Route fleurie*...

« Voulez-vous monter une opérette avec nous ? »
Ils sont trois.

Georges Guétary, vedette de charme du chant costumé. En ces années cinquante, ses fans déchaînés vont jusqu'à casser les chaises pour preuve de leur extase. Bien avant Gilbert Bécaud ou le rock'n roll. Seul, Luis Mariano, le « Prince de l'opérette », fait mieux.

Les deux autres ? Raymond Vinci et Francis Lopez, cosignataires, entre autres, de *La Belle de Cadix*. Celle dont les yeux de velours envoûtent...

Encore une fois, comme avec Marcel Pagnol, Bourvil se demande ce qui lui arrive. Au moment de l'entrée des trois visiteurs, qui se tassent tant bien que mal dans la loge étroite du Palais du festival de Cannes, il n'avait pas trop le moral. Ce soir, la salle n'était pas pleine, loin de là. 1951, décidément, n'est pas une bonne année. Bien sûr, les spectateurs ont ri, son « l'alcool non, mais l'eau férugineu... l'eau férugineuse, oui... » a connu le succès habituel. Mais tout de même, ça tourne moins rond. Bourvil se fait du souci...

Et puis, voici que surviennent les trois messagers, trois Rois mages. Qui le sollicitent. Et expliquent...

Pour sa création, *La Route fleurie,* le trio cherche un comique. Mais un comique nouveau style, quelqu'un qui rompt avec le genre traditionnel. C'est une idée que

Georges Guétary a ramenée des États-Unis où il a vu deux stars du show business d'outre-Atlantique, Bob Hope — le marrant — et Bing Crosby — le jeune premier — jouer ensemble une comédie musicale. Guétary veut appliquer cette recette révolutionnaire à *La Route fleurie*. Cette fois, le *trial*, c'est-à-dire le comique, ne se bornera pas à jouer les intermèdes pour simplement détendre la salle et préparer le retour sur scène de la vedette de charme. Le « drôle » sera, tout comme Bob Hope avec Crosby, au même niveau que l'amoureux transi. Partenaire à part entière...

Guétary s'est donc mis en quête de l'oiseau rare : un comique qui soit également bon comédien et bon chanteur Il n'en existe pas des tonnes. Le trio a cherché, cherché... Pour finalement ne s'arrêter que sur un seul nom. Le Bob Hope français, c'est Bourvil. Et encore, faut voir... Raymond Vinci surtout émet des doutes. D'autant qu'il devra réécrire une bonne partie de l'opérette en développant le rôle du *trial*...

Vinci peut se remettre au boulot. Le spectacle de Cannes a convaincu les trois chasseurs de têtes, et Bourvil, qui finit par croire au miracle, a accepté. Sans trop se poser de questions. Le Bourvil de la scène n'est pas celui du cinéma. Les planches, un rideau, un public, des rires, des applaudissements, voilà son véritable élément.

Car l'opérette, il connaît déjà. Sa première date de 1946. C'est *La Bonne Hôtesse* créée à l'Alhambra sur une idée de Jean-Jacques Vital et Bruno Coquatrix. Entre les tours de chants et la radio, pensait-on alors, Bourvil a besoin de se renouveler. Pourquoi pas ce divertissement aux côtés d'André Claveau, celui qui fait fleurir *Cerisiers roses et pommiers blancs* ?

Bourvil est alors le seul débutant de la troupe. Pour la première fois, il obéit à un metteur en scène qui le place, le reprend, le corrige. Il doit suivre son texte au mot près, s'adapter aux partenaires. Pas facile, facile... Pendant les répétitions d'ailleurs, tout comme jadis aux auditions, il ne dissimule pas son anxiété, laquelle finit par gagner aussi Vital et Coquatrix : le nouveau n'est pas vraiment à son aise, contracté, presque timoré. Mais au premier contact avec le public, Bourvil s'impose, retrouvant tous ses moyens. Comme dans les cabarets. Comme pour les tours de chant. Les spectateurs s'amusent et en redemandent.

Ensuite, les premiers films — ceux de Berthomieu puis de Boyer —, les pièces de théâtre et les opérettes s'emboîtent à la manière des poupées russes. En 1947, il y a *Le Maharadjah*, du trio Véber, Vital, Coquatrix, qui présente Bourvil... en paysan normand, rêvant sur sa botte de foin, du pays des Mille et Une Nuits, en compagnie de Julie, sa promise.

Parallèlement au *Roi Pandore*, on a pu voir Bourvil dans *Le Bouillant Achille*. Une pièce de Paul Nivoix, mise en scène par Robert Dhéry avec Perrette Souplex, créée aux Variétés. Là où Marcel Pagnol viendra lui proposer *Le Rosier de Madame Husson*.

Puis, et en même temps que *Le Passe-muraille*, une opérette est rapidement montée au théâtre de l'Étoile : *M'sieur Nanar*...

Mais là, avec *La Route fleurie*, Bourvil sent bien que la dimension du spectacle est tout autre.

Bientôt, les deux artistes féminines sont également dénichées. La dame de cœur de Guétary (Jean-Pierre) sera tenue par Claude Arvelle. Et la compagne du poète-peintre raté Bourvil (Raphaël) sera jouée par une jeune fantaisiste belge, pétulante, exhubérante pour qui *La Route fleurie* ne sera que le début d'un long chemin vers le succès : Annie Cordy...

Les répétitions se succèdent au Théâtre des Capucines, juste à côté de l'A.B.C. où doit être donnée la première... Bonne ambiance. Entre Guétary, Bourvil et les autres partenaires, le courant passe. Mais plus le jour de la représentation approche, plus l'inquiétude gagne du terrain. Il faut dire que le pari est risqué. Sur le plan financier notamment. *La Route fleurie* est une opérette à grand spectacle. Décors, costumes, tout cela a coûté fort cher. Quant à Bourvil, il est, comme d'habitude, dévoré par le trac :

« Vous pensez réellement que ça va faire rire ? » demande-t-il à la jeune Annie Cordy qui hausse les épaules avec insouciance. L'important pour elle c'est qu'on lui donne sa chance. Après, elle s'en tirera bien toute seule.

Finalement, décision est prise de roder l'opérette à Lyon. Comme si les provinciaux devaient se montrer par définition plus indulgents, plus compréhensifs...

En tout cas, les cobayes lyonnais profitent de l'aubaine. Et en masse. Le 9 décembre 1952, la salle des Célestins tremble sous les acclamations enthousiastes. Le public est ravi, Bourvil aux anges · *La Route fleurie* fait un triomphe...

Quinze jours plus tard, première parisienne, devant un parterre de critiques. Une presse unanime loue les mérites de l'opérette. Et, surtout, encense Bourvil, admirant « son pouvoir comique exceptionnel ». Les journaux, la radio ne parlent que de Bourvil. Quant au public, c'est bien simple, il ne voit que lui.

Et Guétary ? C'est un peu dur. Il paie la note de la notoriété. Guétary, on le connaît par cœur, on n'a plus à découvrir ses qualités, sa belle voix et son aisance sur scène. Pour lui, pas question de révélation. Il étonne moins. Pis encore, on l'oublie. Ainsi, lorsqu'il chante *Mimi*, refrain qui devrait faire se pâmer toutes ses admiratrices, il continue à entendre des rires, des gloussements provoqués par les mimiques de son partenaire involontairement envahissant...

« Écoute, lorsque je chante *Mimi*, ne fais rien. Sinon, tu me coupes tous mes effets. »

Georges Guétary est agacé. Gêné, navré, Bourvil obéit.

Mais, le lendemain, ça recommence. La seule présence de l'acteur, simplement planté, immobile dans un coin de plateau, distrait la salle qui n'écoute plus vraiment le chanteur.

« Eh bien demain, tu sortiras... »

Cette fois, Georges Guétary est carrément excédé. Toujours bon prince, Bourvil obtempère.

Les rapports entre les deux hommes se tendent un peu, évidemment. Mais rien de trop grave et de très durable. Pour une fois, Bourvil a le beau rôle, mais il ne veut surtout pas en profiter. Car il lui arrive un truc pas ordinaire : on va le chercher en catastrophe, et finalement, c'est lui qui ramasse la grosse mise. Cela suffit amplement à son bonheur. Avec sa gentillesse et son tact habituels, il s'efforce surtout de rester lui-même et de faire tout pour que les choses s'arrangent.

Le bon joueur là-dedans, c'est Georges Guétary. Non seulement, il se retrouve dans la peau peu enviable d'une vedette laissée sur la touche, mais en plus, c'est lui qui a eu cette idée du comique « nouvelle vague ». Dans sa carrière étincelante, Guétary a eu des rôles bien plus intéressants que celui de « l'arroseur arrosé »...

Georges Guétary s'inquiète bien un peu. Mais ne se laisse pas emporter par une quelconque jalousie, une quelconque amertume. Et se laisse volontiers entraîner par la bonne humeur d'un partenaire adorable. Très vite le public va profiter de cette nouvelle connivence qui s'installe entre eux. Guétary se moque ouvertement de ses difficultés à capter l'attention : cela fait maintenant partie du jeu. Les spectateurs envoient de plus en plus de pièces et de bonbons aux acteurs qui se font rire mutuellement. Les duettistes sont devenus complices...

C'est la vie de bohème,
La vie sans façon,
La vie de garçons, la vie de pata patachon,
C'est la vie que l'on aime quand on a vingt ans,
Mais que nous on mène plus longtemps,
Nous n'avons pas de galette, mais qu'est-ce qu'on s'en fout,
On fait des dettes partout, partout,
Et l'on chante quand même la nuit et le jour,
Vive la bohème et l'amour.

Leur duo est repris en chœur. On l'entend partout. Et pour l'opérette, c'est toujours le même enthousiasme...

Chaque soir Bourvil s'émerveille de la joie des autres. Les rires le stimulent. Il trouve de nouvelles plaisanteries, de nouvelles attitudes. Et il les entend ces rires. Mieux encore, il les écoute, les analyse, les dissèque, jusqu'à mettre une étiquette sur chacun d'entre eux. Et un jour, pour s'amuser, il explique à un journaliste :

« Il y a autant de rires que de voyelles, correspondant à chaque type de personnage.

Les rires en A pour les bons vivants amateurs de bonne chère et sans problème. Ceux en E pour les flegmatiques. En O pour les généreux d'eux-mêmes. En I pour les enfants, les naïfs. En U pour les hypocrites, les misanthropes, les grenouilles de bénitier... »

On rêve et on s'amuse tant avec *La Route fleurie* qu'on n'en voit pas le bout, que les représentations sont parties pour durer des années... sans que le producteur Mitty Goldin ne songe à changer une ligne des contrats.

Et là, une constatation s'impose : la situation est devenue injuste. Le cachet de Georges Guétary se monte à cent mille francs par soirée, celui de Bourvil à quinze mille francs seulement et celui d'Annie Cordy à cinq mille. La jeune femme, que la presse a agréablement remarquée, quitte la troupe au bout de deux ans, et s'en va faire carrière ailleurs. Elle est remplacée par Joan Daniell.

Bourvil, lui, ne songe pas à agir aussi brutalement. D'ailleurs, il ne lui est même pas possible de s'absenter un soir ou deux, en se faisant remplacer par sa doublure. Défense de tomber malade : le public refuse. Il continue à tourner pourtant pendant les quatre années de *La Route fleurie* mais uniquement en studio ou en région parisienne. Guétary au contraire réussit, par période, à s'éclipser. Jean-Jacques Lécot monte alors sur scène. En apprenant ce changement de dernière heure, les spectateurs sont déçus mais ne demandent pas le remboursement. Le chanteur peut ainsi honorer quelques contrats à l'étranger. Tandis que Bourvil est toujours coincé... Et bientôt Georges Guétary soutient son partenaire : il faut augmenter son cachet. Mitty Goldin fait toujours la sourde oreille. Il n'y a aucune raison. Un contrat est un contrat...

Parallèlement, les deux artistes voudraient bien apposer le mot fin à cette histoire aussi belle soit-elle. A force de durer, ils craignent aussi de lasser. Bien sûr *La Route fleurie* est pavée d'or. Elle rapporte beaucoup d'argent, mais est-elle toujours dans le coup ?

Événement inédit. Rançon d'une marche triomphale. Les deux hommes menacent d'intenter une action en justice : « Un procès pour raison de succès. » Car on pourrait imaginer la troupe éternellement figée dans le même décor. Les contrats ne prévoient pas de fin. Et comme le public est toujours au rendez-vous, les financiers sont contents...

1302 représentations. « Pendant quatre ans, chaque soir, Bourvil et moi nous prononcions les mêmes phrases, accomplissions les mêmes gestes », expliquera plus tard Georges Guétary. « Quand un spectacle marche aussi bien, les artistes ont du mal à se renouveler : ils ne sont plus dans le coup. Pendant quatre ans, nous n'avons plus suivi l'évolution extraordinaire de la chanson, de la musique, des compositions, sans oublier la plus importante, celle du public. »

Inquiet tout de même devant cette révolte, Goldin accepte un petit réajustement. Puis, plus tard, il annonce enfin, sous la pression, « les 30 dernières représentations ».

La Route fleurie s'achève par une tournée en juin 1956. Fin d'une belle aventure... qui en appelle d'autres. L'opérette se prolongera par un spectacle en duo au Gala des artistes. Elle fera aussi un détour par la radio. Une fois par semaine, sur « Luxembourg », les deux hommes joueront un feuilleton musical : *La Course aux émeraudes*.

« Bourvil et moi sommes mariés pour de nombreuses années », annonce alors Georges Guétary. « Je ne sais pas si nous irons jusqu'aux noces d'or. Mais nous ne pourrons pas facilement divorcer... »

VII

« Ça va, ils sont contents »

« **A**LLÔ. Ici Bourvil. Est-ce que vous chantez ? »
Elle a vingt ans. Brunette, mignonnette, style jeune fille sage, et parle avec l'accent ensoleillé de son Sud natal. Elle suit des cours au Conservatoire. Aime le classique. Sa réponse est à la fois simple et naïve :
« Dans mon bain. Exclusivement. »
1958. Six ans se sont écoulés depuis les débuts de *La Route fleurie*. Le boulimique Jean-Jacques Vital veut produire une nouvelle opérette. Succès garanti : on prend les mêmes. Bourvil et Guétary. Mais à part égale cette fois.
« J'aimerais que Joseph fasse la musique », intercède le chanteur de charme. Jo Moutet, pianiste et compositeur de Guétary, se lance dans sa première opérette, mise en scène par Max Révol.
« A nouveau voici le tandem Bourvil-Guétary dans l'opérette *Pacifico* qui les mène vers les aventures les plus cocasses et les plus tendres... »
Le slogan trotte déjà dans la tête des promoteurs. Mais, qui choisir comme partenaires féminines ? Car la trame ressemble beaucoup à celle de *La Route fleurie* : deux copains qui chantent les bienfaits du célibat... et tombent éperdument amoureux. Les auditions se succèdent. On pense avoir trouvé la jeune première. Mais événement inattendu : entre elle et Jean-Jacques Vital se noue une

idylle. Le producteur préfère l'épouser que de la voir monter sur les planches. C'est drôle, Guétary avait, lui aussi, trouvé une épouse pendant *La Route fleurie*. Il avait succombé au charme d'une journaliste venue l'interviewer... Finalement, Corinne Marchand est choisie tandis que Bourvil est toujours en quête de sa propre « fiancée ».

On parle déjà de l'opérette un peu partout. Un jour, sur les ondes, faute de Dulcinée, Jo Moutet se transforme en dame, ce qui, compte tenu de sa stature, est assez cocasse, et interprète un duo avec Bourvil. Pierrette Bruno, si elle écoute la radio, est loin de penser que plus tard c'est elle qui, aux côtés d'André, fera battre les cœurs.

Pour l'instant, la petite Marseillaise qui était montée à Paris faire ses classes vit sur un petit nuage. A la fois charmée et indécise. Bourvil l'a vue et l'a remarquée. Car maintenant l'acteur normand a changé de camp. A lui de jouer au dénicheur de talents, de se déplacer pour voir les autres dans les théâtres, dans les loges. On le laisse libre de trouver sa partenaire. Et, pour l'unique fois de sa vie il va, non seulement se prendre au jeu, mais s'accrocher à son choix intuitif. Il va façonner « son » artiste.

« Bourvil est là... Bourvil est dans la salle. » La troupe l'a tout de suite repéré. Bourvil, c'est aujourd'hui un nom. Et les débutants de *Virginie*, la pièce de Michel André, sont flattés. A minuit pourtant il ne se rend pas en coulisses pour rencontrer et féliciter les artistes :

« Ça ne lui a pas plu », commentent, déçus, les jeunes comédiens en se séparant.

Et puis, le lendemain matin, Pierrette Bruno reçoit le coup de téléphone : « Allô. Ici Bourvil... » Bientôt suivi de la première entrevue.

« A l'époque, j'étais le contraire de lui. Très classique. Lorsque je lui ai dit que je ne chantais pas, il a répondu : " tant pis. " Mais il a insisté pendant plusieurs jours pour que je prenne le rôle. »

C'est le monde à l'envers. Entêtée, sûre de son choix, la vedette supplie la débutante :

« En rentrant du Conservatoire, parfois je le trouvais devant ma porte pour tenter de me convaincre, me disant : " Entre la page 25 et la page 27, on pourrait rajouter cette scène... " »

Et Pierrette hésite toujours. Elle est un peu perdue, cette direction n'est pas du tout celle qu'elle avait prévue : elle voulait entrer au Français, on lui propose une opérette. Elle n'y avait jamais pensé. Sera-t-elle capable de changer ainsi de style ?

« Avec le recul, je me dis que c'est incroyable. Il aurait dû m'envoyer sur les roses. Cette débutante, pour qui se prenait-elle ? Au lieu de ça, il m'a patiemment mise en condition. Et moi j'avais peur de ne pas réussir. »

Pierrette, inévitablement, finit par craquer. Elle commence les répétitions. Mais Bourvil ne s'estime pas encore gagnant. Ça l'embête de ne pas pouvoir chanter avec sa partenaire. Il doit bien y avoir un moyen de la convaincre, de la piéger...

« Vous êtes certaine ? Vous ne chantez pas ? Nous pourrions tout de même essayer. »

Et un jour, chez Jo Moutet, Pierrette se lance. Bourvil l'écoute ravi. Il ne s'était pas trompé. Elle chante juste, la petite. Elle est douée.

« Il a vraiment fait dévier ma vie. » Pierrette Bruno, artiste classique du Conservatoire, devient Pierrette mutine et fantaisiste, légère et douce, drôle et attendrissante. Elle, qui ne fredonnait pas deux notes, devient chanteuse. Elle qui n'écrivait pas devient auteur... de chansons évidemment.

Le premier duo qu'elle doit interpréter dans *Pacifico* lui semble « bêtichon ». Alors, un soir chez elle, elle écrit *Je t'aime bien*. Le lendemain elle présente son œuvre :

— Tenez, André, qu'en pensez-vous ?

— Impeccable. Pas un mot à reprendre. On dirait que vous écrivez des chansons depuis cinquante ans.

L'autre duo : *Alors, qu'est-ce qu'on fait ?* est également de Pierrette. Il ne sera pas signé non plus.

« J'aurais peut-être dû me défendre un peu mieux. Faire rajouter un additif. Après tout, je ne regrette rien. Je me souviens simplement de l'auteur de l'opérette entrant dans ma loge : " Puis-je avoir les paroles de mes chansons pour les déposer à la SACEM ? " Je les lui ai données. Il ne m'a même pas offert un bouquet de violettes. »

Pierrette qui, pour la première fois, a pris la plume poursuivra dans cette voie. Elle écrira de nombreuses chansons avant de devenir auteur de pièces. Ce qu'elle est encore aujourd'hui.

De même, Jo Moutet tout en restant très lié avec Georges Guétary composera également pour elle et beaucoup pour Bourvil, jusqu'aux derniers mois avant sa disparition. Personnage naturellement affable, le musicien apprécie la bonne ambiance qui règne pendant les répétitions de *Pacifico*. La troupe travaille durement, mais dans une atmosphère de grande camaraderie :

« Bourvil soutenait les gens qui travaillaient avec lui, se souvient Jo Moutet. Lorsqu'il y avait un problème avec un producteur, un directeur, il prenait fait et cause pour eux. »

Le compositeur et l'acteur s'entendent à merveille. La musique les rapproche :

« C'était un bon musicien. Il n'avait pas fait d'études musicales poussées mais il jouait d'instinct. Il sentait la musique de façon formidable. Et il jouait de tout. » Notamment de l'accordéon. Avis d'expert : Jo Moutet a été champion du monde d'accordéon. Ça crée des liens.

« Si vous lui apportiez une chanson qui, à votre avis, était drôle, mais qui ne le faisait pas rire, c'était fichu. Vous pouviez tenter de le persuader, la chanson pouvait être délirante, si lui ne riait pas, inutile d'insister. Au contraire si, à la première lecture, il partait de son rire immense, alors il l'enregistrait. Pour les chansons douces, les chansons tendres, il fallait tout simplement que le texte soit beau. Il était très sensible à la belle écriture. »

Parmi les qualités de l'acteur, le compositeur apprécie surtout sa fidélité. Pour en faire la preuve il donne cet exemple, à ses yeux significatif :

« Un jour, je lui présente une chanson, *La Marche des matelassiers*, dont les paroles sont de Frédéric Dard (San Antonio). Il m'explique : je ne peux pas maintenant. Plus tard je la chanterai. Les artistes disent souvent ça. Ils se débarrassent ainsi du problème et on n'en entend plus parler. Je pars alors au Canada avec Guétary, sans grand espoir. Eh bien, deux mois après, je reçois un télégramme de Bourvil me disant : " J'ai enregistré ta chanson. " Il s'en était réellement occupé. C'est ça la fidélité. »

11 novembre 1958. Première de *Pacifico* à la porte Saint-Martin. L'opérette n'a pas le succès exceptionnel de *La Route fleurie*. L'impact de la nouveauté a disparu. Pourtant, les compositions rythmées de Jo Moutet, alliant la variété jazzique aux airs ensoleillés sud-américains, sont plus modernes. *Pacifico* fera une carrière estimable, mais ne connaîtra pas la folle équipée de son aînée.

En revanche, elle sacre un nouveau couple vedette...

> *Je voulais te parler depuis longtemps,*
> *Je ne sais pas si c'est bien le moment,*
> *Tant pis si j' le dis maladroitement.*
> *Ben voilà... je t'aime bien,*
> *Chaque fois que j' te vois dans l'embarras,*
> *J'aimerais pouvoir te sortir de là,*
> *Si je te dis, je t'aime bien,*
> *Oh Capucine, oh Casimir...*
> *Euh... quoi ? ben... il fait chaud.*

Tous les deux. Pierrette et Bourvil. Sur un banc.

> *T'as dû voir que si j' te parlais pas,*
> *J'étais toujours là quand t'étais là,*
> *Alors je m' disais elle comprendra,*
> *Que moi aussi, je l'aime bien.*
>
> *Un jour tu m'as appelé mon lapin,*
> *Ça a fait rigoler les copains,*
> *J'ai vu dans tes yeux un peu de chagrin,*
> *Et depuis, qu'est-ce que j' t'aime bien.*
>
> *Oh Casimir, oh Capucine,*
> *Euh .. quoi ? Ben... Il fait froid...*

Cette petite chanson à deux devient le *must* de l'opérette. Émus, attendris, devant ces amoureux hésitants, timides et maladroits, les spectateurs de *Pacifico* adorent Capucine et Casimir. Rappels sur rappels.

Le soir de la première, Corinne Marchand, comme prévu, fait son entrée juste après eux. La malheureuse ne peut prononcer un mot. Le public ne se calme pas. Elle sort. Entre et essaye à nouveau. Impossible. Pierrette Bruno et Bourvil doivent revenir et bisser *Oh Casimir, oh Capucine*. Sur scène, le duo est consacré. Dans la vie, une grande amitié va naître.

« Vous n'imaginez pas ce que fut cette chanson. Un coup de tonnerre. »

Pendant les vendanges, chez le frère de Pierrette, en coupant le raisin, les paysans chantent *Oh Casimir, oh Capucine*. La France entière fredonne le tube.

« Le public nous a vus là, tous les deux sur notre banc, et il a ressenti un choc émotionnel. Parce que nous nous sommes adressés à son cœur. »

Pour Pierrette Bruno, c'est la clef du succès. Bourvil sur

scène ne cherche pas à expliquer, démontrer, imposer. Il n'a pas envie de dire aux gens ce qu'ils doivent penser. Il parle à leur cœur, fait appel à leurs sentiments. Il veut les faire rire, il veut les émouvoir. Pas les faire réfléchir...

« Qu'est-ce qu'un acteur? demande Pierrette Bruno. Un homme comme tout le monde qui a simplement la faculté d'exprimer ce que nous ressentons tous. A chaque fois que le public a vu Bourvil il a reçu un coup à l'estomac. André avait un don. Il ne voulait pas le mettre au service de lui-même, pour sa carrière, pour se faire plaisir. Cette faculté, qu'il considérait comme une chance, il avait envie de la partager en la restituant au public. »

> *Bonne année M'sieurs-dames*
> *Si ces mots-là viennent du cœur*
> *ils porteront bonheur*
> *C'est pourquoi il faut toujours les dire*
> *avec un peu d'amour.*

La première chanson de Bourvil dans *Pacifico*. Faite sur mesure.

Sincérité. Don total de soi. Peut-être avait-il reconnu le même instinct de comédien en regardant jouer, pour la première fois, Pierrette Bruno? C'est peut-être pour cette raison qu'il avait tellement insisté. Il avait compris qu'ils seraient à l'unisson...

« C'est incroyable quand on y pense. Il avait senti que lui et moi allions provoquer le déclic. »

Pierrette Bruno a travaillé sept ans avec Bourvil: une autre pièce et deux films: *Le Capitan* puis *Le Tracassin*. Elle a ensuite poursuivi seule sa carrière, chantant, jouant ou écrivant des pièces connues comme *Pepsie* et plus récemment *Charivari*. Mais, pour toute une génération elle demeure et restera à jamais la partenaire de Bourvil.

« Je pourrais vivre mille ans, dit-elle, je serai toujours la partenaire de Bourvil... Un soir, dans la salle j'assiste à une représentation de *Charivari*. A la fin du spectacle une dame me reconnaît. Elle lance à son mari : " C'est Pierrette Bruno. " Va-t-elle dire : l'auteur de la pièce qui vient de me faire rire pendant deux heures et demie ?... Non, elle poursuit : " la partenaire de Bourvil... " Vingt ans après sa mort les gens me disent : Ah ! tous les deux, sur le banc... Lorsqu'on me demande un autographe à la fin d'un spectacle, je signe sur une photo d'André, sur un disque d'André, sur un programme où il y a André. »

Les refrains de Georges Guétary qu'un public sollicité et apprécie toujours sont restés des romances pour amateurs d'opérettes. Ceux de Bourvil sont passés dans le domaine de la variété :

« Pour Guétary, on écrivait d'une certaine façon. Bourvil pouvait tout chanter », résume Jo Moutet.

Bourvil qui devra abandonner les tours de chant, faute de temps, continuera à faire des disques. Pour le plaisir.

« C'était sa vraie passion, ses premières amours, confie Pierrette Bruno. L'image qu'en fermant les yeux je garde d'André est celle d'un chanteur doublé d'un musicien. En arrivant chez lui, je le trouvais souvent juché sur un tabouret, avec son accordéon, en train de déchiffrer... »

Un soir, alors qu'il joue toujours *Pacifico*, un homme, barbu et la mine égrillarde, entre dans la loge du comédien. Bourvil est heureux de revoir Bobby Lapointe dont il a déjà chanté *Aragon et Castille* dans le film *Poisson d'avril* réalisé par Gilles Grangier. Une chanson-calembour dont Bob a le secret, sur une musique de son ami Étienne Lorin. Un délice...

Quatre ans plus tard, il propose d'autres trouvailles à Bourvil, qui, en lisant les textes, s'esclaffe avec tant d'entrain que Pierrette Bruno sort de sa loge et vient aux nouvelles. Et elle entend...

« Bien sûr que je vous les prends vos chansons, je vous

les prends toutes car elles sont géniales. Mais c'est un crime. Je ne vous arriverai pas à la cheville. C'est vous qui devez les chanter... »

Conseil qui sera suivi. En 1960, Bobby Lapointe enregistrera ses propres refrains dont le fameux *Avanie et Framboise* pour le film *Tirez sur le pianiste*...

Bourvil sur scène. Chez lui. Plus, bien plus, que sur un plateau de tournage, où dans la journée, acteur consciencieux, il suit à la lettre les consignes du metteur en scène. Mais le soir, il se défoule, et comme toutes les « bêtes » de théâtre donne dans la démesure, porté, dopé par les rires du public auxquels se mêlent souvent ceux de ses partenaires. Des scènes qui ne durent à l'origine que quelques secondes se prolongent parfois pendant un quart d'heure. Bourvil accumule les gags, déniche des trouvailles à la douzaine. Et ça marche, ça marche très fort...

Dans le genre, *La Bonne Planque*, comédie musicale créée le 8 septembre 1962, s'avère être un sommet. Ambiance géniale entre les acteurs, succès immédiat et enthousiasme pour un Bourvil lâché sur la scène comme un fauve dans une cage. Les trouvailles de l'acteur, qui joue du clairon, du piston, de l'accordéon, sont innombrables. Un jour, en tournée, il a même l'idée d'ajouter un twist endiablé. Numéro qu'il met au point avec Étienne Lorin.

Là où les autres troupes jouent quinze jours, *La Bonne Planque* est bloquée un mois. Toutes les villes de France acclament la pièce, et bientôt c'est au tour de la Belgique. A Bruxelles, la télévision enregistre une représentation. Sans arrière-pensée. Et pourtant...

En 1965, la télévision française est en grève. Le mouvement s'éternise, les programmateurs sont à court. Dans le marasme, une suggestion : pourquoi ne pas acheter l'émission de la télévision belge ? Après tout, la troupe est française. Et puis c'est un bouche-trou comme un autre...

Fidèle à ses premières amours, Bourvil épousa Jeanne Lefrique, le 23 janvier 1943. *(Collection des auteurs.)*

Bien des années plus tard, toujours le même bonheur.
(Collection particulière.)

Un cliché rare : Jeannette et le petit Dominique sur un tournage en Normandie. *(Photo Léonce Moutardier.)*

Chez lui, en famille. *(Collection particulière.)*

Vacances à Saint-Aubin-sur-Mer (1957) avec Dominique et Philippe. En août, rien d'autre ne compte. *(Collection des auteurs.)*

Tout un symbole : Jeanne et André à la campagne.

Bourvil sur la plage : « J'ai une santé d'archevêque. » *(Collection des auteurs.)*

Dominique (7 ans) et Philippe (4 ans) toujours tenus loin des « sunlights » mais très suivis par leur père. *(Collection des auteurs.)*

Avec son ami d'enfance, Roger Douville, paysan sculpteur. *(Collection Mme Douville.)*

« Moi, je fais le clown, mais toi, avec tes mains, tu fais des miracles. » *(Collection Mme Douville.)*

Sur le tournage du *Cerveau* (1968). Soucieux ? Fatigué ? Surmené ? *(Collection des auteurs.)*

L'homme qui sourit avec les yeux. *(Collection des auteurs.)*

La Cuisine au beurre (1963). Rencontre avec l'idole de sa jeunesse. *(Photo Jean-François Bodu.)* ▶

Un drôle de paroissien (1963) et ses deux compères : Francis Blanche et Jean Poiret. *(Collection des auteurs.)*

Tragique et teint en blond pour *La Grande Frousse* (1964). *(Collection des auteurs.)*

Les journaux, en présentant les programmes, préviennent les téléspectateurs avec ménagement : « Samedi 27 février 1965. 21 h. Ire chaîne. *La Bonne Planque* de Michel André ; la diffusion de cette comédie remplace *Les Cinq dernières minutes* dont le tournage n'a pas été exécuté en raison de la grève des réalisateurs. Il s'agit d'une émission de la télévision belge. La pièce ayant été filmée sur la scène du Théâtre du Vaudeville de Bruxelles, il ne s'agit pas d'un spectacle conçu pour la télévision. »

Les chroniqueurs enfoncent le clou comme pour s'excuser à l'avance du résultat. Mais à la grève comme à la grève...

On tente tout de même de mettre les téléspectateurs en bonne condition : « Cette forme de théâtre filmé apporte la présence et les rires du public qui sont communicatifs. » On va bien voir...

Raz de marée. Des millions de téléspectateurs rient en découvrant *La Bonne Planque*. Pourtant, le surlendemain les critiques sont franchement détestables et descendent en bloc la pièce.

Et là, événement extraordinaire, le public, d'habitude si lymphatique, peu enclin à défendre ses goûts artistiques et encore moins à écrire, le public réagit en masse. Les journaux, la télévision reçoivent des sacs de lettres. Tollé général. « La meilleure soirée depuis longtemps »... « Enfin un spectacle amusant »... « Redonnez-nous du Bourvil »... « Pour une fois qu'on s'amuse. » Le mouvement est d'une telle ampleur que plusieurs rédacteurs écrivent à nouveau pour évoquer l'étrange phénomène allant jusqu'à avouer : « Peut-être avons-nous eu tort de passer sur l'autre chaîne »... « Peut-être avons-nous tourné le bouton trop tôt. »

En Belgique, Pierrette Bruno est sacrée actrice française la plus populaire. Les magazines s'empilent dans les kiosques avec le couple vedette en couverture. *Le Journal du*

Dimanche couvre l'événement. Un reporter va chez Bourvil. En préambule, Jean-Claude Larrivoire apporte son propre témoignage.

« J'habite un nouvel immeuble moderne, c'est-à-dire que je sais parfaitement ce que mange mon voisin du dessus, combien de bains par semaine prend celui du dessous, quelle est la musique préférée de celui de gauche et ce que pense de son percepteur celui de droite. Or, ce samedi 27 février, à en juger par les résonances de l'immeuble, tous étaient rivés à leur poste de télévision : les murs, les vitres frémissaient sous les rires en cascades. Pour Bourvil, pour *La Bonne Planque,* c'était un triomphe... »

« Alors, vous êtes venu me voir pour cette fameuse *Bonne Planque.* »

En pantoufles, installé dans le salon, Bourvil reçoit son visiteur.

« Quel bruit cela a fait... Les critiques, je ne leur en veux pas. Peut-être que ce samedi-là ils auraient préféré voir *L'Annonce faite à Marie ?* C'est une question de disposition d'esprit. *La Bonne Planque,* moi, ça me fait rigoler. Il faut cependant la considérer comme un divertissement et non comme un message ou une pièce à thèse. Remarquez que je n'aurais pas pu jouer cela sans public, uniquement pour la télévision. »

La voix du public, ainsi massivement exprimée, pèse lourd. Pierre Sabbagh, alors directeur de la chaîne, réfléchit. Il suffit donc de choisir une pièce, de mettre deux caméras dans la salle. Comme l'ont fait les Belges : la célèbre émission « Au théâtre ce soir » est née.

De toute cette histoire, Bourvil s'amuse. Une seule constatation s'impose à son esprit et sans partage : le public, lui, est heureux. Rien d'autre ne compte...

« Ça va, ils sont contents... »

Pour Bourvil, chaque soir, c'est le mot de la fin. Quand

la magie s'est éteinte, juste après l'ultime réplique, la dernière pirouette. L'artiste descend de son tapis volant, il retrouve la terre ferme, celle des gens ordinaires. Ce n'est pas quand le rideau retombe. Non, un peu avant. Lorsque, se tenant la main, les acteurs avancent au bord de la scène pour saluer. Tendu, aux aguets, Bourvil écoute. Il entend monter les applaudissements. Sourire aux lèvres, il murmure alors à ses partenaires :

« Ça va, ils sont contents... »

Il pourrait dire : « On leur a plu » ou bien « Ça marche. » Mais c'est de leur joie à eux dont il a envie de parler. Pierrette Bruno ne l'a pas oublié :

« Son seul but était de leur faire plaisir. " Ça va, ils sont contents. " Et je savais alors qu'André irait se coucher tranquillement. Cette phrase je l'ai entendue pendant sept ans. Il me l'a léguée. A la fin de chaque pièce, aujourd'hui encore, elle résonne dans ma tête. »

Petites phrases anodines. Bible du comédien Bourvil. Comme cette autre confiée un jour à son frère :

« Quand le rideau tombe il faut que les gens se disent avec regret : " Déjà fini. " C'est ça le métier, et pas autre chose. »

Troisième partie

LES RENDEZ-VOUS

I
Un comique de la vie

Bourvil joue désormais dans la cour des Grands. Cela s'est fait sans heurts. Tout doucement. Naturellement. Depuis longtemps déjà, se sentant un peu à l'étroit, il a retiré sa défroque de paysan débutant. Pièce par pièce, sans forcer et sans rien arracher. Ce serait idiot. Il aime bien, de temps à autre, se la remettre sur le dos... rejouer « le Danny Kaye rural », selon l'expression d'Yvan Audouard. Caprice qui déroute les obsédés du tri artistique. Dans leur classement, la fiche « Bourvil » n'est pas à jour. Il devrait, succédant à l'ancien, y avoir un nouveau Bourvil. Celui d'avant et celui d'après. Au lieu de ça...

« Qu'est-ce que vous faites là-dedans André? Vous perdez votre temps, ce n'est plus digne de vous. Surtout après ce rôle formidable. Et ce film? André, au stade où vous en êtes... »

On veut le découper en tranches. Jeter *Les Crayons* pour garder *La Traversée de Paris*, cacher *La Bonne Planque* derrière *Les Culottes rouges*. L'installer chez Fauchon et fermer Monoprix. Il doit tourner la page, faire table rase. Il peut même avoir honte de son passé. Ouvertement. C'est recommandé...

André laisse dire. Et fait comme il l'entend. Ces gens-là ne comprennent rien. Lui ne les comprend pas. On lui demande de choisir, il n'en a pas envie. On lui conseille de renier, il ne veut rien oublier. Il avance sur les sentiers qu'il connaît. Tout jeune, il n'aimait pas être « bridé ». Alors, en vieillissant...

En l'espace de vingt ans, le petit comique paysan de chez « Carrère » ou de « Pêle-Mêle » a fait son chemin. Ses détracteurs le disaient né d'une vogue, d'une vague, d'un « soulagement ». Ses pitreries, à coup sûr, n'étaient dues qu'aux insouciances nécessaires de l'après-guerre. Il était aussi l'héritier d'une tradition bien française. Mais dans les années cinquante, prendre le relais d'un Dranem, c'était aussi s'enfoncer dans le passé. Les temps avaient et allaient encore changer. Sollicitée par d'autres talents plus modernes, la ferveur populaire se détournerait immanquablement du péquenot en gros sabots. Carrière éclair...

Tout faux. En vingt ans de cinéma, Bourvil est devenu un Grand, un très Grand. Que le film soit raté ou pas, il n'est que très rarement médiocre, ou même simplement moyen, traversant tous les genres humains avec une justesse de ton et d'interprétation ébouriffantes.

Le comédien est reconnu. Unanimement ou presque. Test clé : confronté aux stars, réelles ou fictives, du cinéma français, il s'en tire sans aucun dommage, quand ce n'est pas à son avantage. Où est alors le problème Bourvil ? Dans le choix dit-on...

Il peut monter encore bien plus haut. D'ores et déjà, il est dans l'ascenseur, on l'attend à l'étage au-dessus... quand il lui prend soudain la fantaisie de redescendre. Pour jouer les valets de cape et d'épée chez Hunebelle par exemple, ou les comiques d'un théâtre à grosses ficelles...

Pourquoi ? A l'aube d'une carrière, on peut comprendre. Mais là, puisqu'il peut désormais faire le tri, pourquoi ? A question simple, réponse simple : parce qu'il aime ça...

« J'ai eu le prix à Venise, bon, j'en suis pas mal fier, mais je ne confonds pas vitesse et précipitation, Bourvil et Sarah Bernhardt. Le rire dans la qualité, c'est ce que je voudrais pouvoir faire... l'imbécile heureux, voilà mon emploi. Que je m'évade de temps en temps, je ne dis pas non, mais ce sera toujours pour y revenir... »

Il a peut-être grandi, Raimbourg, mais il est resté le même. Tout petit, il est tombé dans le baquet de la rigolade, et depuis, il n'en est pas sorti. L'enfant était un blagueur, l'adolescent un joyeux drille.

L'adulte Bourvil aime toujours rire, et mieux encore, faire rire les autres. Il plaide coupable. Tous ceux qui l'approchent de près, qui travaillent avec lui, sur scène, derrière la caméra, dans les coulisses, sont unanimes : c'est un fana, un drogué de l'hilarité. Il n'y a pas d'autre explication :

« J'ai été comme ça, dira-t-il à propos de son rôle dans *Le Rosier de madame Husson*, plus j'avais l'air pauvre type, plus les gens rigolaient. Il y a des moments où je me suis demandé de quoi est fait le rire, et le plus extraordinaire demeure que ça me stimulait comme ces coureurs qui vont jusqu'à l'épuisement. »

Ou encore :

« Tenir un rôle comique, c'est exactement comme faire la cour à une jolie fille. Il faut du répondant. Chaque éclat de rire du spectateur me procure la même joie que, pour un jeune homme, le baiser de l'être aimé. »

Devenu vedette, il garde toutes les sensations de ses premiers pas sur scène et à l'écran, toutes ses envies d'artiste naissant. Plus il s'élève, plus il a besoin de ces récréations délirantes où soir après soir, il tournoie inlassablement tel un derviche farceur. Il « s'éclate ».

« Deux mille personnes qui rient parce que je me déguise en général romain avec des cornes de bison, c'est un ouragan. On reçoit ça comme un coup de poing. Au début, j'avais peur. Après, on ne peut plus s'en passer. Le drame ne provoque jamais cette lame de fond d'enthousiasme. C'est le silence qui s'installe, ému, recueilli, grave. Et moi, j'aime qu'on rigole autour de moi... »

Bourvil dans *La Bonne Planque* pour prendre l'exemple le plus fameux, c'est un typhon, une tornade du rire. Il arrache tout sur son passage. Et s'il obtient un triomphe, il se fait aussi du bien. Que ce ne soit pas toujours du meilleur goût et du meilleur style, il en convient volontiers. Bourvil est le premier à se moquer de lui-même. Conscient, indulgent. Et heureux. C'est bête, hein...

« ... Son envie d'amuser les autres qu'il extériorise depuis toujours », écrit ainsi André Sallée, homme de radio qui l'accueillit souvent dans ses émissions, « prend source dans une observation continue et d'autant plus affectueuse qu'elle est lucide. Parfois, il se rend compte que ce qu'il lance au public va tellement loin dans la bêtise qu'il en attrape en scène de vrais fous rires pas prévus, pas truqués. »

Bourvil, dont sa femme Jeanne confiait à Gérard Oury :

« André se réveille le matin en éclatant de rire... et le soir, quand il se couche, il rit encore. »

Bourvil qui, selon la formule de Sacha Guitry, en jouant la comédie prolonge les jeux de l'enfance. Bourvil s'amuse...

Performances de haut vol et cabrioles en rase-mottes s'emmêlent dans le désordre, fourre-tout qui désole les experts. Lesquels s'interrogent : après tout, si ce Bourvil possède don et nature, peut-être n'a-t-il pas la carrure ? Peut-être a-t-il, comme certains champions qui coincent au bord de l'exploit, le bras qui tremble ? Ce que François Chalais appelle « la terreur de devenir grand ».

Il y a un peu de ça. Hypersensible, Bourvil a une sainte horreur de l'échec. On le dira trop peu sûr de son talent, trop pressé de se donner des limites qui pouvaient être repoussées bien plus loin, trop prudent et trop content de son sort. Et plus encore, d'une modestie presque impudique dans un milieu de carnaval où les plus ternes se prennent aisément pour des étoiles. L'homme vient d'une terre aux traditions lentement mûries, où on aime réfléchir, soupeser le pour et le contre, prendre son temps. Bourvil a travaillé dur pour connaître une réussite qu'il estime méritée. Mais forcer le destin, mettre le large vers d'autres terres est une aventure qui ne le passionne pas vraiment. A la fois satisfait de son présent et anxieux de son avenir, il pense que tout peut craquer un jour pour lui. Alors, autant ne pas gâcher ce qu'il tient solidement. L'art du comique, par exemple, qu'il sait désormais maîtriser, doser, nuancer...

« J'ai appris à saisir le côté comique des situations, cela m'aide à jouer des rôles... dramatiques. Si l'on force dans certains cas, cela devient de la charge, et l'on n'émeut plus le spectateur. D'où la raison des scènes tragiques qui provoquent des fous rires. La pire des catastrophes pour un acteur... Le difficile est de rester dans la limite. Quand j'entends parler d'émotion ressentie, je sais que j'y suis parvenu et j'en garde de la fierté. »

On vient le chercher, on le sollicite. Comme il ne provoque rien, si ce n'est par son talent, on lui force la main, on le pousse comme on pousserait un parachutiste dans le dos pour son premier saut. C'est un peu ce que fait Cayatte pour *Le Miroir à deux faces* quand il secoue un Bourvil paniqué par son rôle :

« Il y avait en lui une sorte de pudeur qui l'empêchait, au début, d'exprimer des émotions fortes : il était comme paralysé par le personnage qu'il jouait habituellement et il n'osait pas. Il a fallu que je lui montre les rushes pour le convaincre de ses possibilités. »

Puis c'est le second saut, le troisième... engrenage qui va faire de Bourvil un comédien de tout premier plan. A son corps défendant ou presque. Sans doute alors se révèle-t-il autant aux autres qu'à lui-même...

« Mon métier m'apporte d'immenses joies. Je n'aurais jamais eu l'audace de les espérer. D'abord des rôles dramatiques, rêve de tout comique, ensuite le travail avec de grands metteurs en scène, des auteurs illustres qui ont conçu des rôles spécialement pour moi. »

En fait, Bourvil n'en revient pas d'être ainsi porté aux nues. Paysan jeté en pleine lumière, il n'est pas électrisé pour autant. Ses idées restent les mêmes sur ce qu'il est et sur ce qu'il doit être. Exemple :

Lorsqu'en 1957, alors qu'on vient de lui remettre à son grand ahurissement le prix de la Biennale de Venise pour *La Traversée de Paris,* distinction qui décidément le trouble beaucoup, il est vaguement question de Bourvil à la Comédie-Française et l'on cite son nom pour jouer Molière. L'acteur proteste comme s'il était accusé d'un crime. Molière et Bourvil ! Bien d'autres comiques, issus de la même souche populaire, ont accepté et accepteront — de Fernand Raynaud à Louis de Funès — cette offre, la prenant comme une consécration et une reconnaissance de leur talent... Mais Bourvil se défend même d'avoir eu cette idée. Et ses confidences, recueillies un jour d'été 57 sur la plage de Saint-Aubin-sur-Mer, loin de toute agitation parisienne, par son ami Jehan le Povremoyne, journaliste normand, révèlent bien son état d'esprit :

« La Comédie-Française, dit-il, c'est quelque chose de trop grand pour moi. Un jour, je ne sais plus pour quel film, je suis allé y chercher une perruque. On m'y a reçu avec infiniment de gentillesse. On m'a guidé, ouvert toutes les portes, tout montré... Mais je n'osais pas avancer. Vous comprenez, tout y est sacré. C'est le fauteuil où Molière est mort, c'est le costume de Mounet-Sully, c'est l'ombre de Coquelin... Et c'est toute la tradition du théâtre le plus noble...

Je ne pouvais plus dire un mot. Je ne blague pas, je suis un timide. Je tremblais quand j'approchais de Sacha

Guitry... de cet homme qui, au moindre balayeur, disait : " Monsieur, voudriez-vous, je vous prie, avoir l'obligeance "... et ne tutoyait jamais personne.

Moi, je joue pour m'amuser. Au cinéma ou dans l'opérette. Il n'y a pas de tradition qui tienne. On en profite comme des gosses. On est tous dans le même bain : le producteur, le metteur en scène, les acteurs, les opérateurs, tout le monde est de la famille.

A la Comédie-Française, il ne peut y avoir que des " Maîtres ". On ne doit pouvoir marcher que sur la pointe des pieds. C'est peut-être un complexe, mais j'y ai l'impression d'une ambiance sacrée pour laquelle je ne suis pas fait, moi qui aime tant rire, dire des blagues avec tous les camarades. Même avec Pagnol de l'Académie française... »

Bourvil tel qu'en lui-même. Trop humble? Trop frileux? Pas assez lucide sur ses propres possibilités?

Peut-être qu'avec les années et la lassitude aussi de jouer constamment de la grosse caisse sur scène, se serait-il fait violence. Tout comme l'acteur de cinéma, le comédien de théâtre aurait fini par se découvrir d'autres ambitions. A force de s'entendre dire qu'il était taillé pour des comédies plus fines, pour des interprétations plus subtiles, il aurait cédé. Car les propositions ne manquent pas, bien entendu. Un jour, il est même invité à déjeuner chez Jean-Paul Sartre...

« Cela vous étonne », raconte-t-il au journaliste qui l'interroge, « j'avoue que j'étais un peu contracté au début du repas. Je n'osais pas dire un mot de peur de sortir une bêtise. D'ailleurs, lui était aussi gêné que moi. Après quelques minutes, on s'entendait comme larrons en foire. C'est un homme d'une émouvante simplicité. Il s'est mis à ma portée et nous avons parlé théâtre... Sartre m'a dit : " On ne sait jamais, j'aurai peut-être un rôle pour vous dans une de mes pièces. "

Vous vous rendez compte, moi jouant dans une pièce de Sartre. Ce serait trop beau. »

Mais possible. Bourvil est le seul à en douter. Il lui faut du temps pour prendre confiance, pour vaincre des appréhensions de débutant. Mais c'est le temps qui justement va manquer...

« André avait conscience de sa valeur, répond Pierrette Bruno, mais il se remettait sans cesse en question. C'était un perfectionniste, jamais installé dans sa réussite, contrairement à ce que l'on pourrait croire. On devait lui expliquer qui était Bourvil. Il ne s'en rendait pas vraiment compte. »

Pour l'instant, Bourvil « aime sentir ce qu'il fait », et manifestement, il ne sent pas la Comédie-Française :

« D'autres y ont leur place qui jouent Molière infiniment mieux que je ne pourrais le faire moi-même. »

Sur les planches, son domaine, il en est persuadé, c'est l'étage au-dessous, c'est *La Bonne Planque* ou *La Route fleurie* où il est unique, irremplaçable, où il n'a nul besoin des bases qui lui manquent et qui s'apprennent. Ce n'est certes pas du Marivaux, du Shakespeare, ni du Molière, mais il est sur la scène qui lui convient, dans son espace. Là, il se sent rassuré et en pleine possession de ses moyens.

Bourvil en son jardin. Où viennent de temps à autre, par l'intermédiaire du cinéma, pousser quelques plantes inconnues, lesquelles prospèrent tout autant que les traditionnelles. Culture sans grande audace peut-être, mais culture pour la plus grande masse. Car la popularité de Bourvil ne fait que s'amplifier. En se laissant découvrir sous d'autres aspects, en dévoilant un talent d'acteur complet, aussi à l'aise dans la démesure comique que dans le réalisme dramatique, Bourvil rallie tous les suffrages, tout en ne divorçant pas de son public de base. Là encore, aucune rupture : peu à peu, l'image de ses débuts, celle du « simplet » au sourire niais, bat en retraite. Mais sans s'effacer. Simplement, elle ne domine plus, ne s'impose plus. Le malentendu s'estompe, mais en même temps, la complicité qui, depuis ses débuts, lie Bourvil aux Français prend une dimension quasi phénoménale. Rarement, et peut-être jamais, une vedette ne fut aussi proche de ceux qui l'admiraient, parce que, croyaient-ils, il leur ressemblait...

Qu'importe si Bourvil n'est pas seulement, au plus profond de lui-même, cet homme banal, ce Français noyé dans l'anonymat que chacun croit identifier comme une partie de sa propre image. Qu'importe finalement, si en voyant Bourvil, si en évoquant son souvenir, la foule ne parle guère de son intelligence et de ses capacités intellectuelles... C'est un peu de sa faute : Bourvil, au physique passe-partout, est extraordinaire parce que apparemment ordinaire. Sorti des rôles plutôt navrants de garçon d'étable, il reste cependant à l'écran — hormis quelques rares compositions d'homme « fort » — l'ingénu jeté dans la vie à coups de pied dans le cul, lequel se paume en permanence dans le dédale d'un monde trop tordu pour lui. C'est l'insignifiant, le pas veinard, le manœuvre de la vie quotidienne, le fantassin de la rue qui, dans un duo de copains, est toujours celui qui rame sur le sable, qui marche à l'ombre de « l'autre », le beau, le fort, le séduisant, ou bien encore le retors. Celui à qui tout revient d'office, qui n'a qu'à se baisser pour ramasser. Bourvil, c'est le palefrenier de l'écurie, le ramasse-miettes de l'amour, le gagne-petit des sentiments, l'ancêtre des Michel Blanc, Gérard Jugnot et autres Josiane Balasko, joyeux et touchants « ringards » de nos modernes comédies de mœurs...

« Je suis un comique de la vie, confiait-il, un personnage que vous avez rencontré et à qui il arrive des aventures qui auraient pu vous arriver. »

Sûr. Aux antipodes de la star inaccessible, il est

simplement Monsieur-tout-le-monde. Bourvil dans le malheur, Bourvil dans le bonheur, Bourvil en vacances, sur un vélo ou prenant l'apéro, c'est le Français moyen pris sur le vif parmi d'autres millions de Français moyens... Avec toutefois, et c'est là toute la finesse du phénomène, un minuscule décalage dans la décalcomanie. Juste assez pour sauver une parcelle de notre précieuse vanité. Ce qui fait dire à l'acteur de ce tour de passe-passe :

« Le monde est peuplé de Bourvil. Ma chance, c'est qu'ils croient que je suis le seul. »

L'autre secret — involontaire — d'une exceptionnelle popularité se situe pour une part dans la sincérité, la vérité du personnage. Bourvil ne joue pas, ne triche pas, il « est » Bourvil. Là encore, personne n'y pense vraiment, mais son talent est quelque chose d'assez indéfinissable, d'assez peu palpable. Les outrances du comique peuvent se diluer dans des tonalités plus douces sans rupture de niveau, les larmes peuvent succéder aux rires sans avoir à franchir d'écluses, Bourvil fait tout passer sans choc, dans le mouvement : drôle ou émouvant, sarcastique ou poignant, paysan ou citadin, juge d'instruction ou délinquant, il reste crédible parce qu'il donne l'impression d'être lui-même. Le public le sent. D'instinct. Comme il sent que d'autres talents exceptionnels — de Fernandel à Gabin en passant par de Funès — n'ont pas cette continuité naturelle. Qu'il y a chez eux, entre le spectacle et la vie, une brisure. Qu'ils se démasquent, rideau tombé ou caméra stoppée. Bourvil, lui, ne passe aucune porte...

Un jour, la femme de Pierre Tchernia croise Bourvil dans la rue. Par mari interposé, artistes, comédiens ou chanteurs font partie de son univers quotidien. Elle en rencontre sans cesse. Certains d'entre eux, et parmi les plus cotés, sont proches du couple, sont devenus des amis. Bourvil n'est pas du nombre. Spontanément, Mme Tchernia s'arrête devant l'acteur qu'elle ne connaît pas personnellement. Elle demande simplement à lui serrer la main, et se surprend à lui dire :

« Merci monsieur Bourvil. »

Merci pour quoi ? Pour ce qu'il était. A la fois si semblable et si différent des autres...

« Quand elle m'a raconté cette histoire, confie Pierre Tchernia, ma femme était la première stupéfaite de sa démarche. Ce n'était pas du tout son genre. Mais on fondait carrément devant Bourvil. »

Une telle communion crée aussi des obligations. Des freins parfois. Qui n'en sont d'ailleurs pas pour l'artiste. C'est tout naturellement qu'il veut « rester » avec son public — au prix de redoutables « navets », — ne pas s'en séparer sous prétexte de carrière plus élitiste. Et quand d'autres Grands du spectacle — ce qui arrivait fréquemment — cherchent à l'entraîner vers des voies jugées plus nobles, il a cette phrase-alibi toute prête :

« Ils se demanderaient ce qui me prend. »

« Ils. » Les spectateurs de Bourvil. Tout ce qui compte à ses yeux.

On l'accuse de jouer sur scène des « conneries » indignes de son talent. Non par obligation, mais par conviction. Bourvil est totalement responsable de ses choix. A ceux qui regrettent de ne pas le voir interpréter des comédies plus valables, il répond qu'il a pour principe fondamental de demander aux auteurs du livret de ne jamais employer un terme qui ne puisse être compris par une seule personne dans la salle. Pas question du mot « promulgation » ou du mot « ambiguïté »... Il exige un texte limpide. Plus encore : un texte « primitif ». Il n'est tranquille que si les gens qui viennent pour rire, pour se détendre, comprennent tout. Absolument tout. Et sans effort.

Cela va loin. Trop loin parfois.

Un jour, alors qu'il joue *La Bonne Planque*, un auteur vient le voir dans sa loge pour lui soumettre un texte humoristique : *Les Horaces contre les Curiaces*, parodie du célèbre combat antique repris plus tard, et avec infiniment de succès, par Roger Pierre et Jean-Marc Thibault. Le sketch amuse beaucoup Bourvil. Mais brusquement, il demande :

— Croyez-vous que tout le monde connaisse cette histoire ?

L'auteur fait une moue significative :

— Quand même...

Pas convaincu, Bourvil appelle son habilleuse et l'interroge :

— Les Horaces et les Curiaces, ça vous dit quelque chose ?

— Pas du tout.

Verdict sans appel. Bourvil refuse le texte. Hanté, obsédé — d'autres disent paralysé et même desservi — par cette peur de ne pas être en harmonie totale avec « son » public.

« André, plaide Pierrette Bruno, ne s'adressait qu'au cœur des gens, pas à leur tête. Le public l'avait fait. Il lui avait tout donné. Il lui semblait naturel de leur renvoyer la balle. Jamais je n'ai rencontré un artiste qui ait fait un tel don de soi avec autant de générosité. Le public le savait : c'est pourquoi il l'a tant aimé, et c'est pourquoi vingt ans après sa mort, il l'aime toujours autant. Parce qu'il s'est donné à eux »...

Image...

Juillet 68, quai Joannès-Couvert, au Havre. Tournage du *Cerveau*. Grande scène finale, celle de l'embarquement de la statue de la Liberté sur le *France*. Huit cents figurants, des milliers de curieux et de visiteurs pour le paquebot. L'American Legion, les majorettes, les fanfares. La grosse machine. Juché sur le toit de la gare maritime,

Gérard Oury hurle ses ordres par mégaphone. Les quais sont noirs de monde. On s'agglutine pour tenter d'apercevoir les stars : David Niven, Anglais sur mesure, sanglé dans son uniforme, a toujours l'air d'attendre *La Charge de la brigade légère*... Belmondo, étoile encore toute neuve, garde ses distances, espionné du fond de sa voiture par sa « fiancée » Ursula Andress, joli visage dissimulé sous vaste chapeau... passe Bourvil, au milieu de la lourde armada cinématographique. Seul. Casquette sur la tête, veston boutonné trop serré, pantalon trop court. Pour les besoins du rôle, si semblable dans son allure, sa silhouette et sa démarche au personnage de ses premiers films. Comme dans le temps. La foule, muette jusque-là, impressionnée, s'ébroue joyeusement : « Bourvil, c'est Bourvil »... Toutes les acclamations sont pour lui. Il en sourit, heureux et un peu gêné, serre des mains, discute, donne des autographes. « Bourvil, Bourvil »... Comme s'ils appelaient un ami d'enfance, un copain de régiment, un voisin de palier. Ils crient « Bourvil, Bourvil » sans penser à l'acteur, à la vedette. Ils ne se ruent pas sur une idole dorée, un rêve de groupie. Ce drôle de type, si banal, mais si extraordinaire, c'est un peu de leur vie, de leur rêve, un peu d'eux-mêmes. Ils crient « Bourvil, Bourvil »... Comme on criait « Charlot » pour Chaplin...

II

Gabin : un tour de cochon

Un été à Bourville. Comme tous les ans, André Raimbourg est en vacances. Comme tous les ans, il est en famille. Il est même, précisément ce jour-là, dans la maison de ses parents. La maison de son enfance. Tranquille. Insouciant. Comme quelqu'un qui se la coule douce. Qui n'attend rien. Que le repas du soir que l'on prendra dehors si le temps reste doux. On parle de tout et de rien. Des gosses, de la plage et peut-être brièvement de son dernier film. *La Traversée de Paris*. Drôle de nom...

Soudain, la porte s'ouvre avec fracas. Marcel, le frère, pose son vélo et lance, tout essoufflé :

— André a le premier prix.

Bourvil ne bouge pas. Assommé.

— André, il paraît que tu l'as.

Marcel insiste, il faut le prendre au sérieux...

— On vient de me le dire. Un voisin l'a entendu à la radio.

Bourvil est toujours assis. Il ouvre ses grandes mains. Balbutie :

— C'est pas possible. Pas possible.

Presque aussitôt, le téléphone sonne. La nouvelle est confirmée. Le prix d'interprétation masculine au Festival de Venise vient de lui être attribué pour *La Traversée de Paris*.

La première pensée du lauréat va à son partenaire :

« Alors ça, ce n'est pas ordinaire. Et Gabin alors, ils ne lui ont rien donné ? » « Ils » ne lui ont rien donné, en effet, cette année-là. Et Jean Gabin fait un peu la gueule. Tandis que Bourvil s'envole en catastrophe pour rejoindre la Mostra dont il n'aurait jamais imaginé être la vedette, Gabin est en Italie, au cœur de toutes les festivités. Il s'attendait, sans trop de difficultés, à une nouvelle distinction. Mais voilà qu'une « révélation » vient lui faire de l'ombre. Ce petit « comique » nommé Bourvil, dont il savait tout juste le nom, avec qui il a accepté de partager l'affiche, rafle la coupe. Alors, évidemment ça fait du bruit. On connaît Bourvil depuis longtemps, mais pas « tout » Bourvil. La preuve, on découvre un nouveau talent.

Gabin n'est pas partageur. Au lieu de se réjouir pour l'autre, il se laisse bouffer par la déception. Comme il ne peut décemment se mettre ouvertement en colère, il se contente de bouder. Mais un Gabin qui boude, c'est quelque chose... Autant-Lara qui le connaît bien, qualités et défauts mêlés, le voit faire bande à part, bougon, renfrogné dans son coin. Il ne participe plus aux réceptions, ne partage plus les repas de la délégation...

Bourvil, plutôt gêné, distribue ses propres récompenses, attribue son succès à l'auteur, au réalisateur et... à Gabin. Interviewé par un journaliste normand, il plaisante :

« Maintenant il faut m'appeler Monsieur le comédien... »

... Puis, il répare les dégâts, partage son prix comme un gâteau d'anniversaire. A chacun son morceau :

« Quand l'histoire est bonne, le metteur en scène bon, qu'on a Gabin comme partenaire, on ne peut pas être vraiment mauvais. C'est une question de contagion. »

Cette coupe est tout de même une superbe revanche. La plus belle réponse à ceux qui ne voulaient pas du film. A ceux surtout qui le rejetaient, lui, Bourvil. Le condamnant d'avance au ratage. Claude Autant-Lara et Bourvil ont ceci en commun : une bataille de tous les instants contre les producteurs. Toute la carrière du réalisateur, de son premier film *Ciboulette* (1933), en passant par *Le Diable au corps* (1947), est jalonnée de continuelles parties de bras de fer pour imposer un sujet ou un acteur. Il se bat également avec la censure, gardienne des bonnes mœurs et du conformisme. Il faut dire aussi qu'Autant-Lara a le goût de la provocation. Parfois, le plus rarement possible, et malgré toute son énergie, il doit renoncer :

« Nous avions des producteurs, des financiers, qui croyaient tout connaître et ne connaissaient rien. Ils ne savaient rien de la littérature française. J'en ai traîné des sujets, pendant des années, pour les imposer aux producteurs qui n'en voulaient pas. »

Ce fut vrai pour les thèmes de films, vrai aussi pour les interprètes. Pour *En cas de malheur* par exemple, qui affiche Gabin et Brigitte Bardot en covedettes, il repère, dans la cohorte des figurants, un jeune homme à belle allure pour le troisième grand rôle. Mais le producteur refuse. Autant-Lara insiste, le producteur ne cède pas : ce garçon est totalement inconnu. De plus, pour obtenir une coproduction franco-italienne, il a son idée : ce sera Franco Interlenghi. La mort dans l'âme, le réalisateur finit par accepter et « lâche » son figurant à qui il fait tout de même signer un petit contrat, pour l'avenir, on ne sait jamais... Quant aux spectateurs ils ratent du même coup un film où auraient été réunis, dès 1958, Jean Gabin, Brigitte Bardot et... Alain Delon.

Pour Bourvil, qui n'a pas le physique de Delon, c'est encore autre chose. La méfiance s'installe ainsi dès le début dans les bureaux d'affaires du cinéma. Et pendant des années, alors que son talent s'affirme, producteurs et distributeurs continuent à ne le prendre qu'avec des pincettes. Plus que les spectateurs, ils s'obstinent à ne pas vouloir sortir le comique de son tas de foin. Pour eux, ce Bourvil, acteur mineur et content de l'être, s'est enfermé dans le ghetto des comédies naïves et paysannes. Il n'est pas près d'en sortir...

Ils se trompent. Avec *Seul dans Paris,* où l'on découvre un Bourvil plein de sensibilité, au jeu émouvant et discret, le Normand a déjà sauté par-dessus la clôture. Ce qui n'a pas échappé à Claude Autant-Lara car c'est justement en voyant ce film qu'il a pris sa décision. Jusque-là, il avait prévu un duo Gabin-Blier pour sa *Traversée.* Une croix sur Blier, ce sera Bourvil... Mais après *Seul dans Paris,* il y a mieux encore, il y a *Les Hussards,* qu'Alex Joffé décide de tourner avec Bernard Blier — coïncidence — et Bourvil dont les qualités de comédien l'ont ébloui lui aussi.

Et dans son uniforme à brandebourgs, le Normand ajoute effectivement de nouvelles notes à sa partition. Événement rarissime, le réalisateur a fort joliment réussi l'adaptation d'une pièce de théâtre à l'écran. Complémentaire, le tandem Bourvil-Blier donne de la force à cette farce soldatesque agitant deux troufions, faux héros et vrais trouillards, mais braves bougres malgré tout. Alex Joffé n'étant pas un partisan du rire à toute force et à grands éclats, le film laisse flotter un parfum d'ironie mordante...

Bourvil s'inquiète de ce nouveau style. Le public, son public, va-t-il le suivre? A la première des *Hussards,* au cinéma Sélect du Havre, l'abbé Bernard Alexandre se trouve aux côtés de l'acteur. Il le voit attentif aux réactions de la salle. Il l'entend murmurer : « Ils ne rient pas... Ils ne rient pas : ça vaut rien. »

Bourvil a tort. Le film est excellent, et les spectateurs encaissent sans problème l'apparition d'un comédien au jeu plus subtil et aux effets moins pesants. Les producteurs, eux, font toujours la fine bouche, et Autant-Lara, lui, veut toujours son Bourvil pour *La Traversée de Paris,* projet tiré d'une œuvre de Marcel Aymé et qui, avant même que le premier « clap » soit donné, a déjà une longue histoire derrière lui :

« Les récits de Marcel Aymé ont un point de départ formidable, raconte Claude Autant-Lara, mais pour une transposition à l'écran, nous ne trouvions pas toujours la bonne chute. Le scénario est ainsi resté quelque temps en rade. Je ne voulais pas commencer avant qu'il ne soit impeccable. Nous avons, dans un premier temps, renoncé au sujet. Nous l'avons repris deux ou trois ans plus tard et moi, j'ai poursuivi ma balade pour le placer... »

En vain. Le réalisateur frappe à toutes les portes, mais l'accueil des producteurs est décourageant :

« Autant-Lara, vous êtes ridicule. Vous nous apportez une histoire de cochon, pendant l'Occupation, alors que les gens ont envie de voir des bals avec des robes longues et de beaux habits. Franchement ! Et puis la guerre est finie. Ça suffit comme ça... »

Tenace comme à son habitude, Autant-Lara s'accroche, poursuit sa guerre d'usure. *La Traversée de Paris* est en passe de devenir une traversée du désert quand il trouve enfin celui qui accepte d'un coup et l'histoire et l'acteur. M. Deutchmeister s'étonne bien du choix fait sur Bourvil, mais il est d'accord.

« Bourvil ? Tiens. C'est pas grand-chose. Mais moi, du moment que j'ai Gabin en vedette, ça me suffit. »

... Et la dactylo tape le contrat.

Les journaux annoncent la nouvelle. Claude Autant-Lara va tourner le film qui lui tient à cœur depuis plusieurs années. Une adaptation de la nouvelle de Marcel Aymé, par les scénaristes Pierre Bost et Jean Aurenche, avec Jean Gabin et Bourvil... Et alors là, c'est la crise d'apoplexie. L'auteur explose. On lui avait déjà imposé ce drôle dans *Le Passe-muraille* et voilà que ça recommence. Cette fois, il ne peut accepter. Le 8 mars

1956, il envoie une lettre incendiaire au réalisateur, avec copie au producteur :

« Vous savez aussi bien que moi que Bourvil est à l'opposé du rôle et je ne dis rien de ses qualités d'acteur. J'entends bien qu'il s'agit maintenant de faire commercial à tout prix et de tourner la chose en grosse guignolade, mais je ne crois même pas que ce soit là un bon calcul. Bourvil pourra y aller de toutes ses bonnes ficelles dans le rôle de Martin, il ne sera qu'insignifiant. Il va sans dire que mon nom ne paraîtra pas au générique. En outre je me réserve de dire dans la presse ce que je pense de cette petite mésaventure dont vous serez victime aussi bien que moi. Je vous souhaite bon courage dans l'accomplissement de cette besogne. A vous bien sincèrement. »

Marcel Aymé

Passablement affolé, le producteur fait pression sur le cinéaste : « Impossible. Nous ne pouvons tenter le coup alors que l'auteur nous dit à l'avance qu'il va nous tirer dessus. »

Mais Autant-Lara tient bon. Intransigeance, acharnement. Et arguments : il réussit à convaincre Deutchmeister que son film rapportera de l'argent, et comme ce dernier se trouve alors dans une mauvaise passe financière, il accepte de se lancer dans l'aventure. Comme on risque un banco, comme on se jette à l'eau. En passant, il profite des conditions particulières pour réduire le montant du devis stipulé au contrat. Le réalisateur doit renoncer à la couleur. Va pour le noir et blanc. Ingénieux, Autant-Lara fera tout de même tirer le film sur une pellicule couleur, procédé inédit qui permet au cinéaste de retrouver ce qu'il appellera : « Le côté froid, verdâtre de l'Occupation... »

... Et Claude Autant-Lara, contre vents et marées et

contre Marcel Aymé, maintient Bourvil. Qui peut enfin, lui aussi, signer le contrat. C'est parti.

L'acteur a suivi toutes ces tractations de loin. Sans en prendre ombrage, il a l'habitude. D'ailleurs lui-même n'y croyait pas trop. Lors de la première prise de contact, il n'avait su que dire au réalisateur :

« Un film avec Gabin. Moi, en vedette avec Gabin ? Vous êtes bien sûr ? »

« Il était un peu intimidé à cette idée », se souvient Claude Autant-Lara. « En plus de sa gentillesse naturelle, il y avait, chez ce garçon, beaucoup de modestie. La vertu des grands personnages. »

Les débuts ont été difficiles. Le tournage, lui, ne pose aucun problème. Même si le courant ne passe guère entre Autant-Lara et Gabin, deux caractères quelque peu irascibles, les rapports entre les acteurs sont alors excellents. Gabin fait un numéro d'acteur époustouflant. Mais à ce moment-là, il est encore au service d'un film et le film n'est pas fait que pour lui. Il ne « déborde » pas. Peut-être est-ce dû aussi pour une part au talent d'un réalisateur, particulièrement dirigiste ? Méthode autoritaire que n'apprécie pas toujours Gabin. Toujours est-il que son éclaboussante personnalité garde ici toute sa mesure. Face à lui, Bourvil, avec de tout autres armes, rend attachant un personnage de grisaille. Son « Martin », petit bonhomme falot, pas méchant mais pas bien courageux, juste capable de faire du marché noir à quatre sous, était plus délicat à faire vivre que le « Grandgil » de Gabin, peintre renommé qui vient avec ses larges épaules violer les consciences résignées et brutaliser « les salauds de pauvres ». Ce qui fait écrire au critique de la Centrale catholique du cinéma passablement scandalisé...

« La férocité de Grandgil, qui cache sous son dilettantisme un esprit anarchique et destructeur, rend ce film particulièrement amer et grinçant. On dirait que le seul but de Grandgil est de souligner et même de provoquer toute l'abjection qui peut exister au sein d'une humanité plongée dans le malheur. »

Avec son « honnêteté » de petit trafiquant trimbalé dans les rues noires de l'Occupation, avec sa pitoyable dégaine de débrouillard qui se fait du bien sans faire de mal, le personnage de Martin avait, lui, toutes chances d'être tristement ridicule. Bourvil le rend simplement humain.

« Humanité » qui rallie les suffrages du jury du festival de Venise. Et André n'en revient toujours pas. Lui, l'amuseur public primé à la prestigieuse Mostra... Bourvil, après Pierre Fresnay, Joseph Cotten, Fredrich March... Des noms qui lui donnent le vertige... Après Sam Jaffe aussi et puis Gabin. Deux fois : pour *La nuit est mon royaume* en 1951, et *Touchez pas au Grisbi* en 1954. Soulagement de Bourvil, la voilà l'explication...

« C'est pour ça qu'ils n'ont pas donné le prix à Gabin. Parce qu'il l'a déjà eu. »

En fait, le Normand pensera longtemps, sincèrement, que la coupe aurait du être partagée en deux :

« Ils m'ont récompensé, alors que Gabin était si bien. »

Beau joueur, l'ombrageux et exigeant Marcel Aymé reconnaît son erreur. Et il l'écrit, le 8 novembre, en s'adressant à Claude Autant-Lara qui fera publier ses deux lettres dans le magazine *Positif*:

« Cher ami,
J'espérais vous voir à la représentation et j'ai regretté que vous n'y soyez pas. Je vous aurais dit de vive voix combien j'étais content du film qui est une vraie réussite. Je vous aurais dit aussi que j'avais trouvé Bourvil tout à fait remarquable. Et j'aurais hautement confessé mon erreur... Merci de ce que vous avez fait. C'est vraiment la toute première fois que l'on a fait au cinéma quelque chose

tiré d'un de mes livres qui soit, non seulement bien, mais d'une grande qualité. Et dans ce cas particulier ce n'était pas facile. Je vous en suis très reconnaissant. »

Une fausse note toutefois dans ce *happy end*. Si dans le roman de Marcel Aymé, Martin poignarde Grandgil, une fin plus heureuse est imposée contre son gré à Claude Autant-Lara avec une rencontre teintée de nostalgie d'après-guerre entre le voyageur Gabin et le porteur Bourvil. C'est la fameuse réplique :
« Alors Martin, toujours les valises ?
— Eh oui, celles des autres. »
Mais le réalisateur, toujours aussi intransigeant, marquera son hostilité par un grand « noir » entre « sa » fin de *La Traversée de Paris* et la dernière séquence vue par le spectateur.

La même année, Bourvil et Gabin se retrouvent dans *Les Misérables* de Jean-Paul Le Chanois qui, d'une œuvre illustrissime, tire un film sans grand relief, très éloigné du souffle hugolien. Mais Jean Gabin porte avec aisance le personnage de Jean Valjean sur ses robustes épaules, quant à Bernard Blier, il campe un commissaire Javert à la rondeur inquiétante.

C'est Gabin qui suggère au réalisateur de prendre Bourvil pour tenir le rôle de Thénardier. Contre-emploi total. Le Normand, pour la première fois, se glisse dans la peau d'un méchant. Il hésite d'ailleurs beaucoup avant d'accepter :
« Il en était malade, se souvient son frère, Marcel. Et il répétait sans cesse, je crois que Thénardier n'est pas un rôle pour moi. »
Plus tard encore, il se justifiera :
« J'ai accepté ce rôle antipathique parce que Le

Chanois m'a promis que le cynisme serait tellement naturel, que je le ferais même inconsciemment. Et il a un peu tripatouillé le texte de Victor Hugo pour moi. »

En aubergiste Thénardier, dont il ne peut s'empêcher d'atténuer les aspects les plus repoussants, Bourvil n'est pas toujours à l'aise. Son personnage est effectivement assez éloigné du portrait tracé par Victor Hugo. Moins noir, moins abject, plus commun aussi, plus « petit commerçant » débrouillard. A moins que le regard des autres, notre regard, n'ait pu l'accepter ainsi...

Ce qui fait dire à Charles Vanel dans sa discussion avec Jacqueline Cartier :

« Je ne suis pas sûr que le choix de Bourvil pour Thénardier ait été judicieux. Non qu'il y fût mauvais ; au contraire. Il avait prouvé qu'il pouvait jouer un rôle dramatique dans *La Traversée de Paris*. Mais c'est le public qui avait du mal à le voir dans un rôle de salaud et de tortionnaire !

— Vous avez joué des héros et des affreux, et le public vous a accepté dans tous les états.

— Parce que j'ai toujours été un caméléon. Bourvil, lui, a tout de suite imposé un personnage, le sien C'est l'éternelle question. »

Claque de Venise oubliée, Jean Gabin est heureux de retrouver Bourvil. Il est comme ça, Gabin, parfaitement insupportable face à une personne ou à une situation qui ne lui plaisent guère. Mais tout aussi gentil et adorable dans le cas contraire. Son copain, le réalisateur Gilles Grangier, définit ces humeurs, bonnes ou mauvaises, mieux que personne :

« Il avait des trucs formidables " le Vieux " : une fois, il tournait un de mes films avec un jeune. Mais le pauvre gars se panne trois ou quatre fois. Complètement affolé. Gabin, en face, avait un tunnel à réciter. L'autre, deux mots seulement et il les mettait de travers. Le vieux commençait à être un peu excédé pourtant je ne me faisais pas de bile, car je savais qu'il aimait le gars. A un moment, je lui dis : " On va recommencer mais en morcelant : tu ne vas pas ressortir tout ce texte. — Ouais, ton ami Audiard, il s'en fout, c'est pas lui qui cause ", me répond-il. Puis il reprend... et pour consoler le mec, il se goure. Exprès pour le rassurer. Pour lui montrer que ça pouvait arriver à tout le monde. Il était comme ça le vieux. Mais c'est vrai que, quand il voulait être infernal, il savait l'être. »

Gabin avait ses têtes. Et sur ses frères comédiens, son propre dictionnaire des appréciations : il n'aimait pas Raimu à qui il reprochait d'en faire des tonnes, alors que Harry Baur le comblait par un jeu qu'il estimait plus moderne. De Jules Berry, il acceptait tout, même les extravagances de ses improvisations :

« C'est une espèce de génie ce gars-là, alors on se démerde. »

Chevalier le fascinait :

« Maurice, en piste, c'est un soleil. »

Mais, en général, lorsque Gabin, rigoureux et exclusif dans ses amitiés, disait simplement d'un autre : « Ce gars-là, il est bien », alors là, c'était le summum. C'était gagné. Pour Bourvil il eut cette simple phrase. Plusieurs fois.

Dans son *Gabin*[1], André Brunelin confirme l'admiration que ce dernier vouait au Normand. Signe d'affection qui ne trompait pas chez lui, il lui avait donné un surnom : pour Audiard, c'était « le p'tit cycliste », Marcel Carné, « le môme », Marlène Dietrich, « la Prussienne » ou Gilles Grangier, « le Gilles », pour l'état-civil gabinesque, Bourvil, c'était « Le André » :

« Il était fasciné, écrit André Brunelin, par la manière qu'avait Bourvil d'aborder certaines scènes : un peu à la

---

1. Éditions Robert Laffont.

façon des comédiens japonais, il " s'échauffait " auparavant en faisant certains exercices physiques et respiratoires qui l'amenaient à une sorte de transe.

Dans la scène des *Misérables* où Bourvil/Thénardier menaçait Gabin/Valjean d'un fer rouge, ce dernier n'était pas plus rassuré que cela en constatant dans quelle réelle excitation de violence et de haine était son camarade.

" Oh, le André, fais pas l' con, hein ? C'est que du cinéma ! " lui lançait Jean, quelque peu inquiet. »

Sans figurer dans le « clan » Gabin, celui des Grangier, Audiard, Ventura...Bourvil est très estimé du « Vieux ». Ils sont pourtant différents l'un de l'autre. A commencer par leur origine : un père artiste de music-hall, une mère chanteuse d'opérette, Jean Alexis Moncorgé est un enfant de la balle... Puis, par leur vocation : si le jeune Raimbourg, en poussant la charrue, ne rêve que de musique et de chansons, le futur Gabin se voit conducteur de locomotive.

Devenus célèbres, ils ne se ressemblent pas pour autant. La caricature fait de l'un le Parigot pittoresque et de l'autre un paysan folklorique. Forte personnalité, le « père Gabin » s'impose rien qu'en se montrant. Visiteur discret dans sa propre profession, Bourvil s'affirme en s'effaçant. Gabin aime la bonne chère et le vin, Bourvil devient « diététique » pour préserver ses vieux jours. Aux gueuletons entre copains, vestiges d'un passé tumultueux, Bourvil préfère la quiétude familiale.

N'empêche qu'ils s'entendent bien. Une grande franchise, une manière d'être les rapprochent, et sans doute aussi un petit morceau de passé commun : les petits films, et surtout, les premiers spectacles de banlieue, les opérettes. Là où Bourvil jouait les simplets et Gabin, ancien boy de Mistinguett, campait les « silhouettes de becs de gaz ». « Des endroits, comme dit André Sallée, où un artiste apprend à viser juste, dans un minimum de temps. »

Et puis enfin, il y a la terre...

Jean Gabin rêve depuis longtemps de se retirer dans une ferme, une ferme bien à lui. Plus tard, c'est en Normandie justement qu'il s'installera, achetant cultures, prairies et pâturages. Mais il a beau dire : « Je suis péquenot, je ne me sens vivre pleinement qu'à la campagne, chez moi, parmi mes bêtes », pour les paysans, les vrais, et contrairement à Bourvil, Gabin est « un horsain », un Parisien qui joue au *gentleman farmer* et qui passe ses week-ends d'été à Deauville, sur le champ de courses, rendez-vous des belles fortunes... Conclusion hâtive et quelque peu injuste : c'est facile, quand on est riche, de prendre les terres à ceux qui en vivent durement... Le 28 juillet 1962, 4 heures du matin. Huit cents agriculteurs envahissent la propriété de Jean Alexis Gabin Moncorgé au cri de : « A bas les cumulards. » En fait, la crise est générale et nationale. Dans le but de sauvegarder, comme ils disent, les exploitations familiales, les agriculteurs luttent contre le cumul des professions. Pas question d'accepter des étrangers chez soi. D'autres mouvements éclatent d'ailleurs la même nuit un peu partout. Comme en Mayenne chez un vétérinaire et un transporteur. Mais avec Gabin, ils emploient les grands moyens sachant que, chez l'acteur, leur manifestation aura un énorme retentissement. N'ont-ils pas affirmé quelques jours auparavant :

« Notre action peut même être violente vis-à-vis de certaines personnes qui gênent notre profession. »

A propos de l'acteur, le président de la fédération départementale résume :

« Nous n'en voulons nullement à la personnalité de M. Gabin que nous admirons comme un très grand acteur, et un exploitant agricole ayant manifestement l'amour de la terre. Mais, ce que nous ne pouvons admettre est que cette terre, aussi bien exploitée soit-elle, le soit justement par une personne étrangère au milieu agricole. »

Rêve brisé. Jean Gabin est touché au cœur. Au domaine de la Pichonnière dans l'Orne, on se souvient l'avoir entendu sangloter cette nuit-là, après le départ d'une délégation venue lui arracher la location d'une partie de ses terres.

« J'ai mis quarante-cinq ans pour acquérir trois cents hectares. Si je les avais reçus par héritage, personne ne dirait rien. »

Il croyait avoir gagné l'amitié des paysans. Il voulait se faire adopter, être des leurs. Il n'a provoqué qu'envie et jalousie. Cette incompréhension le révolte. Rejeté par le monde agricole, il rejette son amour de la terre. M. Gabin ne s'en remettra pas... Loin de tous ces malheurs, Bourvil a renoué à l'écran avec le personnage qui fit son succès : celui de paysan justement. En réalité le rôle que lui propose, en 1959, Claude Autant-Lara dans *La Jument verte*, film à la truculence rabelaisienne encore une fois tiré d'une œuvre de Marcel Aymé, a peu de rapport avec ses compositions campagnardes d'antan. Dans cette symphonie champêtre, chronique du village de Claquebuc, Honoré Haudouin, chef de tribu rurale, est grivois, costaud, fort en gueule, trousseur de jupons, éclatant de santé. Pour une fois, c'est lui qui malmène les dames. Mais il y a toujours, derrière le rustre et en quelques séquences, de quoi attendrir les âmes sensibles... Bourvil est heureux. Il dira souvent qu'avec *Fortunat*, *La Jument verte* reste son film préféré. Le sujet lui plaît, comme d'habitude Autant-Lara sait ce qu'il veut et où il va, il tourne avec un réel plaisir, entouré d'une distribution de choix : Francis Blanche, Yves Robert, Georges Wilson, Sandra Milo et Achille Zavatta pour une unique et remarquable apparition au cinéma. Et pourtant, quelle aventure que ce tournage ! La maison Gaumont a en effet lancé un pari au réalisateur :

« Nous ouvrons l'Ambassade sur les Champs-Élysées dans quarante jours. Si vous êtes prêts on met votre film à l'affiche. »

C'est de la folie, tout le monde est d'accord là-dessus, mais l'équipe relève le défi. Le printemps, superbe, permet un travail non stop à l'extérieur. Tournage, montage, tirage, tout est réglé en quarante jours. Comme pour la *Traversée*, Ghislaine Autant-Lara est la première assistante à la réalisation. La chef monteuse, Madeleine Guy, travaille avec six collaboratrices qu'elle a partagées en deux équipes, chacune montant un bout du film. Pour coordonner tout ça, comme le remarque Claude Autant-Lara, « ce ne fut pas de la tarte. Mais quarante jours plus tard nous avons fait l'ouverture de l'Ambassade... Et ce fut épouvantable ».

Réaction virulente d'abord dans la profession. Autant-Lara casse le métier. Ils n'ont pas commencé que déjà le film est dans la salle. Les producteurs, toujours soucieux de faire des économies, vont comprimer les plans. De la folie...

Réaction horrifiée également dans la presse et au sein de l'Église, mais pour un tout autre motif : film libidineux, qui salit le mythe de la mère. Les critiques sont toutes négatives, même Bourvil, l'ami de la famille, n'est pas épargné. La Centrale catholique du cinéma donne le ton :

« On ne peut vraiment tolérer l'accumulation de tant de scènes écœurantes et le parti pris de rire de tout. Le monde paysan a été rarement diffamé à ce point et les querelles religieuses elles-mêmes sont ramenées au niveau de l'animalité... »

Le film, sous la pression de l'évêque de Tulle, est même interdit en Corrèze.

Mais la récompense, la vraie, est là. Le public, lui, suit à fond. *La Jument verte* fait recette. Non seulement en France, mais en Angleterre et en Allemagne. Les bénéfices pour la Gaumont sont considérables. Trente ans après sa sortie, le film est toujours régulièrement présenté dans les ciné-clubs comme une œuvre de qualité.

La popularité de Bourvil grimpe encore d'un cran dans le cœur des Français... mais également des étrangers : celui des Moscovites par exemple...

L'année qui suit *La Jument verte,* il tourne *Fortunat* en compagnie de Michèle Morgan. C'est son second film avec Alex Joffé. Qui a tout fait : réalisation, scénario, adaptation, dialogues, et qui, en présentant son rôle à Bourvil, a eu ce mot :

« Je t'apporte une histoire que Chaplin aurait pu tourner il y a vingt ans... »

Belle histoire en effet. D'un amour impossible, mélo poignant sur fond de Résistance. Les Russes achètent. Et ils aiment, ils adorent... En juillet 1967, le film est sorti sur les écrans depuis maintenant sept ans, Bourvil est invité au Festival de Moscou. Il s'y rend en famille et avec le réalisateur. A l'arrivée il est saisi : « Fortunat, Fortunat »... Le film est là-bas un immense succès, il a été vu par des millions et des millions de spectateurs enthousiastes et en criant, en scandant ce titre, la foule acclame l'acteur français qui, ému jusqu'aux larmes, est bouleversé. A son retour en France, n'ayant pas encore très bien réalisé, il confie à Pierre Tchernia :

« J'étais perdu. »

Après *Fortunat,* Bourvil tournera encore avec Alex Joffé : *Le Tracassin,* deuxième expérience cinématographique pour Pierrette Bruno, contant les tribulations d'un Français moyen avec les petits ennuis de la vie quotidienne. Prix Courteline, mais peu d'entrées. Puis *Les Culottes rouges,* avec Laurent Terzieff, sans doute le meilleur film, en tout cas le plus acéré du réalisateur. La suite est nettement moins brillante : *La Grosse Caisse* avec Paul Meurisse, mais de faible résonance... Et *Les Cracks* influencé par l'esprit Tati, mais sans le génie.

Tourner avec Bourvil, c'est l'adopter. Alex Joffé est devenu un compagnon de route. D'autres, comme André Hunebelle, et plus tard encore, Gérard Oury et Jean-Pierre Mocky, feront du Normand l'un de leurs acteurs favoris. Claude Autant-Lara, cinéaste à la réputation difficile, n'est pas en reste. En 1963, après *La Traversée de Paris*, après *La Jument verte*, il propose au comédien de tripler la mise avec *Le Magot de Josépha* tiré — titre compris — d'un bouquin de Catherine Claude. Bourvil accepte les yeux fermés... Il fait même mieux. Car cette fois, les deux hommes décident de profiter au maximum de leur travail. Ils avaient déjà failli s'approprier *La Traversée de Paris* en coproduction avec Gabin, mais c'est finalement Deutchmeister, mort d'inquiétude, mais restant seul maître à bord, qui fit une très belle opération. *La Jument verte*, ensuite, a remporté un tel succès que Gaumont s'en vante encore. Cette fois, Bourvil et Autant-Lara décident de se lancer dans les affaires. Le film bénéficiera d'une coproduction franco-italienne et ils assureront eux-mêmes le financement côté français. Si magot il y a, ils ne veulent plus s'en trouver écartés. C'est signé.

Confiance. L'affaire semble être en béton. Les acteurs tout d'abord...

Claude Autant-Lara a jeté son dévolu sur l'Italienne Anna Magnani qu'il admire énormément. La carrière de cette actrice flamboyante, alors âgée de cinquante-cinq ans, a toujours été une succession de creux angoissants et de sommets superbes. Elle a atteint son apogée dans l'immédiat après-guerre, pour être ignorée, on ne sait trop pourquoi, à l'entrée des années cinquante. Puis de nouveaux rôles, certains intéressants, d'autres moins, mais toujours très « typés », lui sont régulièrement proposés.

Au moment où surgit Autant-Lara, ce n'est pas la joie. On lui a même demandé de tourner dans des films porno. Ce qu'elle a refusé.

« C'est magnifique... »

La Magnani ne dissimule pas son bonheur. Pas plus que Bourvil, très heureux de tourner avec la volcanique Italienne. Mais que dire alors du troisième arrivant : Pierre Brasseur, personnage chaotique et monstre sacré, complète la distribution. L'affiche a déjà belle allure... Mais premier ennui : le scénario est difficilement élaboré. Le réalisateur, qui se laisse influencer lui aussi par l'éclosion de la « Nouvelle Vague », à moins que ce ne soit par concession pour être encore pris en compte, adjoint à son scénariste habituel, Jean Aurenche, un jeune de grand talent, Bernard Dimey. Les deux hommes, très bons professionnels, ne parviennent pas à s'entendre. Autant-Lara passe son temps à tenter de concilier les deux expressions :

« Donnez-moi le meilleur de vous-mêmes pour faire quelque chose d'extraordinaire », mais le résultat est loin d'être fabuleux. Le scénario est un peu faible, c'est évident. Cependant, l'histoire tient debout tout de même, et avec les trois acteurs-monuments, tout devrait s'arranger.

Confirmation : le tournage, coûteux et réalisé avec soin, se déroule dans de parfaites conditions. Cette fois, Autant-Lara a pu prendre son temps et n'a rien laissé au hasard. Tout le monde est optimiste. Tout le monde, sauf le coproducteur italien qui, un jour, vient voir Claude Autant-Lara. L'air bizarre et embarrassé...

— Ça va ? demande le réalisateur.

— Très bien, mais...

— Vous avez trois acteurs formidables, connus en Italie.

— Oui, mais...

Ce « mais » commence à inquiéter Autant-Lara qui pressent une catastrophe...
— Vous avez un distributeur au moins ?
— Oui, on a Rizelli.
— Formidable, c'est le plus grand !
— Oui, mais...
Et le producteur se décide :
— Voilà, c'est très simple. Il veut bien prendre le film, il est tout à fait d'accord. A une seule condition. Que le nom de la Magnani n'apparaisse pas sur l'affiche ni sur l'écran. C'est une femme qui porte malheur. Aux États-Unis ils appellent ça une videuse de salle... »

Interloqué, Claude Autant-Lara hausse les épaules. Il est dans le milieu du cinéma depuis un bail, et il sait bien que les superstitions les plus baroques peuplent rêves et cauchemars des producteurs, réalisateurs et acteurs. Mais lui ne croit pas à de telles sornettes : ne pas mettre le nom d'Anna Magnani à l'affiche parce qu'elle a « le mauvais œil ». Incroyable...

Les réactions de la profession, dès la première projection privée, sont d'ailleurs réconfortantes :

« Veinard », lui dit-on avec un air d'envie et une grande tape amicale dans le dos, « vous êtes producteur là-dedans. Avec un truc comme ça, vous allez être plein aux as... »

Mais depuis, et encore aujourd'hui, dès qu'on lui parle du *Magot de Joséphα*, Autant-Lara ne pense plus qu'à cette satanée prédiction...

« Croyez-moi si vous voulez, mais c'est Rizelli qui avait raison et moi qui m'étais gouré. Le film a fait un bide noir, le seul de ma carrière d'ailleurs. Pourquoi ? je n'en sais trop rien. *Le Magot* manque sans doute de consistance, quelque chose n'a pas fonctionné. Mais il n'y a là-dedans rien de dégradant, rien de positivement mauvais. C'est un film que l'on regarde en s'amusant, pour tout public. »

Le naufrage. Même la chanson de Bourvil ne marche pas. Une ballade qu'il avait écrite et pour laquelle il avait demandé une petite place. Bourvil avec une nouvelle chanson, ce n'était pas rien. Même toute seule, de ses propres ailes, elle n'a pas réussi à décoller. Le disque ne s'est pas vendu. Oubliée la ballade. Comme le film. Pas les comptes... Ils doivent être apurés. Bourvil et Autant-Lara doivent régler leurs dettes. Réunis dans le cabinet comptable, André Trives, imprésario du comédien, et le réalisateur apprennent l'étendue du désastre : cent vingt millions au total, soit soixante millions chacun. A l'époque, c'est une somme. Autant-Lara fait la grimace. Il a déjà eu un gros problème avec son précédent film, le producteur l'ayant une nouvelle fois laissé tomber. Il ne peut payer. Pas immédiatement. Il demande des délais. C'est alors qu'intervient André Trives :

« M. Bourvil estime devoir tellement à M. Autant-Lara qui l'a toujours soutenu et grâce à qui il a connu une nouvelle carrière, qu'il a décidé de payer à sa place. Il réglera la totalité. »

Ému, le réalisateur promet de rembourser. Ce qu'il fait effectivement, ajoutant les intérêts :

« Je ne connais personne, affirme-t-il, qui ait eu, dans le métier, ce geste de reconnaissance. Un homme qui agit comme ça est un grand monsieur... Bourvil est le seul acteur pour lequel j'aie gardé non seulement de l'estime mais une profonde affection. Il a toujours fait son métier avec beaucoup de conscience. Il était très attentif à ce qu'on lui disait. Mais en même temps sa participation était déterminante... Sur les tournages, il était la gentillesse même avec tout le monde. Le meilleur des camarades et d'une sympathie égale avec tous, le machiniste comme la vedette. Trives était son homme d'affaires mais lui-même ne se battait jamais pour avoir son nom sur l'affiche à la place d'un autre. C'est rare, vous savez, dans ce milieu. Il avait tout simplement un comportement d'homme. »

A la ville tout autant qu'à l'écran ?

« Mieux encore. C'était un type merveilleux. »

III

Fernandel : les bavures de l'idole

Après Gabin, Fernandel. 1963. Second grand rendez-vous de Bourvil. C'est ce que tout le monde pense. Un duo Bourvil-Fernandel doit être une sorte d'apothéose du rire. Sur le papier, il n'y a pas mieux pour faire vibrer les foules. Au sommet de leur popularité, deux colosses de la rigolade : ils vont casser la baraque.

Faut-il le rappeler? Fernandel fut le modèle du petit Raimbourg. L'aîné que l'on imite, à qui l'on voudrait ressembler parce qu'il n'y a pas mieux. Certes, Bourvil n'a plus pour s'émerveiller les yeux indulgents du gamin, mais le souvenir du comique troupier est toujours très présent, dans sa mémoire. Fernandel a guidé, sans le savoir, ses premiers pas sur scène. *Ignace* fut son premier succès. Ça ne s'oublie pas.

Il aurait pu rencontrer le Méridional beaucoup plus tôt. Il se souvient l'avoir aperçu un jour. Lui artiste à l'orée de sa carrière regardant l'autre qui recevait tous les honneurs. Il avait trouvé ça juste et n'avait pas osé s'approcher. Ensuite leurs chemins ne s'étaient jamais croisés. Et voici qu'aujourd'hui on lui propose un film. Plus exactement une rencontre. Car l'histoire n'est pas vraiment écrite. Ce que l'on veut, c'est le choc des deux fantaisistes. Pour le reste, on verra plus tard. Bourvil ne réfléchit pas avant de dire oui.

Arbitre de l'événement : le souple, le diplomate Gilles

Grangier, spécialiste des couples terribles. Le genre agence matrimoniale ou magicien des situations fortuites. Comme cette première rencontre Gabin-Audiard à l'occasion du film *Gas-oil* en 1955.

« Jean qui ne connaissait pas du tout Audiard me disait : avec un de tes potes, ça va être beau... Audiard avait autant de mauvaise foi que lui. Ça promettait de joyeux combats... J'ai fait lire une scène au " Vieux " sans lui dire de qui c'était. Une vraie machination. Et puis on les a réunis. Dans un bistrot, forcément. »

Grangier c'est aussi l'auteur des retrouvailles Gabin-Fernandel pour *L'Âge ingrat*, époque où les deux artistes fondent leur propre maison de production : la GAFER. Comment fut-il décidé qui des deux mettrait son nom en premier ? Ni privilège de l'âge ni ordre alphabétique. Mystère. Toujours est-il qu' « ils croyaient à ce moment-là qu'ils allaient devenir la Metro-Goldwyn-Mayer et allaient faire plein de films[1] ».

Enfin, bien avant Oury et ses réalisations à gros budgets, c'est dans un petit film de Gilles Grangier *Poisson d'avril* que Bourvil et de Funès jouent ensemble pour la première fois. Même si, à ce moment-là, le rôle de « Fufu » est extrêmement limité.

Une nouvelle fois Gilles Grangier est donc mis à contribution par le producteur Robert Dorfmann qui a eu cette idée : réunir un couple de comiques. Pourquoi Grangier ? parce qu'il « connaît » Bourvil et « s'entend » avec Fernandel. La nuance est de taille. Tout le monde n'a pas alors le privilège de « s'entendre » avec M. Fernand. D'un même élan enthousiaste, les deux acteurs signent le contrat. Mais l'histoire ? Elle reste à trouver. Aucune idée sur le scénario. Pierre Lévy-Corti est alors engagé. Pour écrire. Il commence mais tourne en rond.

---

1. *Passé la Loire, c'est l'Aventure*, Éditions Terrain Vague-Losfeld.

Sous la pression de Dorfmann, le tournage débute tout de même, du côté de Martigues, dans une auberge charmante.

Mais soudain, Fernandel explose : « Je ne vais pas continuer cette connerie. » Chacun en convient : il faut revoir le scénario. Les vedettes s'en vont. Le tournage se poursuit cependant avec les petits rôles. Et puis Dorfmann n'a plus d'argent. Spécialiste des coups de poker il avait voulu forcer la chance. Inspiration, accélération, il souhaitait tout de suite concrétiser son projet... Arrêt brusque sur image : il faut attendre que le producteur ratissé trouve le moyen de se refaire. Autrement dit déniche un nouveau financement pour cette fichue *Cuisine au beurre*. Après tout, cet interlude ne tombe pas si mal. Il laissera le temps d'inventer une suite à l'histoire. Et Bourvil qui devait faire une tournée en profite.

Flash-back. Quatre mois plus tard. En position : on tourne... Pour Gilles Grangier, le plus difficile sera de raccorder les personnages secondaires.

Après des débuts hasardeux, l'ensemble de *La Cuisine au beurre* est réalisé en studio. A l'exception d'une des dernières scènes, sous la pluie, tournée pour plus d'authenticité en... Normandie, dans un hameau de l'Eure au nom charmant : Chatel-la-Lune.

Un journaliste du quotidien régional, le 7 novembre 1963, couvre l'événement. Il ne connaît pas personnellement les deux acteurs. Il raconte donc simplement ce qu'il voit, ce qu'il ressent. Son témoignage définit bien l'attitude des deux hommes sur un plateau.

« Un parapluie pour M. Fernand. Une serviette pour M. Fernand. Un pantalon pour M. Fernand... M. Fernand c'est Fernandel que tout un parterre de courtisans respecte et adule... Fernandel que voulez-vous, c'est Fernandel : une grosse voiture américaine avec un chauffeur, un confortable pardessus en tweed anglais, un feutre gris anthracite pour shopping sur grands boulevards... (Et plus tard des bottes pointues de cow-boy qu'il a envoyées quérir en toute hâte chez un marchand de La Ferrière-sur-Risle)... Plus loin, Bourvil. Ou mieux, André. La silhouette, le comportement sont différents. Les deux mains enfoncées dans les poches d'une culotte de velours bien de chez nous, le héros de *La Jument verte* se confond dans l'anonymat des paysans présents, badauds émerveillés. Le chapeau de toile est le même que celui du fermier voisin, les bottes de caoutchouc sont celles que l'on achète au marché de Conches pour aller aux champs... »

Bourvil sur un plateau, Bourvil en société c'est d'abord la discrétion. Se fondre dans l'anonymat c'est finalement ce qu'il veut pour surtout ne pas choquer, ne pas gêner. Et chez lui, en Normandie, il sait bien que les extravagances ne sont pas de mise. Fernand, lui, il s'en fout. Il joue à la star. Des deux côtés du décor. Dans la vie comme sur scène. C'est sans aucun doute dans la préface à son livre *Fernandel* que Carlo Rim, en 1952, le définit le mieux. L'auteur imagine un dialogue avec l'acteur et voici ce qu'il lui fait dire en réponse à la question : Que pensez-vous que je vais écrire sur vous ?

« Après tout je m'en fous. Que je suis laid, vindicatif et prétentieux. Que j'aime les cravates voyantes et les calambours, que je gagne trop d'argent, que je manque de goût. Que j'ai horreur de la lecture. Que je préfère Scotto à Beethoven, Dubout à Daumier, Pétraz à Racine. Que j'ai un petit cerveau de bureaucrate dans un crâne de cheval. Que je me prends pour Fernandel. Et quoi encore ?... »

Carlo Rim affirme alors qu'il ne va pas écrire tout ça. Il n'empêche que sous cette forme, en prenant des précautions avec ce clin d'œil, il le dit quand même.

Star partout et en premier lieu sur un plateau. Rarement à l'heure, toujours pressé d'en finir. Fernandel refuse les consignes des réalisateurs. « Ça fait vingt ans que je les fais rire. Tu ne vas pas m'emmerder. »

Claude Autant-Lara supporte assez mal ce genre de phrase :

« Fernandel, c'était le pire de tous, il n'en faisait qu'à sa tête. Mais il savait qu'à la sortie je le coincerais. Lorsqu'il accumulait un peu trop les galipettes, je modifiais le montage de façon à gommer ses petites outrances personnelles. »

Fernandel réussit à se fâcher avec tout le monde. Même avec Gilles Grangier particulièrement souple et proche de ses acteurs. Cependant, les brouilles ne durent pas car l'acteur a le tempérament racoleur. Il sait être charmant aussi et drôle. Il suffit de se contenter des bons moments. On oublie le côté superficiel et on s'amuse vraiment.

« Il était chaleureux. Il l'aurait été avec un tas de clous », dit Gilles Grangier, souvent invité à partager les repas du Méridional.

Lorsque l'acteur tourne, il passe des heures dans sa loge à confectionner puis à déguster sa cuisine. Mais son plaisir est plus grand encore lorsqu'il peut avoir quelques convives.

« Viens, je prépare un Repas. Si t'es pas con tu vas le manger avec moi. »

Et dans le couloir du studio de Billancourt on se croirait sur la Canebière.

Il est vraiment marrant Fernand. Envahissant aussi. Les Repas, comme il dit, en détachant bien le R pour le faire rouler avec gourmandise, il y en a de trop. Et l'odeur du couloir se répand sur le plateau. *La Cuisine au beurre* sent beaucoup l'ailloli. Fernandel est en train de bouffer Bourvil.

Le Normand se rend bien compte que l'autre tire à lui la couverture. Mais qu'importe. Le Méridional a cette réputation. Il en éprouve même une certaine satisfaction.

Sachant doser ses effets pour prendre sans donner l'impression de voler. Pour un seul acteur il enleva carrément le masque. Le Marseillais Rellys, empiétant avec brio sur son registre, risquait de lui faire de l'ombre. Sans précaution, il a ouvert le feu, sabrant littéralement un acteur, au demeurant malchanceux, et dont la carrière ne fut certainement pas à la hauteur du talent.

Face aux autres, Fernandel reste mesuré : il n'engloutit pas, il s'arrange juste pour être — toujours — le premier. Et les équipes de tournage, d'une année à l'autre, peuvent se raconter la même histoire.

Fernandel, au cours d'un dialogue, s'aperçoit que son partenaire est mieux tourné que lui vers la caméra. Alors, tout en parlant, en souriant, avec cette chaleur communicative, il le prend par les épaules et le tourne légèrement. Pour inverser les rôles.

Ce qu'en termes professionnels, un autre réalisateur Gérard Oury, résume :

« Avec ce genre d'acteurs on ne pouvait pas faire champ et contrechamp dans une scène. Au champ, ils étaient normalement de face et en contrechamp ils se débrouillaient pour pivoter. »

Fernandel est donc un spécialiste. Bourvil, lui, se contente de faire son boulot. Suivant scrupuleusement les consignes des metteurs en scène. Attentif, précis. Poussant le professionnalisme jusqu'à donner, au cinéma, exactement ce qu'on lui demande même si, lui, peut-être, l'aurait vu autrement. Il doit pouvoir tout faire.

« Il ne voulait pas prendre de grosses responsabilités, se souvient Gilles Grangier. Mais il ne fallait pas non plus qu'on le prenne pour un imbécile. Il y avait un truc à trouver. Je me suis très bien arrangé avec lui. Le plus dur, c'était les scènes en tête à tête Bourvil-Fernand. Tu peux toujours avantager quelqu'un avec la caméra, mais ils s'en rendent compte, ils ont l'habitude. Il y a aussi le montage.

Mais quand tu fais une scène où ils sont là, tous les deux, il faut que ça colle avec ce que tu veux faire passer. Que ça colle dans le film avec l'idée que l'on a des deux personnages de l'histoire. Alors là, je devais intervenir. En général, je réussissais à imposer ce que je voulais. »

« Ce ne sera pas facile sur le plateau. » Robert Dorfmann avait prévenu. L'adresse de Grangier, la souplesse de Bourvil ont arrondi les angles. Et *La Cuisine au beurre* qui si mal commença et que tout de suite descend la critique, est finalement bien reçue par le public. Pourtant l'histoire, écrite sur mesure il est vrai, reste bien pauvre.

« Il existait deux ou trois acteurs : Bourvil, Fernandel, dont la seule présence, le seul visage, je dirais même les seuls tics sont susceptibles d'amener le rire, le sourire chez le spectateur, explique Claude Autant-Lara. Une espèce de *vis comica*. C'est une vertu extraordinaire. Des gens qui n'ont qu'à se présenter et ils font rire. Fernand Raynaud, dès son arrivée, avec son petit chapeau, tout le monde se mettait à rire. Ce sont des acteurs extrêmement précieux car, dans nos films, la présence du comédien est un élément capital. »

Les bals et les banquets : Fernandel et Bourvil débutèrent de la même façon. Le petit Fernand Contandin découvrit, avec son papa, le comique Polin. Et c'est lui que plus tard il imita, tout comme Bourvil le copia...

Comique troupier jusqu'au bout, Fernandel c'est le rire fondé sur les jeux de physionomie et parfois, pourrait-on dire, les effets de manche. C'est aussi un cas de longévité sans éclipse : plus de cent cinquante films dont de gros navets. Mais aussi quelques chefs-d'œuvre du rire et puis les films de Pagnol. Car Fernandel a la chance de rencontrer, dès 1933, Marcel Pagnol avec qui il deviendra un symbole du folklore méridional.

Sur scène, Fernandel sait d'entrée comment prendre le public en main. Il sait d'instinct ce qu'il faut dire, comment il faut se tenir. Il a l'art et la manière de prononcer ses phrases en détachant chaque syllabe, comme si chacune d'elles était l'essentielle. Comme Bourvil, Fernandel est issu d'un milieu populaire dont il tire sa verve. Comme lui il a également joué des rôles difficiles, dramatiques. Il suffit de se souvenir du monologue du Bossu dans *Naïs*. Mais chez Bourvil l'émotion touche plus vite et à coup sûr le public. Avec Fernandel on attend toujours la petite étincelle qui fera rire. Sans doute ce masque chevalin, « accessoire » essentiel de son comique dont il ne peut évidemment se départir. L'acteur en a parfaitement conscience. A un ami qui un jour lui reproche de ne pas s'être rendu à une inhumation, il explique :

« J'y ai pensé. Mais j'évite d'aller aux enterrements : les gens, en me voyant, se marrent. »

Bourvil peut faire rire et pleurer à la fois.

« Une profonde bonté, une humanité anime le Normand, le rendant plus profondément touchant », dépeint Pierre Tchernia.

« Bourvil c'est une tendresse parfaitement perceptible et photographiable », définit Claude Autant-Lara.

« Changements de vitesse, accélérations foudroyantes, Bourvil vous tord les tripes une seconde après vous avoir fait tordre de rire », décrit Gérard Oury.

Bourvil sait mieux que personne passer du rire à l'émotion. Car en fait l'émotion ne le quitte jamais. On pourrait penser qu'heureux de faire rire, il en est ému.

Parmi tous ceux qui ont bien connu les deux acteurs, personne n'éprouve le désir de s'attendrir sur le souvenir d'un Fernandel trop imbu de lui-même. Et Bourvil qui peut-être attend trop de leur rencontre est profondément déçu. Il aurait tellement voulu retrouver quelque chose de son enfance. Il aurait aimé par la grâce d'un mot, d'un geste, d'un regard, sentir qu'il ne s'était pas trompé... Des gestes et des paroles il y en a bien sûr. Beaucoup trop. Mais pas un seul ne fait mouche. L'autre ne sait pas. Il n'a pas compris. Et que lui importe sans doute, lui si cynique, le regard d'un Bourvil.

Un rendez-vous difficile car émotionnel. Un rendez-vous raté. Et un désir chez le Normand : ne plus tourner avec son « idole ».

Ce qui oppose les deux comédiens ce n'est ni l'art ni le talent. Mais la façon de s'en servir. Pour soi ou pour les autres. Ce qui sépare les deux hommes c'est leur conception du public.

Pierre Tchernia, le Monsieur Cinéma si conciliant et indulgent, exprime ce sentiment par une belle image :

« Si Fernandel et Bourvil tombaient à l'eau et que je doive choisir pour sauver l'un des deux ; il me semble que les yeux de Bourvil me toucheraient davantage, et c'est lui que je tenterais de sauver d'abord. »

IV

La vie cachée

Un soir, quelques minutes avant d'entrer en scène pour *Pacifico,* Bourvil tire Pierrette Bruno par la manche, l'amène derrière le rideau fermé, glisse son regard entre les plis du tissu...

« Regardez, regardez. Au troisième rang, vous voyez la vieille dame ? Eh bien, c'est ma mère... »

Tremblant d'excitation, heureux comme un gosse...

« Ce soir-là, se souvient Pierrette Bruno, André a tellement voulu bien faire qu'il a été moins bon que d'habitude... »

Bourvil n'efface toujours pas Raimbourg. Le succès, et les joyeuses casseroles qui tintent autour, renommée, argent... ne font pas de trous dans sa vie. Tout est plus facile, plus confortable, plus spacieux dans la forme. Mais sur le fond, le bonhomme ne bouge pas. Une vie sans tapage et sans scandales. Bourvil ne rôde pas dans les coulisses du show-biz, ne traîne pas dans les campements des tribus à la mode. Bourvil à une première ou à un cocktail, c'est un événement. Et une corvée...

Il n'a d'ailleurs aucun mérite à fuir ces zones de turbulences. Il s'y sent mal à l'aise. Paysan normand monté à Paris, il s'est extrait de son cru, mais ne cherche pas pour autant à forcer sa nature. Aussi, a-t-il, une bonne fois pour toutes, marqué sa frontière. Son métier est là. Sa vie est ailleurs...

« C'est très simple, confie Pierrette Bruno, le monde du spectacle, pour tout ce qui était des à-côtés, ne l'intéressait pas. Il aurait pu être chef de gare, il aurait eu le même style d'existence. Il faisait son travail du mieux qu'il pouvait, et il rentrait chez lui... »

Chez lui. Sa femme. Ses deux enfants, Dominique et Philippe. Ces deux-là tiennent désormais une sacrée place dans le cœur de Bourvil. Depuis leur naissance, et malgré un emploi du temps souvent démentiel, il n'a cessé d'être près d'eux. Mais plus ils grandissent, plus il s'inquiète :

« Je ne veux pas que Dominique et Philippe soient des fils de vedette... »

C'est devenu sa hantise. Bien sûr qu'ils ont de la chance, ses gosses, et que c'est tant mieux pour eux. Ils n'auront pas, comme lui, à connaître de dures années de galère pour se faire une place au soleil. Mais être trop privilégié, c'est aussi ne pas connaître la juste valeur des choses. Marqué par une enfance chaleureuse, mais rigoureuse, très à cheval sur les principes, le fils du pays de Caux a là-dessus un point de vue traditionnel. Et sage. Rien ne l'irrite plus que de voir des enfants « chahutés », gâtés, nantis par l'hérédité. Pas question que Dominique et Philippe profitent du talent de leur père sans avoir leurs propres mérites : ils doivent faire de brillantes études — ce qui sera le cas, puisque Dominique est avocat et Philippe professeur — et surtout, vivre normalement leur adolescence, à l'écart des attraits factices du monde du spectacle, loin de toute influence pertubatrice. Exemple pratique : pour se faire de l'argent de poche, Dominique et Philippe travailleront régulièrement pendant leurs vacances, comme pompistes dans une station d'essence...

Chez lui. Le bel appartement du boulevard Suchet et pour les week-ends et les douces soirées d'été, la grande maison blanche de Montainville. Les pèlerinages familiaux à Bourville et les vacances au bord de mer à Saint-

Aubin. Les journalistes normands, qui traquent l'enfant du pays devenu vedette, savent où le trouver. Quelque part dans un champ, en train de faire la moisson, juché sur une charrette, fourche à la main. Ou sur les galets du littoral. Saisons tranquilles. Rieuses, aux couleurs du bonheur...

« J'ai de la chance. Tous mes copains ont une vie impossible, des ennuis sans arrêt. Moi, je n'ai pas d'histoires. Eux ne s'en sortent pas, tout est compliqué. Alors que pour moi, c'est si simple... »

... Et si bien caché. Quand ce n'est pas par obligation professionnelle, Bourvil sort peu. Mais il fait régulièrement exception pour les spectacles de ses deux comiques préférés : Raymond Devos et Fernand Raynaud. Dans le grand séjour tapissé de damiers noirs et blancs, meublé sans grande recherche, le comédien au repos écoute la musique qu'il aime : jazz traditionnel ou son copain Brassens. Il lit aussi. Ses deux auteurs préférés ? Marcel Pagnol et Marcel Aymé. Deux écrivains qui comptent dans sa carrière cinématographique. L'« assent » littéraire du père de la fameuse trilogie méridionale, ses bonnes histoires, ses bons mots, sa poésie parfumée à la lavande, ravissent le Normand. Et il se souvient aussi, non sans fierté, que Pagnol fut le premier des Grands du cinéma à croire en ses possibilités. Ce qui ne fut pas le cas, on s'en souvient, de Marcel Aymé. Mais depuis *La Traversée de Paris*, l'écrivain a admis son erreur et le comédien, pas rancunier, se plonge avec délices dans l'univers ironique et sans illusions de ce pourfendeur de la société contemporaine. D'autant qu'il devient l'un des « spécialistes » de Marcel Aymé à l'écran : après *Le Passe-muraille* et *La Traversée*, c'est en effet *Le Chemin des écoliers* et *La Jument verte*...

Vie privée derrière un paravent, sans histoires, sans mondanités, sans potins. Défense d'entrer.

Pour tous les professionnels du spectacle, il est un compagnon charmant, courtois, drôle, toujours d'humeur égale. Il est aussi le plus populaire des artistes, celui qui jouit d'un capital de sympathie inégalé auprès du public... Mais l'homme, derrière sa façade accueillante et chaleureuse, aime à garder ses distances. Pudique, réservé, secret même, il n'aime guère ouvrir toutes ses portes. Et ce n'est pas seulement une image, car les invités sont peu nombreux à franchir le seuil de la maison Bourvil...

Trait typique de la mentalité cauchoise. Accueillir quelqu'un chez soi est un geste d'importance. Une étape essentielle dans l'amitié. C'est également risquer d'être déçu et abusé. Installé dans son univers familier et douillet, Bourvil se sent secrètement vulnérable. D'un naturel hypersensible, il préfère ne pas s'exposer : « Chacun chez soi, et les vaches seront bien gardées. » Consigne qui ne vaut pas pour les amis. Les vrais...

Au premier rang... Étienne Lorin. Le copain des premiers pas, le confident de toutes les ambitions et de tous les rêves qui réchauffaient les murs glacés de la petite chambre de Clichy. Le partageur de désillusions et des fins de mois calamiteuses. L'« aiguilleur » aussi, celui qui sut tirer le jeune André vers le succès, depuis le camp de bidasses d'Arzacq jusqu'aux premiers tours de chant parisiens. Lorin, c'est la moitié des *Crayons*. La moitié de Bourvil...

« Entre eux, c'était à la vie à la mort. Comme deux frères... » Pas la moindre brouille, le moindre nuage. Depuis l'époque héroïque bien sûr, leurs routes se sont professionnellement séparées.

Tandis que le nom de son ami brille à l'affiche, Étienne continue de jouer de l'accordéon. Toujours avec la même flamme. En fait, il a entrepris de réhabiliter « le piano du pauvre » auprès de ceux qui le méprisent. Il crée un orchestre d'accordéonistes, et, avec cette formation, adaptera symphonies et ouvertures d'opéra. André et Étienne n'évoluent plus dans la même catégorie, c'est évident, et comme pour beaucoup d'autres, leur amitié de jeunesse pourrait doucement s'effilocher. C'est tout le contraire. Tous deux ont gardé le même regard sur la vie, et le même accord sur ce qu'ils aiment et ce qu'ils n'aiment pas. Si le duo s'est séparé. Étienne Lorin continue d'avoir une grande influence sur son ancien compagnon de route. Il est tout ce qu'apprécie Bourvil : la force, la franchise, la droiture...

Preuve éclatante de cette amitié. Victime d'un infarctus, Étienne Lorin est contraint au repos. Sans hésiter, Bourvil lui donne les clés de Montainville pour sa convalescence. Un geste qu'il n'aurait consenti pour personne d'autre. Montainville est un lieu sacré. Aucun « étranger » n'y met les pieds. Hormis quelques élus.

Dont Pierrette Bruno évidemment, « l'élève » devenue l'amie de la famille. Et pour certains, l'amie tout court. Un journal, en effet, s'est emparé de l' « affaire ». Un de ces hebdos à sensations qui, chaque semaine, dévoilent les secrets d'alcôve à répétition des princesses et des stars. Nouvelles plus inventées que romancées. Mais l'effet n'en est pas moins frappant. Le « scoop » s'étale un jour à la Une : « Des révélations sur la liaison Bourvil-Pierrette Bruno. » La complicité entre Pierrette et André irait plus loin qu'une simple, grande, et pourquoi pas, tendre amitié. Bourvil serait tombé amoureux de sa découverte. Et le duo des tourtereaux de scène se poursuivrait, rideau baissé, la tentation était grande... Peu importe si l'article finalement ne prouve rien et si on ne trouve même pas, pour se satisfaire, une photo compromettante... Pour des milliers de gens le titre reste gravé. Et la « feuille » s'étale un peu partout. Jusque dans les campagnes. A Bourville. Sur le buffet de la maison familiale. Marcel n'en revient pas. Ça va alimenter les ragots de la commune. Et lui, le frère, il est choqué, blessé.

« Faut que je te demande quelque chose. Je suis gêné. »

Lorsqu'il retrouve André, Marcel, après bien des hésitations, se lance. Il voudrait savoir. L'acteur comprend tout de suite. Sa réponse est nette, presque brutale :

« Tout ça ce sont des conneries. »

Les deux frères n'en reparleront jamais.

En découvrant l'article, Bourvil, qui n'a pas l'habitude de figurer dans les bottins amoureux, avait d'abord piqué une violente colère. Puis il pensa faire un rectificatif, user de son droit de réponse. Mais il aurait donné l'impression de se justifier. Valait mieux laisser tomber.

Alors, les jours suivants, il prend tout simplement la peine de mettre les choses au point lors de discussions avec d'autres journalistes et décide de ne plus jamais donner d'interview à ce genre de périodique. Une fois, pourtant, il se fera avoir : un collaborateur d'un de ces hebdos se faisant passer pour un autre... En tout cas, le chapitre des « amours secrètes » ne sera jamais repris.

Autre privilégié de Montainville : Georges Brassens.

Leur amitié naît au hasard d'un voisinage. L'« Auvergnat » vit en effet dans les parages. Tout aussi replié sur ses terres, tout aussi peu désireux d'ouvrir sa porte aux « nouveaux ». En deux ou trois brèves rencontres, le temps de quelques impressions timidement échangées, Bourvil et Brassens se rendent compte qu'ils sont faits pour s'entendre. Même goût pour la simplicité et la sincérité, même répugnance à courtiser la gloire... Et si Brassens le marginal affiche ouvertement son anticonformisme, il trouve aussi, derrière la discrétion, un Bourvil tout aussi détaché des signes extérieurs du vedettariat.

Qui sait par exemple que l'acteur refusa la Légion d'honneur ? C'était l'époque où le général De Gaulle innovait en nommant officiers les artistes et sportifs particulièrement méritants et performants. Or, le chef de l'État avouait aimer les chansons du Normand :

« Elles m'amusent beaucoup. » Et il ajoutait : « Ça me change des palabres européennes de Môssieu Monet et de Môssieu Robert Schumann. »

Mais Bourvil déclina l'offre et l'honneur. Pas pour des raisons politiques. Par modestie...

« Une telle distinction, répondit-il, ne correspond pas à mon métier. Elle n'est pas faite pour moi. »

Loin des lumières de Paris, paisiblement installés dans leur campagne, les deux amis se voient donc fréquemment. Soirées pas tristes. De temps en temps, l'après-midi, ils saucissonnent joyeusement sur le coin d'une table. Humour et fantaisie...

Parfois, Bourvil « prête » son employée de maison qui, elle aussi, suit la famille dans l'exode de Montainville, à Georges Brassens afin qu'elle mette un peu d'ordre dans la tanière de l'ours. Mission quasi impossible, la malheureuse jeune femme revient régulièrement chez ses patrons en proie à la plus vive désolation :

« Ce n'est pas la peine que j'aille chez M. Brassens, il veut que je ne touche à rien. »

Au chapitre des rencontres inattendues figure aussi Laurent Terzieff. Réunis dans *Les Culottes rouges*, les deux évadés du stalag, Rossi (Terzieff) le « tortionnaire », et Fendart (Bourvil) la victime, forment un tandem contre nature, mi-drôle, mi-cruel, astucieusement mis en selle par Alex Joffé. Hors tournage, on imagine une simple rencontre de deux professionnels consciencieux. Sans malaise, mais sans étincelles. S'il n'y avait eu la guerre, Rossi et Fendart ne se seraient jamais croisés. Tout comme Terzieff et Bourvil sans le cinéma. Que peuvent avoir en commun le jeune premier au masque barbare, pur-sang du théâtre d'avant-garde, et le gentil comique dont on croit toujours qu'il vient de laisser son tracteur au coin de la rue? Après *Les Tricheurs,* Terzieff a refusé la voie royale du succès de masse pour emprunter les chemins hasardeux de l'art exploratoire, tandis que Bourvil, on le sait, baigne, jusqu'à se noyer, dans la ferveur populaire. Ils ne peuvent donc être d'accord sur rien...

Justement si. Sur l'essentiel : la passion de leur métier. Si Terzieff joue du texte avec recherche et Bourvil du sentiment avec instinct, ils font preuve d'une même sincérité dans leur choix, d'une même absence de calcul. Ils servent le public avec la même rigueur et le même enthousiasme. Pas sur la même scène peut-être, mais dans la même sphère. Si différents de formation et d'option, les deux artistes se sentent très proches l'un de l'autre. Au point que Laurent Terzieff, un soir, vient voir *La Bonne Planque.* En riant de bon cœur. Pendant la représentation, et bien après, lorsqu'ils iront dîner ensemble. Bourvil, lui, ne cache pas son admiration pour son partenaire des *Culottes rouges* et le cite sans cesse en exemple. « Ah ça, c'est un pur, un vrai... »

Une famille unie. Des amis rares et sûrs. Tranquillité, simplicité. L'art de vivre naturellement dans la plus grande discrétion tout en ne pouvant pas faire deux pas dans la rue sans être reconnu. Drôle de type... Sa popularité est énorme, et il ne fait rien que son métier pour la mériter. Pas l'ombre d'un éclat, d'une provocation. Pas le moindre tapage, pas la moindre altercation. En dehors de la scène et de l'écran, Bourvil est invisible, alors que la plupart de ses congénères se pressent pour être vus et entendus. Une « différence » qui fait jaser la basse-cour : la légende d'un Bourvil qui cache son inculture, qui n'ose pas paraître de peur du ridicule qui court dans les salons. Ce qui permet à Mocky, qui n'est pas un habitué des compliments gratuits, de faire cette mise au point :

« Bourvil était aussi intelligent que le plus bel esprit du Tout-Paris, aussi cultivé que beaucoup d'académiciens, aussi généreux que les paysans sont réputés avares. »

Le portefeuille. Comme il n'y a rien à dire sur le Bourvil privé, ses écarts, ses amours ou ses éclats, la rumeur dite « bien informée » se rabat sur le portefeuille : s'il ne dépense pas son argent, le paysan normand sait compter. Bourvil n'était-il pas le premier à se moquer de lui-même quand il disait :

« J'ai épousé une fille Lefrique... C'est assez dire si j'aime le pognon ! »

A prendre au second degré. Comme souvent. Mais quand même. Radin qu'on vous dit...

« Il était le contraire de quelqu'un près de ses sous. C'est vrai qu'il ne donnait pas d'argent inutilement, qu'il ne le distribuait pas pour faire le riche, c'est-à-dire à ceux qui n'en avaient pas besoin. Mais quand il fallait vraiment venir en aide à quelqu'un, il était capable de tout. André, il ne donnait pas un œuf, mais il donnait un bœuf. »

Ça, c'est du cauchois pur jus. Du « premier tiré ». Lucien Billard, ancien clerc de notaire, sait de quoi « il r'tourne ». Il a connu le jeune Raimbourg à dix-sept ans à son arrivée dans la fanfare de Fontaine-le-Dun. Puis est devenu à la fois son ami et son homme d'affaires. Ou plutôt de confiance. Né comme lui, dans le pays. Les bonnes affaires, Lucien a le nez dessus...

Dès que sa carrière décolle, Bourvil achète des terres. A deux pas de la ferme familiale de Tonneville. Là encore, pas question de se lancer dans l'inconnu. S'il n'a pas voulu devenir agriculteur, Raimbourg connaît mieux la valeur des pâturages que les cotations en bourse. Difficile de le rouler, surtout avec Lucien à ses côtés. Car il faut agir avec astuce, compte tenu du droit de préemption accordé aux professionnels de l'agriculture... et avec tact. Bourvil est du pays, malgré quelques grognements et quelques jalousies, ça passe, surtout que le nouveau propriétaire ne met jamais un locataire à la porte, qu'il laisse toujours le droit de chasse et qu'il modernise les exploitations vétustes.

Première acquisition : une ferme de trente-huit hectares à Trouville-Alliquerville. Puis les achats se succèdent jusqu'en 1960, date à laquelle il devient propriétaire d'une grande et belle ferme à Bourville qu'il léguera à son demi-frère.

« C'était prévu. André m'avait demandé : il faut que tu trouves des terres pour Marcel. »

Puis, toujours sur les conseils de Lucien Billard — « Je lui ai dit qu'il ne fallait pas mettre tous les œufs dans le même panier... » — il se tourne alors vers l'achat d'appartements à Paris.

Bourvil assure ses vieux jours. Toujours sans tapage et sans arrogance. Mais où est l'homme de cœur là-dedans ? Celui qui, avec ses premiers cachets de vedette, achetait une belle voiture à son beau-père ?

Il est toujours vivant. En priorité pour sa famille, mais également pour de simples compagnons de travail. Générosité spontanée, non programmée...

En 1947, Pierre Ferrary et Robert Picq écrivent les sketches de Bourvil pour l'émission hebdomadaire de variétés « Constellation 48 ». Salaire : mille francs chacun par semaine. Tandis que Bourvil reçoit cinq mille francs.

Un jour, Ferrary et Picq se présentent à la caisse pour toucher leur enveloppe. Heureuse surprise, elle contient mille cinq cents francs. Plutôt étonnés, les deux auteurs demandent au caissier s'il n'y a pas erreur de comptabilité :

— Non, non, mille cinq cents francs, c'est le chiffre exact.

— La direction décide de nous augmenter comme ça. Sans nous prévenir. C'est vraiment gentil...

Mais ils se rendent compte de l'embarras du caissier. Ils continuent de l'interroger jusqu'au moment où il finit par avouer :

« Écoutez, il m'a fait promettre de garder le secret, mais enfin, je trouve ça tellement chic de sa part que je peux pas vous le cacher : c'est M. Bourvil qui a appris que vous ne touchiez que mille francs chacun. Il estime que la différence de salaire entre vous et lui est trop grande, et il m'a demandé de lui enlever mille francs pour les partager entre vous deux... »

Plus tard, pendant la tournée en province de *La Route fleurie*, Bourvil sympathise avec le chauffeur du car qui transporte la troupe de ville en ville. Séduit par sa gentillesse et son dévouement, il sait aussi qu'il rêve de s'établir comme garagiste dans le Midi de la France :

« Débrouille-toi pour me trouver un garage dans ce coin », demande l'artiste à Lucien Billard, « je veux aider ce garçon. »

Billard cherche. Et trouve. A Luc, dans le Var, tout près de Draguignan. Bourvil vient visiter. En compagnie de son ami Lucien et du chauffeur. Celui-ci est enthousiaste, mais il n'a pas le moindre sou.

Qu'importe, Bourvil lui prête de quoi acheter le garage : « Quand tes affaires marcheront, tu pourras me rembourser. »

Seulement, les affaires ne marchent pas. D'autant plus que le chauffeur voit sa femme faire ses valises pour partir avec un autre. Obligé de revendre dans de très mauvaises conditions, le chauffeur de *La Route fleurie* se montre incapable de rembourser le moindre centime à son bienfaiteur :

« Ça ne fait rien », dira en rigolant Bourvil à Lucien Billard quelque peu dépité, « on ne réussit pas toujours de bonnes affaires ». Mieux encore, il s'efforcera toujours d'éviter de rencontrer le jeune garçon qui continuait d'évoluer dans le milieu du spectacle. « Il ne faut pas l'humilier. »

En 1956, Bourvil tourne *Le Chanteur de Mexico* avec Luis Mariano et Annie Cordy comme partenaires. Pour faire plus couleur locale, le metteur en scène Richard Pottier a décidé de réaliser son film en Espagne. Tout se passe normalement, sans problèmes majeurs, mais Bourvil découvre que la vie des Espagnols n'est pas rose sous le régime franquiste. Il voit énormément de misère et de tristesse. Plus près de lui, il apprend aussi que les techniciens locaux qui travaillent avec l'équipe du film sont mal payés...

Le dernier jour de tournage, Bourvil rassemble l'équipe du *Chanteur de Mexico* et place un grand chapeau retourné devant lui, sur une table.

« Nos camarades espagnols sont malheureux, dit-il simplement, et j'estime qu'il faut faire quelque chose pour eux. »

Bourvil sort alors une liasse de pesetas de sa poche et la jette dans le chapeau :

« Maintenant, vous faites ce que vous voulez. Je ne force personne. »

Les coups de cœur de Bourvil. Sur cette apparente contradiction, sur cet homme à la fois désireux d'économiser, d'acquérir « du bien pour assurer ses vieux jours », et capable des plus grandes largesses, l'abbé Alexandre avait son explication, toujours recueillie à la source, dans le pays de Caux :

« Sorti de son cru, le Cauchois est transfiguré. Si vous le déplacez, le temps d'une simple excursion à Lisieux, il est capable de claquer en une journée tout le fric qu'il met des semaines à gagner péniblement. D'un naturel généreux, et vivant dans un tout autre milieu que son milieu d'origine, Bourvil avait, toutes proportions gardées, cette même attitude. Et rien n'était trop beau pour sa famille et ses amis les plus chers. »

On est loin du portrait d'un Bourvil dur en affaires, négociant pied à pied ses contrats et dormant sur son coffre d'or. Il avait connu des temps difficiles et il avait le souci de ne pas les voir revenir. Mais la vie simple, confortable certes mais dénuée de tout luxe excessif, qu'il menait ne dépendait d'aucun calcul. C'était sa nature, son goût et son tempérament.

Pour tout ce qui concernait sa carrière, André Trives, l'imprésario de ses débuts, avait toute sa confiance. C'est lui, et lui seul, qui discutait des contrats. Quant aux affaires « extérieures » à la profession, son ami cauchois Lucien Billard jouait le rôle de conseiller très écouté.

Sans ces deux « experts », Bourvil était plutôt naïf, voire légèrement « planant » en affaires. Il eut tendance à croire aussi que tout le monde lui ressemblait. Et la générosité dont il fit preuve envers un « copain » de régiment particulièrement indélicat causa bien des soucis à sa famille après sa mort.

V

De Funès : le Louis d'or

1960. « Ceci est le premier film de M. Oury et assurément le dernier », signé Louis Chauvet. *Le Figaro*. Dur. Avec sa *Main chaude*, titre du « chef-d'œuvre », le débutant réalisateur n'a vraiment pas eu la main heureuse. La gamelle. L'amour conduisait ses pas pourtant. Brillant comédien au théâtre, mais acteur de second plan au cinéma, Gérard Oury en vilain, traître ou comploteur, c'est l'homme qui assassine le héros de l'histoire dans le dos. Fatigant à la longue et peu glorieux. Or, Gérard Oury veut justement changer le film de sa vie. Devenir metteur en scène. Pour éblouir une étoile, pour épater l'actrice de son cœur : Michèle Morgan...

Raté. Oury n'a pas dit son dernier mot mais en attendant il faut bien vivre. Et il y a urgence. Sa fille, Danielle — future Thompson — se marie. Et pas entre deux témoins. La liste des invités s'allonge. Papa remet donc son costume de saltimbanque et va jouer à nouveau les obscurs dans *The Prize*. Rôle qu'il juge lui-même sans intérêt. Mais à Hollywood tout de même...

Il rentre *in extremis* pour la cérémonie. Très belle d'ailleurs. Mais les vacances qui la suivent finissent de vider l'escarcelle d'un Gérard Oury qui ne sait plus très bien s'il est acteur ou réalisateur, cherchant le vedettariat qui tarde à venir ou la consécration derrière une caméra. Une évidence s'impose maintenant à lui : il doit créer l'événement. Trouver une idée pour s'affirmer dans le métier. Pour s'en sortir.

« Crois-tu être metteur en scène de films dramatiques ou réalistes ? » lui a un jour demandé Louis de Funès. « Si c'est le cas tu te fourres le doigt dans l'œil... Tu es un auteur comique. Et tu ne parviendras à t'exprimer vraiment que lorsque tu auras admis cela. »

Et si de Funès, après tout, avait raison. Et si, avec le réalisateur, il s'embarquait dans l'aventure ?

Cette fois le scénariste-metteur en scène, Gérard Oury, tient son sujet. Influencé, comme souvent, par un fait divers réel : un homme est arrêté. Dans sa voiture, qu'ils désossent, les policiers découvrent de l'héroïne. L'automobiliste affirme qu'il n'était au courant de rien. Se serait-il fait posséder ?

« Un véritable corniaud », pense le réalisateur qui, pour son histoire, ajoutera à la drogue de l'or et des objets volés. Le tout dans une voiture qu'un personnage de bonne foi, abusé par un malfaiteur, devra conduire de Naples à Bordeaux. L'ensemble émaillé de nombreux gags imaginés avec Marcel Jullian.

Pour ce film, un tandem savoureux : Bourvil, alors au sommet de sa gloire, et de Funès à peine sorti de ses petits rôles tournés à la chaîne. Le premier, en corniaud, prendra à la fin une belle revanche ; le second se fera piéger par ses propres magouilles.

Bourvil tout de suite accepte. Sans même lire l'histoire. C'est dans sa nature. Lorsque quelqu'un lui plaît vraiment, il fait confiance. L'acteur et le réalisateur se connaissent déjà. Ils se sont rencontrés en 1950. Bourvil joue alors *Le Passe-muraille*, tandis que Gérard Oury incarne un méchant que le Normand doit gifler à travers un mur. Mais les trucages, beaucoup plus délicats à l'époque qu'aujourd'hui, ne sont pas au point. La scène est reprise plusieurs fois. La joue comme une pastèque,

Oury, instinctivement, finit par esquiver les coups. Ça va donc de mal en pis. Un peu comme avec Brigitte Bardot dans *Le Trou normand*. Navré, Bourvil, cependant, ménage moins son partenaire que la demoiselle. Gérard Oury se souvient de cette main, véritable battoir, qui s'acharnait à l'attraper. Les deux acteurs finissent tout de même par réussir la scène. Et ils deviennent copains...

Sept ans plus tard, Gérard Oury signe un de ses premiers scénarios, avec André Cayatte, tout en jouant le rôle du médecin dans *Le Miroir à deux faces*. Bourvil est le mari qui, sous l'influence de sa mère, choisit une femme au physique ingrat. Par la grâce de la chirurgie esthétique, Michèle Morgan est révélée à elle-même. Atomisé par la transfiguration de son épouse, Bourvil change d'âme. Devient un mari mesquin, jaloux, sordide. Témoin de cette performance d'acteur, Gérard Oury garde aussi un formidable souvenir de l'homme.

Pour *Le Corniaud*, en 1965, l'affaire se présente bien. Les deux acteurs principaux se sont déjà croisés deux fois : dans *Poisson d'avril* de Gilles Grangier et *La Traversée de Paris* d'Autant-Lara. Cette fois on leur propose de s'asseoir côte à côte, en duo vedette : le gentil et le teigneux... De son côté, Robert Dorfmann, qui a entendu parler du projet, propose de produire le film. Dorfmann jouit alors d'une double réputation : « Grand producteur et grand joueur, dit Gérard Oury. Joueur, il fallait l'être pour miser sur moi le montant d'un devis aussi lourd. »

Le réalisateur veut en effet tout tourner en décors naturels et dans des lieux superbes. Espionnés par de Funès, Bourvil et sa « belle américaine » doivent relier Naples à Bordeaux. Avec voitures spécialement aménagées de plates-formes mobiles, l'équipe les suit, roue dans roue, au kilomètre près.

Le premier coup de manivelle est fixé au 1er août. Il fera beau, c'est ce qu'il faut. Mais Bourvil refuse net. Lui d'habitude si conciliant ne peut accepter. Ce mois-là est sacré et consacré aux vacances en famille, rien ne le fera changer d'avis. Sa participation n'est liée qu'à cette seule condition, mais il s'y tient...

On démarre donc le lundi 31. A Naples, tout va bien. Puis, les éléments se déchaînent. Débandade. Tempête, pluies diluviennes, coupures d'électricité. De mémoire d'Italien, on n'a jamais vu un mois d'octobre aussi noir. Les éléments déchaînés laissent l'équipe Oury si longtemps en rade que le producteur commence à prendre eau de toutes parts : « Tu dépasses, je n'ai plus d'argent... » Bien sûr, mais que faire ? Que va devenir l'équipe ?... « Je me débrouillerai », répond Dorfmann qui emprunte au casino de Monte-Carlo et sauve la peau du *Corniaud* par d'affolantes acrobaties financières. Avant de toucher le jack-pot.

« C'est ainsi que se tournera *Le Corniaud* avec un producteur fauché mais tellement classe que jamais il ne demandera de rogner sur la qualité, raconte le réalisateur. Dorfmann comme Poiré, avec qui j'ai également beaucoup travaillé, faisaient partie des grands producteurs qui connaissaient bien le cinéma. Ils acceptaient de faire comme il fallait même si ce n'était pas évident. »

L'aventure n'est pas évidente, en effet. Hasardeuse même et marquée, semble-t-il, du signe indien : le metteur en scène, pour son premier film comique, est-il fiable ? Le couple Bourvil-de Funès sera-t-il efficace ? Ce mauvais temps qui s'acharne, n'est-ce pas un mauvais présage ? Et le vol de la Jaguar dès le premier jour de tournage ?

Le fils du 1er assistant dérobe en effet la voiture de Louis De Funès. Le jeune homme, âgé de seize ans, part en virée à Rome et percute un poids lourd. Bilan : une jambe fracturée, la voiture détruite. Il faut en commander une autre, la peindre, la truquer. Minimum quinze jours. Pour Gérard Oury, il ne reste qu'une solution : changer les plans de travail.

Tourner un maximum de scènes de Bourvil dans sa Cadillac blanche et reprendre ensuite de Funès et sa Jaguar. L'acteur accepte et part faire un peu de villégiature avec Jeanne, son épouse, qui l'accompagne partout veillant sur son homme et sa carrière comme sur des trésors.

Tout s'arrange donc et l'équipe travaille bien jusqu'au jour où Gérard Oury veut se faire un petit plaisir : visionner les rushes des deux premières semaines. Il invite tout le monde. Le boulot paraît bon, on se congratule. Les de Funès ne disent mot et se retirent. Gérard Oury réalise alors qu'il vient de commettre une énorme gaffe. Il a convié de Funès à des rushes dont il est pratiquement absent. Et tout le monde s'amuse en regardant Bourvil.

La réaction ne va pas tarder. Le lendemain matin, M. et Mme de Funès appellent le réalisateur. Pendant toute la nuit, ils ont passé le scénario au crible. Comparant les plans des deux acteurs. Points rouges pour l'un, losanges verts pour l'autre. Diagramme à l'appui, ils affirment qu'on les a trompés en promettant deux compositions de même valeur. Gérard Oury explique : certes, le rôle d'André est plus bavard, mais celui de De Funès est plus spectaculaire. L'effet n'en sera que meilleur. N'est-ce pas « Fufu » lui-même qui avait assuré un jour : « Pour faire rire, pas besoin de dialogue. Regarde Chaplin. Le visuel suffit. Tu en veux, regarde-moi. »

Mais, aucun argument, professionnel ou amical, ne parvient à dérider l'acteur qui prend une grave décision, comme un môme déçu : « Je ne joue plus. » Il remplira simplement son contrat, pas au-delà. Sur son visage, le masque du mécontent buté. Mais, frustré aussi, au fond de lui-même, il est réellement malheureux.

De Funès est un « pro ». Et ce n'est pas son style. Jalousie ? sentiment d'injustice ? Ou tout simplement désir impérieux d'être enfin le premier ? Lui qui attend depuis si longtemps...

Car Fufu n'est plus tout neuf dans le métier. Légèrement plus âgé que Bourvil — il est né en 1914 — il rame depuis des années. D'origine portugaise et noble : de Funès de Galarzo... le jeune Louis entre au cours Simon dès la fin de ses études secondaires. Il veut se lancer dans le spectacle mais doit, pour survivre, exercer parallèlement une multitude de petits boulots : décorateur, étalagiste, comptable... Il se retrouve même ramasseur d'épingles chez un fourreur. La vie est dure, et sous les toits de leur chambre de bonne, Fufu et sa femme, Jeanne, née de Maupassant, petite-nièce de l'écrivain, n'ont pas toujours le moral. Tout en exerçant ses talents à la radio, de Funès court d'un cabaret à l'autre. Pianiste de bar, de ceux que l'on écoute distraitement en sirotant bruyamment un verre, il navigue dans les allées du music-hall, mais à fond de cale. Avec parfois une éclaircie, comme cet engagement — grâce à Daniel Gélin et Jean-Marc Thibault — de « pianiste-comédien » dans la troupe des Burlesques de Paris de Max Révol. Jean Richard raconte d'ailleurs que de Funès se fait alors gentiment bousculer par les deux « maîtres de cérémonie » de la revue Roger Pierre et Jean-Marc Thibault. Ils trouvent en effet que le petit moustachu est trop effacé dans ses prestations scéniques !

« Tu es trop discret ! Fais-en plus ! Avec Max, il faut en faire... »

Bien des années plus tard, leçon apprise et plus que retenue, Louis de Funès, devenu vedette, ne manquera pas de « charrier » les deux compères :

« C'est de votre faute maintenant si j'en fais trop... »

Il débute au cinéma la même année que Bourvil, en 1945, dans un rôle, comme lui, proche de la figuration.

Mais tandis que le Normand décolle, de Funès reste un « rampant » du septième art. Un sur-place qui va s'éterni-

La Traversée de Paris... «Vous nous apportez une histoire de cochon pendant l'Occupation alors que les gens ont envie de voir des bals avec des robes longues et de beaux habits...» *(Collection Association des Amis de Jean Gabin.)* ◀

Tournage du *Cerveau* au Havre : le gag de la D.S. *(Photo Gérard Lecompte.)* ▼

En compagnie de Belmondo et de sa célèbre fiancée du moment, Ursula Andress, la pause casse-croûte. *(Photo Gérard Lecompte.)*

L'équipe qui gagne, de gauche à droite ; Louis de Funès, Michèle Morgan, Bourvil et Gérard Oury. *(Collection Gérard Oury.)*

Sur les quais du Havre, la foule complice. *(Collection Gérard Oury.)*

Tel est pris qui croyait prendre. *(Collection Gérard Oury.)*

Avec Eli Wallach... Prêts pour l'embarquement sur le *France*. *(Collection Gérard Oury.)*

Le cascadeur Bébel et le naïf Bourvil, réunis par Gérard Oury.
(Collection des auteurs.)

La belle Américaine du *Corniaud*. *(Archives 27 - Philippe Thaurin.)*

Les Culottes rouges (1962), rencontre avec Laurent Terzieff. L'un joue
du texte avec recherche, l'autre du sentiment avec instinct.
(Archives 27 - Philippe Thaurin.).

Bourvil et Francis Blanche : deux acteurs fétiches de Mocky.
(Archives 27 - Philippe Thaurin.)

Après l'épopée vélocipédique des *Cracks*, le rallye « Belle Époque » de Monte-Carlo dans *Gonflés à bloc*. *(Archives 27 - Philippe Thaurin.)*

Les Grandes Gueules : face à Lino le costaud, le paysan fait le poids. *(Archives 27 - Philippe Thaurin.)*

Les Arnaud (1967) avec un chanteur de la nouvelle génération : Adamo. *(Archives 27 - Philippe Thaurin.)*

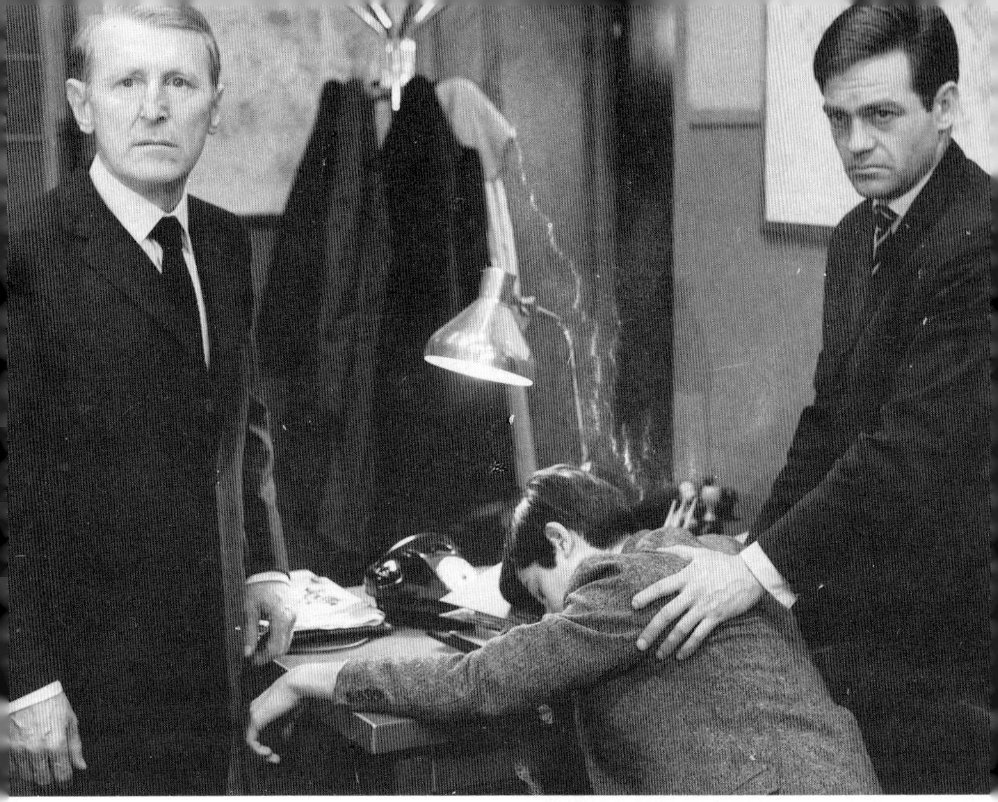

Le Cercle rouge. Le commissaire Mattei n'a-t-il pas le visage d'un Bourvil déjà détruit par la maladie ? *(Archives 27 - Philippe Thaurin.)*

Le Mur de l'Atlantique, avec Peter McEnery. Bourvil a la mission d'être drôle sous la torture. *(Archives 27 - Philippe Thaurin.)*

Vingt ans après la mort de l'enfant prodige, rien n'a changé... *(Photo Sylvain Fillastre.)*

ser dix ans. Pourtant, il tourne, il tourne encore, il tourne toujours. Il est partout. En détective, en garde champêtre, en bedeau, en épicier. Sur l'ensemble de sa carrière, certes plus longue que celle de Bourvil, on totalise cent cinquante films. Mais, dans la grande majorité des cas, pendant une grande période de sa vie, ses rôles sont insignifiants même si les compositions restent marquantes. Phénomène surprenant : on a toujours besoin d'un petit de Funès dans un coin de générique, semblent dire les réalisateurs qui tous l'utilisent sans lui donner réellement sa chance. Il faut attendre le charcutier Janvier de *La Traversée de Paris* pour qu'en 1956, on le remarque enfin, et l'année suivante pour qu'Yves Robert lui offre pour la première fois la vedette dans *Ni vu ni connu*.

Au moment du *Corniaud*, *Le Gendarme de Saint-Tropez* vient juste d'être achevé. On ne sait si le film aura du succès mais, pour de Funès, le personnage est intéressant. De même pour *Fantomas* avec Jean Marais. Il a récupéré le rôle que Bourvil n'avait pas pu caser dans son emploi du temps. Bref, sa carrière semble prendre son élan. Mais elle est encore fragile. De Funès et, avec lui, sa femme ont peur d'un faux pas qui les renverrait au temps si angoissant des cachets minables et du travail obscur. Oury comprend, sent bien cela. Mais pour lui le problème reste entier. Il doit retrouver le jeu de De Funès sinon le film court au désastre. Alors il décide de lui rajouter une scène. Celle de la douche : de Funès, contraint au camping, va se rafraîchir et se retrouve aux côtés du comédien et ex-catcheur Robert Duranton. Sous l'eau, Duranton roule ses muscles, humilié de Funès sort sa panoplie de mimiques. L'effet est très drôle, un des meilleurs du film. Mais que d'angoisse...

Bourvil suit tout ça de loin. Il est au courant de la crise des De Funès, il sait qu'Oury invente une nouvelle séquence pour leur faire plaisir. Il ne dit rien. Ça ne le concerne pas. Il a accepté le scénario, il a accepté le rôle. Quoi qu'il arrive, il jouera jusqu'au bout, le mieux possible, n'affichant des états d'âme que pour la caméra. Cordialement, il tente une fois d'expliquer à Louis qu'il a tort, que son personnage est excellent. Un geste et c'est tout. Aucun commentaire...

« C'était la crème des hommes. Je n'ai pas rencontré quelqu'un de plus gentil, assure Gérard Oury. Il prenait tout bien. Il faisait confiance aux gens. Pas râleur, n'emmerdant personne sur un plateau. Un homme gentil, bon, très agréable avec ses partenaires. On a l'air de faire un panégyrique. Mais on ne peut pas dire le contraire de ce qui est. »

Onze millions sept cent soixante-douze mille spectateurs. Gros lot pour *Le Corniaud*.

Dans le clan des producteurs — Gérard Oury ayant largement dépassé le budget imparti — on avait trop tôt évoqué la ruine de Dorfmann. C'était sa faute aussi, s'embarquer dans une histoire pareille ! En réalité, le ruiné fait (momentanément) fortune. Et le réalisateur aussi. En accord avec le producteur, il n'avait touché aucun salaire fixe. Juste de quoi vivre pendant l'élaboration du scénario et le tournage. Ensuite, une fois le film amorti, un partage des bénéfices 50/50 était prévu. Or, *Le Corniaud* est amorti en trois mois...

« Le film que nous tournons en ce moment ne fera pas la moitié du *Corniaud*. Tu ne réussiras jamais aussi bien. »

Bourvil discute avec Gérard Oury sur le plateau de *La Grande Vadrouille*.

Un an après sa première aventure, le trio est reconstitué. Ou plus exactement le quatuor car Dorfmann, encore lui, produit le film. Et cette fois il a totale confiance en son réalisateur à qui il octroie un salaire fixe. Plus de partage hypothétique, les bénéfices, s'il y en a, il les gardera tout seul.

Ils envisagent un moment de faire un *Corniaud II*. Mais le metteur en scène s'y refuse. Au contraire, il pense à une histoire qu'en période de pénurie il a vendue à un autre producteur, Henry Deutchmeister. Ce dernier, moyennant finances, accepte de restituer *La Grande Vadrouille* : Paris sous l'Occupation, un bombardier anglais abattu, la rencontre des aviateurs et de deux Français, puis leur épopée à travers le pays pour fuir les Allemands... Un petit problème se pose cependant. Dans le scénario initial, les deux héros sont des... héroïnes. Deux sœurs jumelles. L'une ne fréquente que les curés. L'autre est prostituée. Elles se retrouvent embarquées dans l'aventure. L'équipe ne va pas se laisser démonter pour si peu. L'une et l'autre sont remplacées par un peintre en bâtiment et un pianiste de l'Opéra. Le tandem Bourvil-de Funès est reformé.

Au début du tournage cependant il ne semble plus aussi efficace. Dans *Le Corniaud,* en dehors des scènes du début et de la fin, les deux acteurs avaient joué séparément. Ici, au contraire, ils sont toujours ensemble.

« Jaillissement, spontanéité, certains acteurs se montrent excellents dès les premières prises. C'est le cas de Bourvil, explique Gérard Oury [1]. De Funès, lui, règle son jeu à partir du moment où la caméra tourne. Jusque-là il prend ses marques, tripatouille ses accessoires, répète *mezza voce,* de sorte qu'à première vue la scène paraît fade. Le mot " moteur " prononcé, de Funès se déchaîne, libérant son adrénaline, déclenchant son métabolisme, donnant le meilleur de lui-même. »

Cette façon de faire déroute dans un premier temps Bourvil :

« L'un se détériore pendant que l'autre s'améliore. André perd sa fraîcheur au fur et à mesure que Louis remonte ses mécaniques. »

---

[1]. Dans son livre *Mémoires d'éléphants,* Olivier Orban.

Tout s'arrange cependant très vite. Grâce au professionnalisme des deux acteurs et à leur complicité. Plus de questions, ni de soupçons. La réserve des premiers jours n'est plus de mise. Bourvil et de Funès cohabitent joyeusement. Farceurs, ils vont plus loin que le scénario. Imaginent des gags qu'ils proposent ensuite au réalisateur. « J'achète. » « J'achète pas. » Gérard Oury fait son choix...

Dans cette *Grande Vadrouille*, de Funès est débarrassé de toutes ses craintes. Un an avant il touchait le tiers du salaire de Bourvil. Cette fois le producteur les a pris à part égale. *Le Corniaud* a définitivement propulsé de Funès en haut de l'affiche. Dès lors, les propositions le mettant en valeur vont se multiplier. La plupart du temps cependant, Louis de Funès partagera la vedette. Ce personnage fou a besoin d'un contrepoids ou d'un souffre-douleur. Dans les films comme dans la vie. Gérard Oury se souvient encore de cette soirée mondaine pendant le tournage. L'équipe vient de terminer une des rares scènes sauvées de l'histoire originale : la rencontre avec les sœurs aux hospices de Beaune. Une réception est donnée en son honneur. Toutes les « huiles » sont là. Bourvil et Gérard Oury discutent très poliment avec un monsieur très grand et très nerveux. A côté de cet homme leur faisant face, de Funès, tout petit, a entrepris de faire les mêmes grimaces. Il imite l'interlocuteur qui ne comprend pas pourquoi l'acteur normand et le réalisateur se contiennent ainsi (bien mal) pour ne pas éclater de rire. De temps en temps, il jette un coup d'œil à son voisin. Mais celui-ci est alors de marbre, affichant un air innocent, « une figure de picadore immobile », comme dit Oury. C'est à n'y rien comprendre... Un truc que de Funès répétera, plus tard, devant la caméra, pour *Rabbi Jacob*.

Le talent de De Funès n'est pas commun. Quarante années de « tout en tics », d'une expression visuelle débordante, jusqu'à atteindre, à l'apogée de sa carrière, une sorte de frénésie, d'hystérie du geste et de la grimace.

Le verbe de De Funès est une mitrailleuse. Qui tue ceux qui n'adhèrent pas à son comique délirant. Mais les autres, la grande majorité du public, se laissent rouler avec volupté dans la déferlante.

Louis de Funès c'est un dingue qui grimpe aux rideaux. Passant, s'il le faut, pour faire rire, « dans des cercles de feu ». Si Bourvil pouvait tout jouer, son partenaire explosif, lui, aurait sombré dans un rôle de bourgeois peinard. Le partage du rôle vedette, que ce soit avec Yves Montand, Jean Marais, Bourvil, réussit très bien à de Funès dont le feu d'artifice est ainsi atténué.

Mais de tous ces duos, celui de Fufu et d'André reste le meilleur. Par comparaison, l'association Bourvil-Belmondo, deux ans après, dans *Le Cerveau*, du même Gérard Oury, fut beaucoup moins efficace. Le jeu bondissant de Bébel ne trouvant pas son prolongement dans la composition naïve de son compagnon. La magie du couple de Funès-Bourvil est celle d'une fascination réciproque entre le bon et le méchant. De Funès tape sur les petits dont il profite outrageusement et se courbe, mielleux, devant les grands. Bourvil est le « petit » idéal. Lui qui interprète à merveille les personnages comiques et sensibles, tout à la fois drôles et désemparés qui souvent rient pour ne pas en pleurer. Il se fait posséder, exploiter et s'en rend compte bien tard. A temps cependant pour redresser la tête. Personne ne sait mieux que de Funès le réduire en miettes, le piétiner, lui prenant jusqu'à ses chaussures dans *La Grande Vadrouille*. Cela n'empêche pas le benêt, le gentil, le souffre-douleur d'avoir sa revanche en sauvant même son tortionnaire.

Ce double aspect du couple séduit totalement les spectateurs. A eux deux, Bourvil et de Funès représentent le caractère contradictoire du Français tiraillé entre sa xénophobie, ses insolences, sa vanité et sa tendresse, sa soif de communiquer, sa convivialité. En fait, Bourvil et de Funès sont les deux faces opposées mais juxtaposées du Français moyen. Et c'est bien pour cette raison qu'après leurs péripéties rageuses, ils finissent toujours par se rejoindre.

Regardez la scène finale du *Corniaud*. Pendant deux heures l'ignoble trafiquant torture le malheureux Bourvil sans aucun scrupule ni remords. Il s'en sert comme appât, l'entraîne dans tous les dangers. Qu'importe, il a beau faire — et il en fait des tonnes — « petit Louis » ne peut pas être un vrai méchant. Ses acolytes repartent menottes aux poignets. Pas Fufu, pas Dédé. A l'instant du mot « fin », ils sont tous deux assis au fond d'une voiture, ravis d'être ensemble, se susurrant des mots doux à l'oreille, blaguant, riant, se tapant sur les cuisses. Complices... Jusqu'à la prochaine *vadrouille*.

Mais les plus belles balades ont une fin.

Bourvil en 1970. Louis de Funès en 1983. Deux amis aujourd'hui disparus. Deux chocs. Deux itinéraires que le réalisateur aime raconter parce qu'ils sont mêlés au sien et ravivent en lui-même des souvenirs. « Si c'est pour André, pas de problème. » Pour la mémoire d'André, Gérard Oury décrit, éclaire, déniche photos et documents. Dans son appartement-citadelle de la butte Montmartre, les tiroirs de la grande commode protègent des centaines de clichés soigneusement rangés et répertoriés. *Le Corniaud, La Grande Vadrouille*... Souvenirs figés de ce que fut l'un des duos les plus populaires du cinéma français. Privé de son trésor comique à deux têtes, le réalisateur a poursuivi sa route. Alignant les films avec Montand, Coluche, Pierre Richard, Victor Lanoux. Mais le rire, c'est comme l'alchimie. Le professeur Oury n'a pas retrouvé la formule du tandem miracle. Il emploie des acteurs plus modernes, plus branchés, mais pas aussi détonants.

Les films de Gérard Oury, cependant, sont en général bien accueillis par le public. Certains réalisateurs se contenteraient de ses plus mauvais taux d'entrées dans les salles. Mais les chiffres, même formidables, du *Cerveau*, de *L'As des As*, du *Coup du parapluie*... n'arrivent pas, et de loin, à la hauteur des films Bourvil-de Funès. Le succès populaire, pour ces deux-là, fut somptueux.

En 1966, *La Grande Vadrouille*, qui selon le Normand ne devait « jamais faire aussi bien que le *Corniaud* », pulvérise tous les records : dix-sept millions deux cent vingt-six mille spectateurs. Et, elle scelle une triple amitié :

« On s'entendait bien et on s'amusait beaucoup, raconte Gérard Oury. André fait partie de ces gens qui ont marqué ma vie. Non seulement par son talent mais aussi par sa gaieté, son sens des autres. Je lui demandais toujours de me faire les abeilles et de me chanter *Nuit de Chine*. En riant, il s'exécutait. »

Le jeudi 15 mars 1973, trois ans après la mort de l'acteur normand, Louis de Funès devient chevalier de la Légion d'honneur. Gérard Oury, devant un parterre de personnalités, lui remet cette distinction « au nom du président de la République ». Dans son allocution, très brève, le décoré rend hommage, avec émotion, à Bourvil. Quatre mois après, un jour de juillet, le hasard d'un tournage, celui de *Rabbi Jacob*, veut que Oury et de Funès se retrouvent à l'hôtel du Lion d'Or de Vézelay. Le réalisateur suit sans y penser le bagagiste, se retrouve seul et soudain se rend compte qu'on vient de l'installer dans la chambre qu'occupait Bourvil pour *La Grande Vadrouille*. Il reconnaît, sur la cheminée, un épi de blé sous un globe Et cette table autour de laquelle, parfois, ils répétaient.

Le temps s'est figé...

Dans un coin baigné de soleil, il trouve un bouquet de fleurs avec une carte. « Ces roses du souvenir, cher Gérard, Bourvil et moi te les offrons », signé Louis.

Se retrouver ensemble...

Un peu plus tard, sortant du petit transistor que le réalisateur emporte partout avec lui, la voix de Bourvil chante *La Tendresse*. De Funès, qui lui aussi a entendu, frappe doucement, entre dans la pièce et reste comme prostré le dos à la porte. Sans un mot.

Histoire d'une amitié...

VI

Mocky : quand s'aiment les extrêmes

ANDRÉ est tombé sur la tête. Comment peut-il ainsi se laisser entraîner ? Au risque de casser son image, lui si soucieux de son public.

Bourvil, le comique sympathique et tendre, ami de la famille, s'en va, avec Mocky, faire des films subversifs... Jeanne n'aime pas ça. Elle n'apprécie pas du tout les insolences de ce franc-tireur du cinéma français. Jusqu'où ira-t-il ?

Il malmène l'Église, ensuite c'est la télévision. Et pour finir, il propose une histoire grinçante sur un sujet plus que délicat : les rapports amoureux des couples mariés.

Jeanne Raimbourg qui toujours a accompagné, approuvé les choix de son époux, devançant sur ce point l'ensemble de la famille, Jeanne, tout à coup, ne comprend plus. Éprouvant même une aversion totale pour le jeune metteur en scène qui brusquement entre dans leur vie. Et elle le dit. Elle le montre même. Préférant sortir lorsque Jean-Pierre Mocky vient rendre visite à son mari, boulevard Suchet.

« C'est vrai, Mme Bourvil ne m'aimait pas, admet le réalisateur. Tout comme la famille de De Funès qui m'a empêché de tourner avec lui, elle craignait qu'André perde son image. Rencontrant toujours des gens qui lui demandaient : Pourquoi donc Bourvil tourne-t-il avec Mocky ? »

Pas aussi présente que la Jeanne de Louis de Funès, Mme Raimbourg cependant s'intéresse de très près à la carrière de l'acteur. Le couple s'entend bien et aborde tous les sujets. Même le cas Mocky, particulièrement délicat. Jeanne voudrait influencer André. D'autant que des proches sont de son avis.

Bourvil hésite au début, mais ne cède pas. D'ailleurs d'autres amis, tel le comédien Laurent Terzieff, lui conseillent d'accepter. Avec Mocky ce sera encore différent. Une nouvelle expérience artistique qu'il a vraiment envie de tenter. Peut-être Mocky arrive-t-il aussi au moment où Bourvil a besoin de lui. Besoin de sortir encore un peu plus de ses rôles. De son rôle.

En 1963, l'acteur de cinéma est « installé ». Il a fait ses preuves et une constatation : « Les personnages les plus intéressants que j'ai incarnés au cinéma sont justement ceux qui n'ont pas été imaginés pour moi. » Dernier exemple en date, le magistrat des *Bonnes causes,* de Christian Jaque, dont il vient d'achever le tournage.

Avec Jean-Pierre Mocky, Bourvil part pour l'Amazone. Le *challenge* l'intéresse. Et plus on le met en garde contre ce fougueux défricheur, plus il s'accroche. D'autant que la personnalité de ce jeune homme en colère, prompt à renverser, par écran interposé, tous les tabous, lui plaît.

Pas d'autres explications à donner pour la naissance de ce couple insolite, presque contre nature, du cinéma français. Préjugés balayés, Jean-Pierre Mocky découvre en Bourvil un homme à la personnalité très attachante. Et, ce qui l'étonne encore plus, un homme « moderne » parfois proche de ses propres convictions. Allons même plus loin : le réalisateur exprime ouvertement et avec brutalité nombre d'idées que l'acteur garde secrètement pour lui-même.

Bourvil est avant tout un honnête homme. Qui ne comprend ni n'admet les bassesses, l'exploitation, l'intolérance. Ce qui touche l'autre le touche lui aussi. Et les problèmes de société le concernent. Les années qui précèdent Mai 68, prisonnières d'un certain ordre moral, l'agacent. Et si, plus tard, la violence des manifestations estudiantines l'inquiète, il n'en sait pas moins comprendre, sinon la manière, du moins les raisons.

Avec les films de Mocky, il peut, sans se prendre au sérieux, toujours avec humour, exprimer ces sentiments, interpeller, interroger le public. Le propos est moqueur mais jamais outrancier. On prend soin de toujours nuancer les attaques par de nombreuses situations comiques.

Les uns affirment aujourd'hui que Bourvil, trop gentil, donna son accord du bout des lèvres. Argument qui trouverait preneur si l'acteur ne s'était laissé piéger que pour un seul film, le premier. Mais, trois autres ont suivi. Et, avant de disparaître, Bourvil avait encore signé pour un cinquième projet : *L'Albatros*.

Mocky, lui, toujours aussi « nuancé », croit et affirme avoir été le réalisateur préféré du Normand. C'est sans doute exagéré. Mais il est vrai que le courant passe entre les deux hommes. Bourvil, l'un des acteurs les mieux payés du cinéma français, généreux mais pas dépensier, s'engage même financièrement dans l'aventure. Personne ne l'y oblige. Rien ne l'y contraint si ce n'est l'envie de se donner la liberté de faire ce qui lui convient.

« Pour ma part, révèle-t-il ainsi en septembre 1965, j'essaie de m'organiser. La société dans laquelle nous vivons étant fondée sur le profit, et par conséquent le goût des gros sous, il convient de conquérir son indépendance professionnelle, afin de pouvoir, ensuite, refuser les offres trop mercantiles. »

En gros, Mocky pour Bourvil c'est ça : la liberté d'un choix...

Et Bourvil pour Mocky ? En plus de son évident talent

de satiriste et de l'apport professionnel d'un brillant acteur, le réalisateur se voit soudain doté d'un certain confort économique. Sa volonté d'indépendance, en lui enlevant quelques millions, nuit à beaucoup de ses réalisations. *Un drôle de paroissien,* grâce à la participation financière de l'acteur, échappe à cette règle. Et pour la première fois Jean-Pierre Mocky va rejoindre le grand public.

Avant cette première aventure, en 1963, Bourvil et Mocky ne se connaissent pas... Vérité de La Palisse?... Vérité tout court qui prend tout son sens lorsque le metteur en scène explique :

« A l'époque, j'avais déjà mon côté marginal. Je n'allais pas voir un certain genre de films. Et Bourvil tournait justement des films qui ne m'intéressaient pas. Il faisait partie de ces gens aux vertus comiques extraordinaires, mais qui ne faisaient que des conneries. J'étais allergique à son ciné. »

M. Mocky ne se mélange pas. Mais il aime les défis, les paris. Comme par exemple trouver chez les acteurs ce que les autres n'ont pas discerné. La première fois, ce fut avec Charles Aznavour qui, en 1958-1959, passe de chanteur à acteur, en tournant deux films : *La Tête contre les murs* de Georges Franju, avec Mocky, et *Les Dragueurs,* mis en scène par Jean-Pierre Mocky.

Le réalisateur sort ensuite *Un couple,* puis *Snobs,* lorsqu'on lui apporte un livre.

Le roman, savoureux, est signé Michel Servin et s'appelle *Deo Gratias.* Il retrace, notamment, les aventures d'un pilleur de troncs. Le sujet est séduisant. Personne encore, au cinéma, n'a osé s'aventurer sur ce terrain passablement sacrilège.

Le réalisateur-scénariste et le dialoguiste, Alain Moury, se mettent au travail, imaginant leur voleur :

« Je ne voulais pas prendre un acteur à la tête de

gangster genre Paul Meurisse ou même Pierre Brasseur. On ne pouvait pas faire piller les troncs par un bandit. Cela aurait été trop désagréable pour les catholiques. Je cherchais un personnage populaire et sympathique qui puisse voler dans les églises sans qu'on lui en veuille. Fernandel peut-être ou bien Bourvil... »

L'acteur normand vu alors par Mocky est une caricature : « Le genre clown qui reçoit des coups de pied au cul et des pots de peinture sur la tête. Le puceau vaguement amoureux d'une petite vendeuse qui, à la fin, tombe dans ses bras. »

Avec cette image excessive, le réalisateur affiche près de dix ans de retard. Car clown, c'est vrai, sur les planches, et heureux de l'être, Bourvil c'était aussi, bien avant lui : *La Traversée de Paris*, *Le Miroir à deux faces*, ou *La Jument verte*, dont le personnage est finalement très proche des rôles créés par Mocky. Mais ceci est une autre histoire...

Le fait est que, pour le public, assister aux facéties de « l'ami André » s'amusant de la religion, ou tout au moins de ses signes extérieurs, avait de quoi surprendre.

Cependant, dès la première rencontre, le metteur en scène est convaincu :

« Je conclus bien vite que seul Bourvil pouvait incarner Georges Lachesmage, le héros mystique et farfelu du roman, grand bourgeois demeurant place des Vosges, parlant un langage châtié. Portant manteau redingote, chapeau Éden gris souris et pillant avec astuce les troncs d'église. »

Quant à l'acteur, il est enchanté. Deux jours lui suffisent pour lire le scénario et donner définitivement son accord.

« Jean-Pierre Mocky a exploité son côté anticlérical », riposte Pierrette Bruno. Sans doute Bourvil n'est-il pas mécontent, effectivement, du sujet. Lui qui croit en Dieu sans comprendre l'utilité de l'Église, des rites, et même des prêtres. Il est si direct... Et justement Georges Lachesmage, avec une morale bien à lui, se sert. Directement.

Élevé dans l'amour de Dieu et de son prochain, ce fils de noblesse décadente n'a qu'un problème : il n'a jamais travaillé. Sa famille est ruinée. Il se retrouve lui-même sans un sou. Alors, comme toute sa vie il a donné aux pauvres, il estime, en toute honnêteté, que c'est à son tour d'être secouru. Et il va donc puiser dans le « bien commun », ne jugeant pas utile de s'adresser aux curés. En somme, il traite avec Dieu, supprimant les intermédiaires. Mais attention : Georges ne vide jamais les troncs. Il se contente de prélever le pourcentage auquel il pense avoir droit.

« Jamais il n'a l'impression de commettre un péché », explique à la sortie du film le réalisateur. « Il reste pur d'un bout à l'autre de l'histoire. »

Le « paroissien » est drôle. Le film aussi. Avec des personnages superbement campés également par Francis Blanche et Jean Poiret.

L'Église finalement s'en sort bien. Le réalisateur dénoncerait plutôt l'opportunisme d'une famille bien-pensante qui accepte de vivre confortablement du produit de ces vols.

La satire cependant est légère, il n'y a pas de quoi s'affoler. Pourtant, le sujet a effrayé les producteurs. A moins que ce ne soit le metteur en scène, ou l'acteur normand dans ce nouveau rôle. Toujours est-il qu'ils ne se sont pas précipités. Et Bourvil a donc financé en partie cette réalisation. La même année que *Le Magot de Josépha* avec Autant-Lara. Fort heureusement *Le Paroissien* sera plus rentable.

« Je croyais avoir affaire à un paysan avare, un gentil imbécile, et je suis tombé sur un homme fin, généreux, intelligent. Un autodidacte. J'ai très vite senti la noblesse du personnage. Je lui ai dit que le sujet était peut-être casse-gueule. Qu'il passerait ou ne passerait pas. Il a marché. »

Selon Jean-Pierre Mocky, l'entente entre les deux hommes dépasse rapidement le cadre du travail :

« On avait le même sens de la dérision. On riait tout le temps. Je n'ai jamais eu ce style de rapport, par exemple, avec Fernandel... Combien de fois est-il venu me dire qu'Untel ou Untel lui déconseillait de travailler avec moi. Et combien de fois devant mon anxiété à le voir suivre cet avis, il éclatait de ce rire sain et tonitruant qui le faisait aimer de tous. »

Mocky, encore aujourd'hui, souligne l'extrême souplesse, la gentillesse de l'acteur sur le plateau :

« Il avait accepté le film. Mais, je me disais, les problèmes vont peut-être surgir pendant le tournage. Du genre : faites pas ci, faites pas ça. Vous allez trop loin... Ce ne fut jamais le cas. »

Il est ainsi André. A partir du moment où il a dit oui, ses amis le savent bien, il va jusqu'au bout. Il peut douter, hésiter, prendre conseil. Mais une fois que sa décision est prise, il se jette dedans. Si, par hasard, il s'est trompé, alors simplement, sans faire d'esclandre, il ne renouvelle pas l'expérience. Dans le cas contraire, il demeure fidèle. Tout comme Mocky d'ailleurs qui aime travailler avec les mêmes acteurs fétiches : Francis Blanche ; et aujourd'hui encore : Jean Poiret, Michel Serrault.

Un drôle de paroissien est tourné en noir et blanc — à l'exception de la scène du cauchemar — dans les décors naturels de vingt-cinq églises parisiennes. Entre messes et vêpres, baptêmes et enterrements. Le réalisateur se souvient d'une scène qui aurait pu choquer Bourvil. Celle où, en compagnie de son compère, il mange, gamelle ouverte, sur l'autel. Sans faire disparaître le plan, Mocky, prudent, était prêt à le réduire.

« Mais pourquoi ? interroge l'acteur. Lorsque le sacristain travaille dans l'église, lorsque des ouvriers réparent les vitraux, ils mangent sur place. Quel mal y a-t-il à cela ? »

Sans doute le Normand aurait-il pu ajouter : « Dans la mesure où l'on fait les choses naturellement, sans idée volontairement provocatrice, où est le problème ? Ceux qui en seraient choqués sont des imbéciles. »

Un peu plus tard, tranquillement et avec humour, Bourvil évoque, en compagnie d'un journaliste, la meilleure façon de piller les troncs :

« Mon personnage se documente à la Bibliothèque nationale, glane des renseignements un peu partout, se perfectionne sans cesse. Tous les procédés employés sont, à la base, authentiques... Mais au cinéma, il y a un peu de trucages. Car, vous savez, ce n'est pas du tout commode de piller un tronc. Il faut du doigté et de l'entraînement. J'ai essayé sans résultat. D'ailleurs, je ne suis pas encore réduit à cette cruelle extrémité. Pour le moment, les propositions de films ne manquent pas. *Deo Gratias.* »

D'un pas alerte, Bourvil saute du rôle de voleur à celui de flic. Des églises il passe dans le fantastique : celui de *La Cité de l'indicible peur.*

Un monstre. Des personnages étranges. Dans la ville triste, désespérante, à moitié abandonnée, un inspecteur de police mène l'enquête. L'angoisse côtoie le rire. Et Bourvil, Francis Blanche, Jean-Louis Barrault, Jacques Dufilho, Raymond Rouleau.

Le tournage se déroule dans le Cantal, à Salers, ville du XVe siècle, avec le concours de la population locale. Un seul habitant n'est pas satisfait. Il se dit sorcier mais en tant que figurant on l'a refusé. Il décide alors de se venger et jette un sort au film... Au développement, la pellicule (doublement impressionnée) présente des traînées claires d'origine inconnue. Des séquences importantes seront à refaire, coïncidence?...

Sous le titre *La Grande Frousse,* le film est exploité, en 1964, dans une version mutilée. A la demande des distributeurs, Mocky doit en effet supprimer des scènes et en modifier d'autres.

A la fin des droits de distribution, huit ans plus tard, le réalisateur rachète tout le matériel et rétablit le film dans son montage initial : version intégrale et titre original du livre de Jean Ray...

En attendant, Bourvil et Mocky continuent de voir grand avec *La Lessive.* C'est le chapitre III de leur histoire. « Il faut bien aider les jeunes », avait lancé l'acteur pour expliquer sa première intrusion dans le monde de Mocky. Quatre ans après il continue donc. Et Jeanne ne comprend pas. Toujours aussi méfiante. Hostile.

Bourvil, pourtant, tempère ses incursions en terre inconnue, jouant parallèlement dans d'autres films plus fidèles à son image. Et il faut croire que le public ne lui en veut pas : cette période est aussi celle des grands succès populaires : 1963, c'est *Un drôle de paroissien* mais aussi *La Cuisine au beurre.* Après *La Grande Frousse,* viennent notamment les Oury : *Le Corniaud* et *La Grande Vadrouille.* De même, *Le Cerveau* avec Bébel s'insérera juste entre *La Grande Lessive* et *L'Étalon.* Le dosage semble se faire naturellement.

Il n'empêche que Mocky chez Bourvil c'est un peu le fiancé zonard qu'une jeune fille de bonne famille introduit chez ses parents. On a beau faire des efforts, ça ne passe pas. D'autant que l'étranger n'est pas spécialement délicat et semble profiter d'une situation toute neuve pour lui.

Mais Bourvil dans cette histoire trouve lui aussi son intérêt : un cinéma, des situations encore différentes. Ce ne sont pas des contre-emplois car on sait désormais que l'acteur peut tout faire. Mais des emplois à contre-courant. L'aventure est passionnante.

La révolte d'un professeur de latin devant l'abrutissement de ses élèves qui se laissent bouffer par la télévision : voilà encore une composition tentante. *La Grande Lessive*, c'est ça. Avec, côté satire, ces couples qui, l'air idiot, contemplent le générique de fin au lieu de faire l'amour (ou autre chose) ; et côté humour, les calvacades de ce prof qui, tel Don Quichotte, se bat contre les antennes.

Cette fois le public « choquable » est plus important que celui des troncs pillés. Aujourd'hui une satire de la télévision n'émeut plus personne. Le petit écran a lui-même déjà accueilli le film. Mais il y a vingt-trois ans, la télé, encore toute neuve pour beaucoup de gens, était sacrée. On ne se parlait plus ni à table ni ailleurs, les yeux rivés sur le rectangle lumineux. Beaucoup, après Mocky, se sont déchaînés un peu abusivement d'ailleurs contre lui. Mais le réalisateur a toujours été un pionnier de la révolte. Rebelle de l'ordre établi il sait dénoncer ouvertement, bien avant les autres, les situations anachroniques, les institutions rétrogrades. Et ses films ont cette qualité extrêmement rare de se déguster aussi bien, et même davantage, avec plusieurs années de décalage.

Mais en 1967, les distributeurs ne sont pas ravis. « Ça ne marchera pas, dit-on chez Gaumont. Jamais les gens ne viendront voir un film où on se fout de leur gueule. » Un contrat a été signé avec, comme il est assez courant à l'époque, un système de paliers : tant d'entrées doivent être enregistrées du mercredi matin au dimanche soir et le film reste une semaine de plus. Dans le cas contraire il est retiré.

Pas très optimiste sur l'avenir de *La Grande Lessive*, Gaumont prévoit de garder le film trois semaines dans différentes salles parisiennes ; s'engageant par avance pour une autre réalisation la semaine suivante.

Mais à l'issue des fatidiques vingt et un jours, le distributeur se rend compte que le film marche assez bien. Il risque de dépasser le palier. Pour éviter cette « tuile », le dimanche à 18 heures les caisses sont fermées. Or, justement un ami de Bourvil vient voir le film à l'Ambassadeur. Il constate alors que, pour une raison inconnue, personne ne peut entrer. Coup de téléphone. Constat d'huissier. Et procès : Mocky attaque la Gaumont.

« Bourvil était très proche de Gaumont. C'était son principal employeur. Mais là, il a estimé que j'avais raison. Au lieu de se tirer pour son intérêt personnel, il s'est mis avec moi contre la profession. Vous voyez le courage de ce type. »

Acte de courage ou simplement de justice. Mais les craintes de Jeanne et de ses proches ne s'en trouvent pas apaisées. Bien au contraire. Voilà maintenant le Normand habituellement si pondéré, si prudent, embarqué dans un procès !... Et qui dure...

En première instance, Mocky-Bourvil obtiennent gain de cause. La Gaumont est condamnée à remettre *La Grande Lessive* à l'affiche de l'Ambassadeur. Immédiatement. Le distributeur n'a qu'une solution : faire appel, suspendant ainsi l'application du jugement. Et là, en deuxième comparution, le réalisateur et l'acteur sont déboutés.

Reste la cour suprême : la Cassation. Les avocats des deux parties se rencontrent. La Gaumont souhaite un arrangement à l'amiable. Et pour éviter la Cassation fait une proposition : elle remet le film, non pas à L'Ambassadeur déjà occupé, mais dans vingt autres salles, plus petites. L'avocat du réalisateur accepte. Cette contrepartie, qui permettra à *La Grande Lessive* de faire de bonnes recettes, l'arrange en fait :

« Dans un premier temps, c'est vrai, nous pensions aller en Cassation. Mais nous avons appris qu'un des juges était parent de la Gaumont. Alors, évidemment, nous n'étions plus très chaud », se souvient le réalisateur.

Suivant toutes ces péripéties, Bourvil ne lâche pas. Les pressions ne le font pas changer d'avis. Dans le dédale des procédures, il tient, lui aussi, jusqu'au bout...

C'est dans cette atmosphère fébrile que surgit le film le plus controversé : *L'Étalon*. Sujet délicat même si Mai 68 passe par là. *L'Étalon* dont Mocky dira :

« C'est le film le plus violent que j'aie fait avec Bourvil. Film sain. Disons rabelaisien. Une sorte de Gargantua érotique. »

Sorti sur les écrans en 1969, l'idée est née un an auparavant.

Jean-Pierre Mocky est venu voir Bourvil sur un autre tournage. Les deux hommes s'installent à une terrasse de café, sous une tonnelle. Il fait beau. De l'autre côté des petits buissons qui courent entre les tables, plus en avant sur le trottoir, deux dames, la quarantaine, profitent elles aussi du soleil, tandis que les enfants jouent dans le square voisin. Soudain arrive un chanteur qui fait la manche entre deux refrains : grand, baraqué, short serré, chemise ouverte... Bref, de quoi fantasmer. Ce dont les deux femmes ne se privent pas après son départ. Elles se mettent à parler de lui. Puis de leurs maris. Se plaignant du conjoint qui ne s'intéresse plus beaucoup à la chose. Elles évoquent les vacances. « Ce sera pire, dit l'une d'elles. Il joue aux boules, il va à la pêche, il est encore plus crevé. » Ce sont « deux femmes honnêtes, comme dit le metteur en scène, qui ne coucheraient certainement pas avec ce gars. » Mais elles en rêvent.

Et les deux hommes, derrière leurs buissons, entendent toute la conversation. L'un et l'autre trouvent la situation très drôle. « On pourrait en faire un film »... La phrase est lâchée. Mocky interpelle une nouvelle fois son dialoguiste et co-adaptateur Alain Moury. Et l'histoire prend forme.

Celle d'un vétérinaire qui crée un troupeau d'étalons assermentés. Moyennant le prix d'un bon bifteck, ils doivent remplir la fonction des maris trop fatigués par leur journée de travail. Ainsi, suicides, complexes, névroses sont évités. Le vétérinaire Chaminade-Bourvil tente de persuader le gouvernement, via la sécurité sociale, de l'intérêt public de son système qui devrait être subventionné. L'affaire fait beaucoup de bruit au sein de l'Assemblée des députés. Avec toujours Francis Blanche et également Michaël Lonsdale, Mocky signe « un nouveau sujet d'intérêt national », comme on écrit alors avec humour, dans les revues de cinéma.

Certains pensent que Bourvil a tourné ce film un peu malgré lui. Que Mocky lui a arraché sa signature.

« Mais pourquoi ? demande le metteur en scène. Lorsque j'ai bâti le scénario, je suis allé lui raconter l'aventure de ce vétérinaire qui trouvait des étalons. Et il se marrait. Il n'a jamais été contre le sujet. Bourvil à ce moment-là était miné par la maladie. Nous avons rencontré d'énormes difficultés, notamment du côté des assurances, pour tourner avec lui. Il aurait été beaucoup plus simple pour moi qu'il me dise : non, finalement, Jean-Pierre, je n'aime pas cette histoire. »

Le succès de *L'Étalon* à sa sortie est mitigé. D'autant qu'il est interdit aux enfants. Plus question de venir voir Bourvil en famille... Et puis, 5 % des spectateurs mâles, en général, quittent la salle lorsqu'ils comprennent qu'on va leur répéter pendant deux heures qu'ils s'occupent mal de leur femme.

« Tout cela était prévisible, assure le réalisateur. C'est pourquoi je souhaitais que ce film soit présenté dans des petites salles. C'était sa seule façon de durer. Mais le responsable du Rex le voulait absolument. Et il n'avait à ce moment-là qu'une salle de trois mille deux cents places. J'étais certain que nous ne pourrions pas remplir. Puisqu'il insistait je lui ai fait promettre de garder *L'Étalon* au moins cinq semaines. Et il a promis. Mais, faute de faire le plein, il l'a enlevé à la quatrième semaine. Je lui en ai beaucoup voulu et je suis, depuis, resté fâché avec lui. Bourvil en ne le voyant plus à l'affiche a dû penser que le film ne faisait pas recette. Pourtant, il a fait une gentille carrière. »

Deux cent mille entrées à Paris. *Un drôle de paroissien* en avait compté juste le double. Et pour Bourvil-Mocky, l'histoire s'achevait.

Pendant sept ans, le voyou de la mise en scène, cinéaste éternellement révolté, se sera associé à l'acteur le plus apparemment conventionnel. Bourvil, parfaitement à l'aise dans sa vie, c'est vrai, était aussi un citoyen curieux, intuitif, ouvert vers le monde extérieur. Un homme principalement heurté par la bêtise et l'injustice. L'anticonformisme de Mocky, son sens de la farce, avaient de quoi le séduire et le retenir. L'autre exprimait ce qu'il portait en lui. Et c'est ainsi, comme l'écrivit un critique, que « l'anarchiste aux utopies truculentes a utilisé le boulanger du pays de Caux avec un véritable génie de l'inattendu ».

VII

« C'est pas juste... »

« J'AI une santé d'archevêque. » C'est son expression favorite. Depuis qu'il est monté sur les planches, qu'il « fait » l'artiste, Bourvil promène sa solide carcasse de paysan normand avec l'insolence involontaire de ceux qui n'ont toujours vu la maladie que de loin. Chez les autres.

C'est un robuste, échappé des moissons et des labours, que vingt années de sunlights n'ont pas affaibli. Vingt ans après ses débuts, l'acteur qui étonnait Grangier par sa carrure d'athlète et ses grosses « paluches » de paysan a tranquillement tenu sa place face à Lino le costaud dans *Les Grandes Gueules* de Robert Enrico, western à la française et remarquable film un peu sous-estimé. Bouffarde à la bouche et hache sur l'épaule, Bourvil est un superbe bûcheron vosgien. Moins « victime » qu'à l'ordinaire dans cette histoire d'hommes racontée par José Giovanni, il évolue en patron viril, décidé à se faire respecter par sa bande de « libérés conditionnels » (parmi lesquels deux autres carrures : Jess Hahn et Michel Constantin...). Belle aisance. Bourvil prend ici de « la gueule » et du poids. En 65, le « Vieux » tient encore la forme...

Fier de sa santé, mais conscient du privilège, il entend aussi la préserver le plus longtemps possible. Plus que de la mort elle-même, Bourvil a peur de mal vieillir, de « faire naufrage ». Il a peur de la maladie qui grignote le corps et l'esprit et vous cloue sur les lits de la déchéance. Il y pense, il y pense beaucoup. Mieux, alors qu'aucune alerte ne l'effleure encore, il prépare sa défense. Persuadé que « l'on n'a rien sans rien », que tout se mérite, il a mis depuis quelque temps un peu plus d'eau dans son vin et fait de son cigare d'après-repas une friandise exceptionnelle. Il suit un régime, expérimente la diététique, lui dont l'existence quotidienne est déjà un modèle de sobriété et de régularité.

« Je m'embête la vie, dit-il, mais si je veux vieillir en forme et voir mes enfants réussir, je dois y mettre le prix. »

A-t-il un pressentiment ? Sent-il que le temps lui est compté ? Est-ce pour cette raison qu'il est si pressé, qu'il enchaîne film sur film, qu'il déserte une opérette en plein succès pour se ruer sur un projet au destin incertain, qu'il tourne l'après-midi et chante le soir ? Est-ce pour cela aussi que la mort des autres, de ceux qui l'ont approché, ne serait-ce quelques heures ou quelques jours, lui laisse, au-delà de la tristesse, un tel sentiment d'injustice ?

« Lors du tournage du *Cerveau,* se souvient Gérard Oury, un jeune homme d'une trentaine d'années, chauffeur de la production, qui trimbalait André en voiture, a succombé en huit jours à une infection intestinale foudroyante. Tout le monde était triste bien entendu, mais Bourvil m'apparut choqué, littéralement traumatisé. Ne cessant de répéter : " C'est pas juste, c'est pas juste... " »

Paroles de rébellion. Qu'il prononcera jusqu'à son dernier souffle.

De quand datent exactement les premiers craquements, les premières fissures ? Vingt ans après la mort de Bourvil, la mémoire de ceux qui suivirent son effroyable calvaire s'embrouille un peu dans les points de repère. A cela, une raison simple : tout comme il cache son bonheur derrière les volets clos de sa vie privée, Bourvil tente farouchement de masquer sa maladie. Même quand ce n'est plus possible, quand ses amis, ses partenaires, ses réalisateurs savent, il fait « comme si », niant l'évidence, trouvant mille et mille prétextes — de la simple fatigue à l'arthrose, en passant par des crises de colique néphrétique — pour justifier son inquiétante dégradation physique. Restent, quand la souffrance est trop forte, les aveux de révolte et de détresse lâchés par bribes, par fragments, par jurons. L'injustice toujours...

Seule certitude : Bourvil reste debout bien au-delà des limites du possible. Crucifié par un cancer des os — maladie de Kahler —, il se lance dans une bataille pathétique où alternent moments d'espoir — de plus en plus rares — et rechutes — de plus en plus graves. Comme pour toute maladie liée au cancer, les périodes de rémission sont effectivement spectaculaires. Bouffées d'optimisme... Bourvil retrouve presque sa vigueur d'antan, et moral revenu, sa joie de vivre. Car il consulte les plus grands spécialistes et les guérisseurs les plus douteux, ne laisse aucune chance de côté, si minime soit-elle... Il croit aux bienfaits du dernier traitement, du dernier médicament, de la dernière piqûre. Et puis, à nouveau, le plongeon. Toujours plus profond. Et quand producteurs et assureurs, qui ne sont pas des poètes, répugnent à prendre le risque financier de laisser tourner un Bourvil qu'ils jugent fini, il se bat encore. Il paie et s'assure lui-même...

Atmosphère surréaliste, quasi irréelle. Bourvil est malade, si malade parfois qu'il se traîne, à demi paralysé, qu'il ne peut faire le moindre mouvement sans endurer un véritable martyre. Et il tourne sans arrêt. Plus incroyable encore, malgré les vilaines rumeurs qui courent sur son état de santé, les projets s'accumulent, on le sollicite de toutes parts : Autant-Lara, après avoir dû se passer de Bourvil pour *Les Patates* dont le rôle principal, finalement interprété par Pierre Perret, lui était à l'origine destiné, le contacte pour une adaptation de *La Mare au diable* d'après l'œuvre de George Sand. Roger Pierre, son joyeux copain des débuts, a écrit un scénario amusant : *Le Train ne sifflera pas* (on devine le pastiche). Emballé, Bourvil est à deux doigts d'accepter le rôle. Après *La Folie des grandeurs*, un autre Oury est dans les cartons : une « Guerre des Gaules » façon Astérix, avec de Funès en César et Bourvil en Vercingétorix. Jamais en panne de gags, Gérard Oury a même déjà imaginé coiffer Bourvil avec un casque de guerrier « ailé ». Et qui s'envolerait bien entendu. Mocky est également sur les rangs pour son futur *Albatros*. Bourvil a d'ailleurs donné son accord par écrit. Et il y en a d'autres, bien d'autres parfois même ignorés de l'intéressé. Comme le projet de l'abbé Alexandre et de Jehan Le Povremoyne, journaliste normand réputé, ami de Bourvil : l'histoire, sous forme de conte cauchois, d'une résurrection qu'un brave curé de campagne promet à ses ouailles. Bourvil en curé du pays de Caux ! Le rêve. Tout est prêt, les repérages ont même été faits, ne reste plus qu'à convaincre l'enfant de Bourville...

Mais le comédien a déjà fait son choix pour les deux années qui viennent. C'est déjà beaucoup. A quoi bon voir plus loin ?

Reste le public. Pour lui, Bourvil va bien. La preuve : il est présent sur les écrans, toujours aussi drôle, toujours aussi émouvant. Ultime révérence de l'artiste. Le rire ne peut être malade. Bourvil non plus.

Ceux qui savent, qui observent de près les ravages de la maladie, pourraient parler. Ils chuchotent bien entendu, mais à de rares exceptions près, il y a, nullement dictée, mais librement adoptée, comme une consigne du silence autour de cette lutte clandestine. Puisque Bourvil n'avoue pas, qu'il ne se plaint pas, puisqu'il chasse l'inopportune visiteuse jusqu'à ce qu'elle le terrasse, ils vont faire de même : rire et pleurer, chanter et danser en sa compagnie pour des comédies ou des drames de ciné. Jouer le jeu si l'on peut dire. Et les dernières années d'André Raimbourg sont celles d'une pathétique et véridique tragédie. Où, plus que partout ailleurs, plus que sur les scènes et les écrans, il eut bien du talent.

Témoignages sur un chemin de croix...

Le drame commence par un « bobo » d'apparence anodine. Une bricole. En 1965, Bourvil tourne en province avec *Ouah! Ouah*, sa dernière opérette. Depuis quelque temps, il est agacé par un petit bouton sur l'oreille. Qu'il arrache régulièrement, mais qui revient tout aussi obstinément. C'est gênant, d'autant que sur scène, déguisé en sapeur pompier, Bourvil s'agite, fait le clown avec un casque sur la tête.

Il s'écorche, et finalement, ce bouton le fait souffrir. A Lyon, il se rend chez un médecin, un dermatologue. Soin, analyse et verdict : origine cancéreuse...

Bourvil est-il prévenu ? En tout cas, le secret est bien gardé. Mais aujourd'hui, Pierrette Bruno confie :

« Sa femme était alors aux sports d'hiver. Il lui a téléphoné pour lui annoncer la nouvelle. Plus tard, Jeanne m'a dit : " C'est comme si le ciel nous était tombé sur la tête... " »

Second acte : Tournage du film d'Alex Joffé, *Les Cracks*.

Depuis *Les Hussards*, Bourvil et Joffé ont fait un bon bout de chemin ensemble. Plus que de simples rencontres entre professionnels, *Fortunat*, *Les Culottes rouges* et *La Grosse Caisse* ont été des rendez-vous d'amitié. L'acteur aime le style apparemment désinvolte du réalisateur, cette manière de travailler sérieusement sans se prendre au sérieux, loin des coups de gueule hystériques et des coups de poing sur la table. Joffé, lui, considère Bourvil comme l'un des plus grands comédiens de son temps. Quant à l'homme...

Tout est donc O.K. L'histoire est sympa — mais le film sera complètement raté — et Bourvil fort à l'aise : il joue l'inventeur génial d'un vélo révolutionnaire engagé malgré lui dans la course du siècle : un Paris-Milan-San Remo de 1901. Souriante épopée vélocipédique ponctuée d'une poursuite échevelée entre Jules Duroc (Bourvil) et un percepteur teigneux (Robert Hirsch) en triporteur...

Tout va d'autant mieux que Joffé transpose l'aventure de ces « forçats de la route » préhistoriques sur les chemins du Vexin, tout près de Valancourt où il demeure, mais non loin également de Montainville. Bourvil, pour qui le jour de repos reste sacré, a donc l'impression de rester en famille.

Ambiance de copains. Sous la tente de la cantine ambulante, techniciens, maquilleurs, coiffeuses, figurants et vedettes déjeunent ensemble. A la fin du repas, Duroc, splendide dans son costume de coureur cycliste rétro, veste de velours, casquette jaune et collant noir, s'offre quotidiennement son « péché michon » : un bon cigare... et conte, sans se vanter, ses exploits de jeune homme dans les courses de village, dans le Pays de Caux :

« Ah ça, j'étais pas très fort : toujours dans les derniers... »

Comme toujours, Annie Marolt, la fidèle habilleuse, « couve » le comédien. Avec en plus, pour ce film, une mission particulière, sinon... attachante : une petite bouteille d'alcool à la main, elle colle et décolle la moustache Belle Époque de Duroc :

« Quand je suis heureux, elle doit pointer vers le ciel. Quand je suis triste, elle tombe. Cette moustache, quel caractère... »

Dans une telle atmosphère, le film avance en bon ordre. Avec, entre tous ces cracks avides de gagner, de multiples péripéties, bagarres et chutes soigneusement orchestrées. Sauf une.

Le triporteur et le vélo de Duroc s'accrochent. Maladresse non prévue. Tout le monde dans le fossé. Les risques du métier. Mais Bourvil s'est fait mal. Au point que l'on craint une fracture. Il n'en est rien heureusement, mais l'énorme hématome qui s'est formé à la base du dos est impressionnant. Malgré les soins et les massages, il ne disparaît pas. Bourvil souffre : le jour même, le lendemain, les jours suivants. En fait, la douleur ne le quittera pratiquement plus. Longtemps, il ne sera question que de déplacements de vertèbres, puis de rhumatismes, ou bien encore d'arthrose. Rien de tout cela : cette grosse bosse, qui fait si mal et qui ne se résorbe pas... c'est la maladie qui décide de ne plus se cacher...

1968. Tournage du *Cerveau,* scène du souterrain. Deux jours de travail. Bourvil creuse le tunnel qui doit le mener à la cellule de son copain Belmondo. Courbé en deux dans l'étroite galerie encombrée de gravats, André semble peiner. Une fois, il demande même à s'arrêter quelques instants. Son dos toujours...

Mars 1969 :

— Je compte sur toi pour la première, André ?

— Bien entendu, sauf si j'ai trop mal au dos. J'ai vraiment mal, tu sais...

Dans un peu plus d'un an, Gérard Oury compte reconstituer le tandem dynamite Bourvil-de Funès pour *La Folie des grandeurs :*

« Le ver de terre amoureux d'une étoile, c'était André bien sûr. »

Et il tient à ce que son ami soit au mieux de sa forme. Pas encore inquiet, il lui donne les coordonnées d'un médecin qu'il connaît :

« Il soigne très bien ma mère. Va le voir. »

6 mars. Deux ou trois heures avant le gala de présentation du *Cerveau* qui doit avoir lieu au cinéma Ambassade-Gaumont, Gérard Oury décroche le téléphone et appelle

« presque machinalement » le toubib pour s'enquérir de la santé d'André. A sa grande surprise, il sent le médecin hésitant, mal à l'aise. Oury insiste, le cœur serré :

« Pardonnez-moi de vous le dire avec brutalité, mais cela peut vous rendre service. M. Bourvil ne tournera pas votre prochain film. Dans une année, peut-être un peu plus, M. Bourvil aura cessé de vivre... »

Cauchemar. Le soir de la première, pendant la projection du film, les couples Bourvil et de Funès se trouvent assis juste derrière Gérard Oury. Les deux copains font les pitres, s'amusent comme des fous. Et Bourvil n'est pas le dernier à faire l'idiot. En un mot, il a l'air heureux...

« Mon angoisse était épouvantable. Savait-il ? Ne savait-il pas ? Je ne pensais qu'à ce que m'avait dit le toubib. Après, il y eut un grand souper donné au 44 des Champs-Élysées. Il y avait au moins trois cents personnes. J'ai craqué. Je me suis enfui, et en cachette, j'ai été pris d'une crise de larmes. »

Gérard Oury s'interroge. Doit-il alerter Alain Poiré, producteur de *La Folie des grandeurs* ? Après trois mois de réflexion, il se décide :

« Poiré doit connaître la vérité, écrit Oury dans son livre *Mémoires d'Éléphant*, et prendre en conscience une décision n'appartenant qu'à lui. " Tu attends que je te réponde quoi ? " me fait-il, visiblement aussi ému que moi. J'esquisse un geste qui ne signifie rien. " Je continue, dit-il, si nous arrêtons, la vraie raison ne tarderait pas à être connue et elle reviendrait aux oreilles de Bourvil. Cela coûtera ce que cela coûtera, mais nous continuons. Tu es d'accord ? "

C'est pour quelques décisions de cet ordre qu'Alain Poiré est mon ami. »

Les semaines passent. Gérard Oury continue de travailler dur sur *La Folie des grandeurs*. Son angoisse s'estompe peu à peu. Et si le toubib s'était trompé ? Oury est à Saint-

Tropez pour un mois. André, au téléphone, lui demande un petit service personnel : il veut envoyer ses deux fils en vacances à New York, et il a pensé que Danièle(Danièle Thompson, fille de Gérard Oury qui vit alors aux États-Unis) pourrait peut-être leur trouver un point de chute. La voix est toujours la même, et le ton toujours aussi joyeux. Au bout du fil, André va aussi bien que possible.

« J'étais rasséréné. Jusqu'au moment où j'ai eu de mauvaises nouvelles provenant du tournage de *L'Arbre de Noël*. »

Un film pour rien. Sans doute fatigué de ses « James Bond », Terence Young s'est mis en tête de conter sur écran l'agonie d'un gosse atteint de leucémie. Ayant sans doute à l'esprit le souci louable de ne pas trop mouiller les mouchoirs, le réalisateur gomme toute émotion vraie. Ce pourrait être poignant et réussi, c'est sec et raté.

Bourvil, qui a toujours affirmé qu' « à quelques exceptions près, malgré toutes les excuses que l'on peut trouver, il n'est nullement impossible de se rendre compte si l'on va tourner un bon film ou un navet », se trompe, mais sur l'instant, il est plutôt heureux. Son rêve avoué, depuis quelque temps, est de tourner sous la direction des plus grands réalisateurs internationaux. Ce n'est pas par hasard si depuis sa tournée canadienne de 1951, il bûche son anglais comme un forcené, accumulant les leçons particulières, adorant également doubler les films destinés à une carrière anglo-saxonne. Comme *Le Cerveau* par exemple...

Mais jusque-là, le comédien français n'a eu que peu d'occasions de « fréquenter » l'étranger : il y eut bien *Le Jour le plus long*, mais dans ce gigantesque congrès des plus grandes étoiles du cinéma mondial, il n'est guère qu'un figurant de luxe parmi les autres. L'an dernier, le Britannique Ken Annakin l'a choisi pour tenir la vedette dans *Gonflés à bloc*. Pas par hasard d'ailleurs, car coréalisateur du *Jour le plus long,* Annakin a été impressionné par le talent, pourtant fugitivement entrevu, du Normand. Mais dans *Gonflés à bloc,* malgré la présence d'autres prestigieuses « pointures » comme l'Allemand Gert Froebe et l'Américain Tony Curtis, l'aventure professionnelle n'a guère été palpitante. A peine sorti des *Cracks,* Bourvil eut l'impression de tourner un *remake,* version teuf-teuf, puisque *Gonflés à bloc* retrace l'épopée d'un rallye de Monte-Carlo des années vingt.

Cette fois, avec Terence Young aux manettes et William Holden, vieux baroudeur des westerns hollywoodiens et crépusculaires, comme partenaire, Bourvil se donne l'impression, lui qui a toujours été fasciné par les États-Unis, de vivre une petite part de son « rêve américain ». Un rêve qui tourne au cauchemar...

« Tout le monde peut être malade, très malade. Mais aujourd'hui, on peut tout guérir. Enfin... presque tout », dit-il dans le film. Comment ne pas penser à lui ? Car, la maladie est en pleine offensive et Bourvil en plein traitement. Il subit d'épuisantes séances de rayons, se rend dans des hôpitaux. En grand secret bien entendu, mais tout finit par se savoir... On a vu Bourvil, chuchote-t-on dans les cocktails de ciné, entrer à Villejuif. Avec chapeau et lunettes noires pour ne pas être reconnu. Car Bourvil ruse toujours et continue sa pathétique partie de cache-cache. Avec sa maladie, mais plus encore avec tous ceux qui ne doivent pas savoir. La souffrance, qui lui taraude les reins et la colonne vertébrale, ne lui facilite pas la tâche : « Des rhumatismes, voilà ce que c'est que de vieillir », ironise-t-il. Mais parfois, c'est le demi-aveu, cruel et teinté d'amertume. Comme celui-ci.

Dans *L'Arbre de Noël,* Bourvil doit téléphoner à un médecin pour lui demander le nom d'un remède susceptible de « prolonger » le gamin. Il tourne la scène. Sans problème. Mais une fois la caméra stoppée, il se tourne vers partenaires et techniciens, et lâche dans un silence glacial :

« Moi je le savais et je ne risque pas de l'oublier. Ce médicament, je l'ai dans ma poche. »

1969 toujours.. Après *L'Arbre de Noël*, Bourvil s'apprête à tourner *L'Étalon* avec Jean-Pierre Mocky. Pas le même genre. Tout est en place. Les contrats ont été signés au mois de mars. Malgré l'insistance de Mocky, le distributeur, qui exigeait deux têtes d'affiche, n'a pas voulu de Francis Blanche aux côtés de Bourvil. Il estime que trois films avec le même tandem, cela suffit. Il faut changer. Mocky trouve un acteur confirmé et de belle prestance qui, s'il n'est pas encore devenu la star que l'on connaît aujourd'hui, est déjà un nom dans le cinéma français. De plus, il accepte avec joie d'être le partenaire de Bourvil.

Bref, distributeur et producteur sont contents. Ce duo inédit leur plaît. Comme le scénario n'est pas encore terminé, les deux acteurs ne donnent pas encore leur signature définitive. C'est la règle : tant qu'ils n'ont pas pris connaissance du scénario, ils peuvent encore se désister. Détail de procédure qui va avoir son importance par la suite...

Car entre-temps, la nouvelle de la maladie de l'acteur s'est propagée dans le milieu du cinéma comme une traînée de poudre. Présent au Festival de Cannes, le producteur de *L'Arbre de Noël*, effondré et sans penser à mal, confie « en confidence » à l'un de ses amis que Bourvil suit un traitement contre le cancer. Fatale imprudence. En quelques jours, toute la Croisette est au courant.

Alertés, et s'étant renseignés sur le bien-fondé de la rumeur, les financiers de *L'Étalon* stoppent le projet. Bourvil « est fini ». Le film aussi.

Mocky insiste. Il a rencontré l'un des grands spécialistes qui soignent Bourvil :

« Pour avoir une chance de s'en sortir, lui a-t-il dit, un cancéreux doit d'abord avoir le moral. Si vous supprimez ce film, M. Bourvil aura l'impression d'être un homme fichu. Il faut le faire. »

Réponse du producteur :

« Et s'il meurt pendant le film ? Je perds tout. Allez voir si l'assurance accepte de prendre le risque de " couvrir ". La décision ne dépend que d'elle... »

Réponse de l'assurance :

« Tout à fait impossible. On ne peut pas. Vous comprenez, c'est un cas désespéré. »

Mocky continue à se battre : « J'ai tellement supplié », dit-il aujourd'hui... Et il se bat si bien qu'il finit par fléchir un assureur, Maurice Bourgeois, « un type bien », lequel propose un arrangement exceptionnel.

Dans des conditions normales, l'assurance couvre l'ensemble de la durée du tournage du film. Autrement dit, contrat signé, acteurs et techniciens sont certains de toucher leur salaire intégral, même si le tournage, pour une raison ou pour une autre, est interrompu. Provisoirement ou définitivement.

Pour *L'Étalon,* le consortium des assurances accepte de couvrir Bourvil. Mais pour une durée maximum de dix-sept jours. Pas une heure de plus. Et durant ces dix-sept jours, toute l'équipe du film ne sera assurée qu'au coup par coup. Jour après jour. Ce qui signifie que si Bourvil doit arrêter au bout de trois jours, toute l'équipe ne sera payée que sur deux jours. Tout redevenant normal à l'issue du dix-septième jour. C'est-à-dire au moment où le risque Bourvil sera écarté.

Jean-Pierre Mocky parvient tant bien que mal à constituer son équipe de travail. Malgré quelques désistements, il persuade acteurs et techniciens d'accepter cette offre peu commune. Mais quand le réalisateur pose la question à la covedette de *L'Étalon,* il éprouve un choc :

c'est non. L'acteur qui se faisait une joie d'être le partenaire de Bourvil refuse. Il prétexte que, tout bien réfléchi, le scénario ne lui convient pas, et s'en va tourner un autre film.

Aujourd'hui encore, Jean-Pierre Mocky ne pardonne pas une telle attitude :

« J'ai toujours pensé qu'il n'avait pas voulu risquer son salaire. Pour moi, il a laissé tomber Bourvil... »

Du coup, Francis Blanche est rappelé parmi les titulaires, et le tournage commence le 1er septembre. Six jours plus tard, on craint le pire : Bourvil ne se réveille pas, Bourvil est immobile dans son lit. Comme mort. Ce n'est qu'une syncope. Et le 17 septembre, il termine dans les délais. Une fois de plus, le Normand est allé au bout...

Fin 1969. Europe N° 1 est dans l'embarras. Maurice Biraud l'animateur vedette de la matinée vient de quitter la station : pour prétentions financières jugées exorbitantes, mais sanctionné également par le personnel de la maison qui, transistors obligatoirement allumés sur le bureau, écoute les émissions de la journée, avec sondage maison annuel. Les dactylos d'Europe N° 1 ont rendu leur verdict : Biraud a fait son temps...

Coup dur. Il faut trouver un remplacant. Et vite. Quelques tentatives se révèlent peu convaincantes. L'audience ne cesse de dégringoler. Lucien Morisse, le patron d'Europe N° 1, cherche, cherche désespérément... et un jour, il pense à Bourvil. Bourvil ! La vedette radiophonique des années cinquante. Bien sûr, les temps ont changé derrière le micro, mais la popularité du comédien est intacte, mieux encore, elle est inébranlable.

Lucien Morisse contacte Bourvil. Mais celui-ci n'est pas très chaud. Certes, il va un peu mieux. La maladie s'offre une halte. Mais tout de même, chaque matin à l'antenne... Morisse insiste, déploie des trésors de diplomatie et finit par lever toutes les réticences. Bourvil accepte. Pour un mois. Et à une condition.

— Mes textes doivent être écrits par Rocca et Horgues...

— Tout ce que vous voulez, André.

Retrouvailles. Les deux chansonniers sont heureux de travailler à nouveau avec Bourvil. Plutôt flattés qu'il ait pensé à eux. Après tout ce temps. Ils ont le souvenir d'une ambiance de travail très chaleureuse, d'une atmosphère de camaraderie sans nuages. Mais en dix ans, Bourvil est devenu l'une des plus grandes vedettes du spectacle en France. Peut-être a-t-il changé ?

Dès le premier rendez-vous, dans l'appartement du boulevard Suchet, les deux auteurs sont rassurés. Ils retrouvent la même cordialité, la même spontanéité :

« Il nous a servi l'apéritif, se souvient Maurice Horgues, et pour remplir nos verres, il a fait le tour de la table basse à genoux, en rigolant, comme s'il mettait au point un nouveau gag. Et en le voyant comme ça, naturellement à l'aise, si décontracté, si proche de nous, je me suis dis : " Vraiment, ce Bourvil, c'est un type formidable... " »

Comme au bon vieux temps, il s'agit d'allier humour et actualité. Cela rajeunit tout le monde, mais Maurice Horgues et Robert Rocca savent que leur compagnon ne va pas très bien. Il fait pourtant le maximum pour paraître en forme, pour être drôle et de bonne humeur. Mais ils le sentent également soucieux, moins heureux qu'auparavant. Il a changé physiquement. Ils le voient prendre d'inhabituelles précautions comme de fermer les fenêtres par peur des courants d'air, de veiller à la température... Parfois même, ils le retrouvent assis sur une chaise, le visage enfoui dans ses bras, figé par la souffrance :

« Mais il jouait la comédie jusqu'au bout. Un jour »,

confie encore Maurice Horgues, « il m'a dit sur un ton de défi : " Le cancer, le cancer... On en guérit ! La preuve, c'est que je l'ai eu. Et aujourd'hui, je vais bien. " Je pense même qu'il finissait par croire à ce qu'il disait... »

Le mois de « Monsieur Paillasson » est triomphal. L'audience d'Europe N° 1 remonte en flèche. Bourvil est content :

« Parfois », dit-il en riant à ses deux auteurs, « je me réveille en pleine nuit et je me demande : Qu'est-ce qu'ils ont bien pu me trouver pour demain matin ? »

Lucien Morisse voudrait bien garder sa « perle » plus longtemps, mais des tournages de films l'attendent. Derrière le comédien normand, il dénichera Jean Richard, et finalement, durant trois années, des dizaines d'autres vedettes « feront » l'émission. Mais la séquence Bourvil, la première, restera la plus réussie de toutes.

Dernière anecdote. Le jour de la dernière émission, Bourvil invite toute l'équipe à dîner chez Lasserre. Luxe et gastronomie. Et un moment donné, comme tout le monde s'extasie sur la qualité du restaurant, l'incorrigible comique soulève la nappe et tapote le dessus de la table :

« Faut pas exagérer, c'est quand même que du bois blanc... »

Début 1970. L'accalmie se poursuit. Entracte d'espoir. Bourvil attaque *Le Cercle rouge*. Jean-Pierre Melville est vaguement au courant des bruits qui courent sur la santé du comédien, mais ne s'en inquiète pas outre mesure. De temps à autre, il lui demande simplement « ça va ? », et la réponse est invariable :

« Je suis en pleine forme... »

C'est vrai. Bourvil est là. Et il est bien. Il est même exceptionnel. Le réalisateur se félicite, il « tient » son commissaire. Il n'a simplement eu qu'à demander :

« Surtout pas de clins d'œil, André, pas de sourires entendus. Rien, je ne veux rien... »

Bourvil est inquiet devant les exigences d'une telle impassibilité, tout à fait contre sa nature de comédien. Pour être franc, il ne comprend pas très bien où Melville veut l'emmener avec ce rôle de pierre, ce rôle de sphinx. Mais contrairement au chanteur d'opérette ou au comédien de théâtre, l'acteur de cinéma Bourvil se contente d'être un fidèle exécutant. Il a signé un contrat, il ne discute pas et subit tous les « caprices » du réalisateur sans la moindre contestation. Bourvil devient donc « melvillien ». Instantanément. Mais avec un petit quelque chose en plus, à peine perceptible puisque c'est voulu ainsi. La marque, le « poinçon » Bourvil. Une fois dans sa tanière, le « Samouraï » Delon nourrit son ami le serin comme s'il s'apprêtait à dégainer... Dans *Le Cercle rouge*, le commissaire Mattei, tout aussi solitaire, rentre chez lui et retrouve ses chats, et par un simple assouplissement de ses gestes, par une banale intonation de voix, on sent qu'il vit là le seul moment heureux de sa sale journée de flic.

« Il apporte à mon histoire », confiera plus tard Melville, « un élément d'humanité que je n'avais pas imaginé. »

Le talent tranquille...

Une seule chose étonne toutefois Melville, c'est la présence fréquente des assureurs sur le plateau. Et cette réflexion hostile, presque hargneuse, et pas du tout dans le style de Bourvil :

« Ils sont pires que des flics... »

Pas question d'avouer la vérité. Pas même en confidence. Et pas même à des proches. Au mois de février 70, Bourvil se trouve à Marseille pour les besoins du tournage. Il sait que Pierrette Bruno est en vacances chez ses parents, dans un village tout proche. Coup de téléphone... qui commence comme un gag :

— Où êtes-vous André ?

— A l'hôtel Noailles, sur la Canebière...

— C'est drôle, j'y ai dormi hier soir, après notre dernière représentation de *Pepsie*.
— Quelle chambre ?
Pierrette Bruno donne le numéro de sa chambre et entend un grand éclat de rire à l'autre bout du fil :
— J'ai la même. Je me disais aussi que ça sentait l'artiste !
Le lendemain, Bourvil se rend chez les parents de Pierrette Bruno pour déjeuner. Dès qu'il franchit le seuil de la maison, elle remarque une grande cicatrice sur le crâne du comédien ;
— Qu'est-ce que vous avez là, André ?
— Ce n'est rien. Je me suis levé sans faire attention et je me suis cogné à une fenêtre. On a été obligé de me recoudre...
Vrai pour l'intervention chirurgicale. Faux pour le reste. On avait dû enlever des ganglions nés de la maladie de Kahler...
Le Cercle rouge est « dans la boîte ». Avec, en extra, une incroyable pirouette de l'artiste.
Dernière séquence. Le commissaire Mattei (Bourvil vient d'abattre Jansen (Yves Montand), ancien flic et ancien camarade de promotion, tireur d'élite passé chez les voyous. Mission accomplie. Fin du thriller. Pour le public. Mais en coulisses... Bourvil demande à refaire cette scène avec branchement du son. Il se tourne alors vers celui qui, dans le film, joue son adjoint, commence : « Si j'ai réussi mon enquête de commissaire, c'est grâce à »... Et se met soudain à chanter « la tacatactactique du gendarme ». En une fraction de seconde, il est revenu à ses débuts, redevenu le gendarme du *Roi Pandore*. Puis il sort du champ de la caméra en gloussant de rire comme gloussait le clown-paysan. Avec ces derniers mots. « Happy end... »
Film-apothéose et film-testament. Vingt ans après la

mort de Bourvil, *Le Cercle rouge* sert globalement — et un peu abusivement — de référence dès qu'il est question de son talent et plus encore de ses possibilités non exploitées et brisées par une fin prématurée.

« Est-ce », comme l'a écrit quelqu'un, « parce qu'il portait déjà sur lui les stigmates de la mort » qu'il réussit à se fondre ainsi dans l'univers lisse, froid et robotique de Jean-Pierre Melville? A des années-lumière de ses premiers rôles, André Raimbourg sent qu'il est au bout du chemin. Masque impénétrable, regard froid, le commissaire Mattei n'a-t-il pas le visage d'un Bourvil qui se sent fini, broyé par un implacable fléau?

Mattei, chasseur à l'affût, remporte une victoire teintée de sang et d'amertume. Bourvil, gibier aux abois, voit s'approcher une défaite cruelle et injuste. Le flic mène sa vie comme un fossoyeur ses morts au cimetière. L'acteur n'a plus qu'à pousser la porte. Avec le même pli d'amertume au bord des lèvres. Toutes illusions enterrées.

Dans la foulée, *Le Mur de l'Atlantique,* film de peu d'importance et à vocation insouciante, est l'ultime rendez-vous donné par Bourvil « l'amuseur » à son public. Une sorte de mini-grande vadrouille dont le sujet — un paisible restaurateur normand devient héros de la Résistance pour avoir involontairement dérobé les plans des fortifications allemandes — lui plaît. Et puis, les blockhaus germaniques plantés sur les hauteurs du littoral cauchois, ça lui rappelle des souvenirs...

Trêve rompue. La maladie a refait surface. Bourvil hésite. Va-t-il pouvoir tenir le coup? Mais son copain Marcel Camus compte sur lui :

« Je n'ai plus envie de le faire ce film, avoue-t-il, mais je l'ai promis à Marcel. Je ne peux pas lui faire ça... »

Calvaire. Les ravages du cancer s'affichent désormais en terrain découvert. Minée par la maladie, la carcasse, jadis si robuste, grince de partout. Épuisement, souffrance... Et pourtant, Bourvil n'abandonne pas. Il se révolte plutôt... Et ses partenaires se souviennent de son cri rageur lorsque Lucien Privat, sa « doublure » et ami, le voyant peiner dans une séquence style « parcours du combattant », a la malencontreuse idée de venir l'aider :

« Lâche-moi, nom de Dieu, Lucien, mais lâche-moi donc ! »

Le film se fait. Bourvil a mission d'être drôle sous la torture : bonne humeur, bon cœur, bonheur... Masqué, grimé, l'acteur amuse un public qui ignore tout de la tragique imposture, qui ne sent pas que le rire, cette fois, est un rire de défi, un rire noir. Dernières galipettes, dernières facéties... « Ils » sont toujours contents.

Quelques semaines après, Bourvil est de retour au studio pour les séances de synchronisation du *Cercle Rouge*. Quand il le revoit pour la première fois, Jean-Pierre Melville réprime un sursaut de stupéfaction. En si peu de temps, l'acteur a tellement changé. Vieilli, amaigri, presque méconnaissable. Ce que Melville ne sait pas, c'est que Bourvil n'a même plus la force de conduire sa voiture. Jeanne, ou l'un de ses fils, l'amène jusqu'au coin de la rue qui donne sur les studios. André se met ensuite au volant de sa DS. Pour quelques dizaines de mètres et pour que personne ne sache...

Mais comment dissimuler ce qui ne peut plus l'être ? Maniaque du « doulos », Jean-Pierre Melville veut retoucher une scène où figure Bourvil coiffé de son chapeau de flic. Raccord. Mais au moment où Mattei veut mettre le feutre à large bandeau noir... on s'aperçoit avec effroi qu'il est devenu beaucoup trop grand. Le tour de tête de l'acteur a considérablement diminué. Et on doit coller de grandes bandes de carton à l'intérieur du chapeau...

Film-apothéose et film-testament. Jean-Pierre Melville a décidé qu'au générique du *Cercle Rouge* figurerait André Bourvil. Nom et prénom. C'est la première fois. Et l'artiste, plutôt flatté, n'a pas refusé. C'est un geste à la Melville, sincère sans doute, mais pas trop modeste. Un hommage, une manière de dire aussi que ce Bourvil-là n'est pas comme les autres. Que c'est le sien. Après beaucoup d'autres réalisateurs, Jean-Pierre Melville n'est pas loin de penser qu'il vient de révéler un nouvel acteur, arraché à un passé désormais indigne de lui. Évidemment, Autant-Lara n'a pas tort quand il affirme avoir donné un nouvel élan à la carrière de Bourvil avec *La Traversée de Paris*... Et Mocky n'a pas tort quand il précise :

« Lorsque je fais " un Bourvil ", ce n'est pas un Bourvil ordinaire. J'utilise Bourvil comme un " dérangement " de la société de consommation, alors que généralement Bourvil est utilisé comme un héros de cette société. »

... Mais il y a quelque chose d'injuste dans ces manières de « propriétaires » qui jalonnent, du début à la fin, toute la carrière de ce comédien hors du commun. « Grâce à nous », disent-ils tous... Comme si Bourvil n'était qu'un figurant inerte et résigné, indifférent à l'évolution de sa propre carrière, comme s'il se laissait seulement porter par le courant ! N'est-ce pas oublier un peu vite que c'est toujours lui qui tient la rampe, qui jamais ne se plante ?

Melville en fait un peu plus encore. Il rajoute sa griffe. Un prénom. On a dit aussi que c'était comme pour donner l'espérance d'un nouveau départ à celui qu'il savait alors condamné. Intention louable, mais était-elle nécessaire ? Était-il besoin d' « anoblir » Bourvil comme s'il fallait effacer tout ce qu'il avait été « avant » ? A-t-on pensé un jour, sur un générique de film, à mettre Jules devant Raimu ?

Dernier été. Bientôt, même Montainville devient un trop lointain voyage. Tandis que la France profonde, la France populaire, celle des *Crayons* et de *La Grande Vadrouille* s'éclate au soleil des vacances, Bourvil s'enfonce lentement dans la pénombre...

Quelques amis franchissent encore le seuil de l'appartement du boulevard Suchet. Un jour, au téléphone, Bourvil défend à Pierrette Bruno de lui rendre visite.

« Pas pour l'instant », avoue-t-il sur le ton de la plaisanterie, « je ne suis pas beau à voir. »

Mais peu de temps après, il accepte. Sa femme Jeanne est entrée en clinique pour une intervention chirurgicale. Pierrette Bruno sent qu'André est triste, abattu, découragé. Et pourtant...

« Nous y sommes allés, mon mari et moi, et avons passé la soirée avec lui. C'était incroyable, il disait que tout allait bien, qu'il se sentait mieux, prétendant que les séances de rayons étaient terminées. Alors qu'il n'en était rien, évidemment. Mais coûte que coûte, il continuait de nier sa maladie. »

Juillet 1970. Pour la première chaîne de télévision, France Roche et Jacques Bahum enregistrent leur émission « Tête d'Affiche » consacrée à Jean-Pierre Mocky.

Les caméras sont installées au second étage de la tour Eiffel, là où a été tournée *La Grande Lessive*. Bien sûr, Bourvil a été invité. Avec quatre films, il est devenu l'acteur fétiche de Mocky. Mais ce dernier ne se fait pas trop d'illusions. Sans avoir eu de nouvelles récentes, il sait qu'André est gravement malade.

Moteur. Plusieurs personnalités du cinéma sont présentes. Dont les deux « monstres sacrés » Orson Welles et Roberto Fellini qui eurent le jeune Mocky comme assistant. Justement, c'est au tour d'Orson Welles d'être interviewé. La soirée est fraîche. Le vent souffle en rafales entre les poutrelles d'acier...

Impérial, Welles parle toujours. De sa voix de Falstaff. Hors du champ des caméras, des employés de la tour Eiffel se dirigent vers les responsables de l'émission :

« Bourvil est en bas. Il est dans l'ascenseur. Il monte. »

Effectivement, Bourvil est là. En le voyant arriver,

Mocky et le personnel de la télévision ont un choc : considérablement amaigri, le teint transparent, il marche comme un vieillard. Son rire, son rire légendaire, n'est plus qu'un pauvre sourire qui erre comme une ombre sur son visage décharné. Sa voix elle-même a perdu de son éclat. Plus faible, plus sourde :

« Excusez-moi, je suis fatigué. Je sors du lit, je suis grippé. Et il fait froid ici. Si vous pouviez vous dépêcher... »

Tout le monde s'empresse. Caméras, projecteurs, cadrage. Bourvil et Mocky sont placés côte à côte, appuyés sur une rambarde.

Au tour de Bourvil de parler. Du réalisateur, de leurs films, de leur complicité...

Terminé. Le comédien ne reste pas. Il repart aussitôt vers son refuge du boulevard Suchet :

« A bientôt Jean-Pierre. »

Mocky ne reverra plus son copain vivant.

Au mois d'août, c'est Lucien Biard, son « pays » de la fanfare de Fontaine-le-Dun, qui vient déjeuner :

« Il m'avait fait préparer un excellent repas. Il n'allait pas bien, il semblait très fatigué, il avait beaucoup maigri, il avait même du mal à prononcer ses mots. Mais il voulait être de bonne humeur, parler du vieux temps. Et pour me faire plaisir, après avoir mangé, il a même fumé un cigare... »

Les jours et les nuits s'égrènent. Compte à rebours. Plus question de projets, de sursauts, plus question d'avenir. *La Folie des grandeurs* ? Oui bien sûr... mais comment y croire encore ? Le malade est devenu fantôme. De plus en plus faible, désarmé, désespéré : lui qui avait été un homme « bien », qui haïssait tant la méchanceté et l'injustice, et dont toute la vie s'était avancée en ligne droite... pourquoi mourait-il « si mal » ? Le 23 septembre, à une heure du matin, entouré des siens, André Raimbourg, dit Bourvil, rend les armes. Avant de sombrer dans l'inconscient, il a prononcé ces mots, ces trois derniers mots : « C'est pas juste. »

L'artiste est parti sur la pointe des pieds. Sans tapage. Jusqu'à son dernier souffle, il a joué la comédie. Les Français n'ont rien su de sa longue descente aux enfers. L'agonie d'un « amuseur », ce n'est pas un bon scénario...

Mais avant de disparaître, Bourvil a demandé plus encore. Que personne ne sache avant la fin des obsèques.

« Quand ce sera mon tour, avait-il dit un jour à Mocky, je ne veux pas que les gens l'apprennent avant que je ne sois enterré. » ... Et il avait conclu dans un grand éclat de rire : « Rien que de penser à leur tronche, cela me rend malade. »

Le secret donc. Seule la famille est prévenue. Plus quelques intimes. Mais avec consigne de ne rien révéler à l'extérieur. C'est compter sans le hasard. Et sans les journalistes...

Environ une heure après la mort d'André, Jeanne téléphone à sa mère pour lui apprendre la funeste nouvelle. Il n'y a pas encore l'automatique dans la campagne cauchoise. Elle doit passer par le standard local :

« Le 40 à Fontaine-le-Dun s'il vous plaît. »

Le standardiste est du coin. Il a reconnu Jeanne Raimbourg. Il a noté aussi la voix abattue. En pleine nuit, les coups de téléphone sont rares dans le pays de Caux. Pour appeler sa mère à 2 heures du matin, Mme Bourvil doit avoir de sérieuses raisons...

Quelques heures plus tard, tôt le matin, le standardiste de nuit comprend. La collègue qui vient le relever est déjà au courant :

« Tu sais que Bourvil est mort ? »

Non, il ne sait pas. Personne ne sait. Correspondant de *Paris-Normandie* il téléphone à Rouen, au siège du journal.

Où son « scoop » est accueilli avec un scepticisme mêlé d'ironie :

— Bourvil mort ! Tu rigoles, aucune radio n'en parle. Il n'y a pas une ligne sur les dépêches d'agence...

— Renseignez-vous. Ici, dans le village, tout le monde sait déjà.

Par conscience professionnelle, mais sans trop de conviction, un journaliste interroge l'Agence France-Presse :

« Bourvil mort ! On serait au courant... »

Aucune confirmation. Ce n'est qu'en fin d'après-midi, alors que depuis les premières heures de la matinée, tout le village de Bourville connaît la nouvelle, qu'Europe N° 1 annoncera officiellement la disparition de l'acteur.

Obsèques civiles le 25 septembre 1970 au matin. Tout comme elle avait tenté de garder secrète la mort de Bourvil, la famille décide de tout faire pour préserver l'intimité de la cérémonie : ce n'est pas un corbillard qui s'arrête devant l'appartement du boulevard Suchet, mais une camionnette de livraisons. Et l'on camoufle le cercueil dans des cartons d'emballage de réfrigérateurs. Les employés des pompes funèbres n'ont pas leurs costumes noirs habituels. Ils sont vêtus de gris.

Vain simulacre. La famille et les amis proches : Étienne Lorin, Pierrette Bruno, André Trives, l'imprésario fidèle, Jean-Jacques Vital, l'homme du miracle de la radio, Gérard Oury, Michèle Morgan, Jean-Pierre Mocky, Alex Joffé, Marcel Camus et quelques autres ne sont pas seuls dans le petit cimetière situé sur les hauteurs de Montainville... photographes de presse et journalistes n'ont pas raté l'ultime rendez-vous.

Les Français ont du vague à l'âme. Un ami vient de les quitter Qui rend le rire un peu orphelin. Mais Bourville frissonne à peine. On y vit comme hier. Comme demain. Il n'est pas dans la tradition cauchoise d'afficher les signes bouleversants du malheur. L'émotion s'est glissée chichement entre les soucis de la journée. Un garçon du pays qui s'en va, ce n'est jamais gai... Mais Bourville ne change rien à ses habitudes. A la ferme, le travail ne prend pas le deuil.

« C'était un bon gars », dit Marie Fontaine, une petite vieille qui trottine d'un pas alerte sur la route. « Il m'embrassait toujours quand je le croisais dans le village. Mais c'est sa mère qui doit avoir un gros chagrin. Elle supportera point le choc. »

Trois mois plus tard, Eugénie Raimbourg rejoint son fils chéri

Un gosse de Bourville dont les mauvaises langues du pays disaient jadis qu'il ne serait jamais bon qu'à faire rigoler les autres...

Épilogue

Hiver 1985. 26 janvier. Il gèle dans la campagne de Montainville. Comme dans toute la France. Les habitants du village restent calfeutrés chez eux. Bien au chaud. Mais la maison des Bourvil est déserte. Depuis la mort d'André, Jeanne ne vient plus que rarement. Trop grande demeure pour elle toute seule, et trop de souvenirs des jours heureux surtout...

Mais une voisine s'inquiète : avec ce froid, les canalisations éclatent un peu partout. Jeanne Raimbourg a-t-elle pris ses précautions ? Sinon, attention aux dégâts...

La voisine téléphone à l'appartement de la rue de Passy. C'est là que Jeanne habite désormais.

« Vous devriez venir voir... »

La voisine a raison. Mais Jeanne hésite tout de même. Elle n'a pas de voiture et il faut trouver quelqu'un pour la conduire à Montainville. Un ami se propose gentiment. A trois heures de l'après-midi, ils sont sur la route. Conduite prudente. A cause du verglas. N'aimant déjà pas trop la voiture, Jeanne n'est pas très rassurée. D'ailleurs, comme d'habitude, elle a refusé de s'asseoir à côté du conducteur, à « la place du mort ». Elle se sent plus en sécurité à l'arrière.

On approche de Montainville. Pas un chat sur la

route. Et là... Une camionnette qui surgit et qui percute de plein fouet l'arrière de la voiture. A l'avant, le conducteur est indemne. Mais Jeanne Raimbourg est tuée. Morte à quelques mètres du cimetière où repose André...

Ses films

La Ferme du pendu (1945)
   (*Premier titre :* « La Ferme du maudit ».)
   Réalisation : Jean Dréville.
   Scénario et dialogues : André-Paul Antoine, d'après le roman de Gilbert Dupé.
   Photo : André Thoryas.
   Production : Production André Tranché.
   Durée : 1 h 45.
   Interprètes : Lucienne Laurence, Claudine Dupuis, Arlette Merry, Charles Vanel, Alfred Adam, Guy Decomble, Léonce Corne, Jean-Marc Tennberg.

Pas si bête (1946)
   Réalisation : André Berthomieu.
   Dialogues : Paul Vanderberghe.
   Musique : Maurice Thirret.
   Décors : Raymond Nègre.
   Photo : Fred Langenfeld.
   Production : Ciné L.P.C.
   Interprètes : Suzy Carrier, Mona Goya, Bernard Lancret, Yves Deniaud, Duvaleix, Yvette Andregor, Gaston Mauger.

Blanc comme neige (1947)
   Réalisation : André Berthomieu.
   Durée : 1 h 35.
   Interprètes : Pauline Carton, Mona Goya, Paulette Dubost.

Par la fenêtre (1947)
   (*Premier titre :* « Je reviendrai par la fenêtre ».)
   Réalisation : Gilles Grangier.
   Scénario : Georges Neveux.
   Adaptation : Georges Neveux, A. Harfaux et M. Henry.

Dialogues : Georges Neveux et Jacques Alain.
Musique : Georges Van Parys et Étienne Lorin.
Décors : Raymond Nègre.
Photo : Maurice Barry.
Production : Les Productions cinématographiques.
Durée : 1 h 25.
Interprètes : Suzy Delair, Michèle Philippe, André Alerme, Roland Armontel, René Dupuy, Mona Dol, Jean Barrère, France Ellys, Paul Faivre, Yvette Andrevor, Jacques Baumer, Jean Berton.

Le Cœur sur la main (1948)
Réalisation : André Berthomieu.
Musique : Georges Van Parys.
Durée : 1 h 35.
Interprètes : Michèle Philippe, Robert Berri.

Le Roi Pandore (1949)
Réalisation : André Berthomieu.
Production : Hoche Production.
Durée : 1 h 25.
Interprètes : Mathilde Casadesus, Paulette Dubost, G. Lannes.

Miquette et sa mère (1949)
Réalisation : Henri-Georges Clouzot.
Scénario et adaptation : Henri-Georges Clouzot et Jean Ferry, d'après la comédie de De Flers et Caillavet.
Musique : Albert Lasry.
Décors et costumes : Georges Wakhewitch.
Photo : Armand Thirard.
Production : Paul Joly-Alcina. C.I.C.C. — Silver Films.
Durée : 1 h 36.
Interprètes : Louis Jouvet, Danièle Delorme, Saturnin Fabre, Pauline Carton, Jeanne Fusier-Gir, Louis Seigner, Madeleine Suffel, Jean Temerson

Le Rosier de Madame Husson (1950)
Réalisation : Jean Boyer.
Adaptation et dialogues : Marcel Pagnol, d'après la nouvelle de Guy de Maupassant.
Musique : Paul Misraki.
Production : Films Marcel Pagnol.
Durée : 1 h 24.
Interprètes : Jacqueline Pagnol, Germaine Dermoz, Pauline Carton, Suzanne Dehelly, Yvette Étiévant.

Le Passe-muraille (1950)

(*Premier titre :* « Garou, Garou, le passe-muraille ».)
Adaptation et dialogues : Jean Boyer et Michel Audiard, d'après la nouvelle de Marcel Aymé.
Production : Cité Film.
Durée : 1 h 30.
Interprètes : Joan Greenwood, Raymond Souplex, Gérard Oury, Marcelle Arnold.

Seul dans Paris (1951)

Réalisation : Hervé Bromberger
Scénario original : Alex Joffé.
Adaptation : Alex Joffé, Jacques Berland et Hervé Bromberger.
Dialogues : Alex Joffé et Jacques Berland.
Production : Films Marcel Pagnol — Éminente Films.
Durée : 1 h 35.
Interprètes : Magali Noël, Camille Guérini, Jeanne Véniat, Jean Dunot, Albert Rémy, Max Révol, Claire Olivier, Georges Baconnet, Léonce Corne.

Le Trou normand (1952)

Réalisation : Jean Boyer.
Scénario, adaptation, dialogues : Arlette Pitray.
Musique : Paul Misraki.
Production : Cité Films.
Durée : 1 h 34.
Interprètes : Brigitte Bardot, Jane Marken, Nadine Basile, Pierre Larquey, Georges Baconnet, Jeanne Fusier-Gir, Noël Roquevert, Duvaleix.

Les Trois Mousquetaires (1953)

Réalisation : André Hunebelle.
Adaptation et dialogues : Michel Audiard, d'après l'œuvre d'Alexandre Dumas.
Production : P.A.C. — S.N. Pathé-Cinéma — S.G.C. — Titanus.
Durée : 2 h.
Interprètes : Georges Marchal, Gino Cervi, Jean Martinelli, Jacques François, Danielle Godet, Renaud Mary, Georges Chamarat, Marie Labourdet.

Si Versailles m'était conté (1953)

Réalisation, scénario, dialogues : Sacha Guitry.
Musique : Jean Francaix.
Décor · René Renoux

Photo : Pierre Montazel.
Production : C.L.M. — Cocinor.
Durée : 2 h 40.
Interprètes : Michel Auclair, Jean-Pierre Aumont, Jean-Louis Barrault, Pauline Carton, Gino Cervi, Jean Chevrier, Aimé Clariond, Claudette Colbert, Nicole Courcel, Danièle Delorme, Yves Deniaud, Jean Desailly, Daniel Gélin, Fernand Gravey, René Devillers, Sacha Guitry, Pierre Larquey, Jean Marais, Georges Marchal, Lana Marconi, Mary Marquet, Gaby Morlay, Gisèle Pascal, Jean-Claude Pascal, Gérard Philipe, Édith Piaf, Micheline Presle, Jean Richard, Tino Rossi, Louis Seigner, Raymond Souplex, Maurice Teynac, Jean Tissier, Charles Vanel, Orson Welles.

Poisson d'avril (1954)
(Ou « Pêche interdite »)
Réalisateur : Gilles Grangier.
Scénario : Gérard Carlier.
Adaptation : Michel Audiard et Gilles Grangier.
Dialogues : Michel Audiard.
Musique : Étienne Lorin.
Décors : Jacques Clombier
Photo : Marc Fossard.
Production : Victory-Intermondial Films.
Distribution : Victory Films.
Durée : 1 h 45.
Interprètes : Annie Cordy, Pierre Dux, Denise Grey, Louis de Funès, Jacqueline Noël, Maurice Biraud, Suzanne Grey, Charles Denner.

Cadet Rousselle (1954)
Réalisation : André Hunebelle.
Production : P.A.C.-Pathé Cinéma.
Durée : 1 h 50.
Interprètes : François Périer, Dany Robin, Noël Roquevert, Alfred Adam, Jacques Dufilho, Henri Crémieux.

Le Fil à la patte (1955)
Réalisation : Guy Lefranc.
Adaptation : Noël-Noël, d'après la pièce de Georges Feydeau.
Production : Cinéphonic — Cité Film — S.N.E.G.
Interprètes : Noël-Noël, Suzy Delair, Gabrielle Dorziat, Henri Guisol.

Les Hussards (1955)
Réalisation : Alex Joffé.
Adaptation et dialogues : Alex Joffé, P. A. Bréal, Gabriel Arout, d'après la pièce de P. A. Bréal.
Musique : Georges Auric.
Décors : Robert Clavel.
Production : Cocinor — Cocinex — Sedif.
Interprètes : Bernard Blier, Louis de Funès, Giovanna Raali, Giani Esposito, Virna Lisi, Georges Wilson, Rosy Varte, Alberto Boonnuci, Carlo Campani.

La Traversée de Paris (1956)
Réalisation : Claude Autant-Lara.
Adaptation et dialogues : Jean Aurenche et Pierre Bost, d'après la nouvelle de Marcel Aymé.
Musique : René Cloerec.
Décors : Max Douy.
Photo : Jacques Nattan.
Production : Franco London Films — Continental Produzione.
Durée : 1 h 20.
Interprètes : Jean Gabin, Louis de Funès, Jeannette Batti, Robert Arnoux, Georgette Anys, Anouk Ferjac, Bernard Lajarrige, Jean Dunot.

Le Chanteur de Mexico (1956)
Réalisation : Richard Pottier.
Adaptation et dialogues : Raymond Vinci, d'après l'opérette de Félix Candera et Raymond Vinci.
Musique : Francis Lopez.
Production : Jason.
Durée : 1 h 43.
Interprètes : Luis Mariano, Annie Cordy, Thilda Thamar, Fernando Rey, Gisèle Grandpré, Pauline Carton, Manolo Morano.

Les Misérables (1956)
Réalisation : Jean-Paul Le Chanois.
Scénario et dialogues : Michel Audiard et René Barjavel, d'après l'œuvre de Victor Hugo.
Musique : Georges Van Parys.
Décors : S. Pimenov et K. Schneider
Costumes : Marcel Escoffier.
Photo : J. Natteau.
Production : Pathé Cinéma — P.A.C. — Serena Films — DEFA.

Interprètes : Jean Gabin, Bernard Blier, Danièle Delorme, Fernand Ledoux, Martine Havet, Elfriede Florin, Madeleine Barbulée, Béatrice Altarilba, Giani Esposito, Sylvia Montfort, Lucien Baroux, Jean Murat.

Le Miroir à deux faces (1957)
Réalisation : André Cayatte.
Scénario, dialogues : Gérard Oury et André Cayatte.
Photo : Christian Matras.
Production : Franco London Film.
Durée : 1 h 45.
Interprètes : Michèle Morgan, Gérard Oury, Ivan Desny, Carette, Georgette Anys, Sylvie, Sandra Milo, Élisabeth Manet, Georges Chamarat.

Sérénade au Texas (1958)
Réalisation : Richard Pottier.
Production : Jason.
Durée : 1 h 35.
Interprètes : Luis Mariano, Sonia Ziemann, Yves Deniaud, Germaine Damar.

Un drôle de dimanche (1958)
Réalisation : Marc Allégret.
Scénario original de Serge de Boissac.
Adaptation et dialogues : Serge de Boissac, Pascal Jardin, Jean Marsan.
Musique : Paul Misraki.
Photo : Jacques Natteau.
Production : Films J.J. Vital — C.C.F.C.
Interprètes : Arletty, Danielle Darrieux, Cathia Caro, Roger Hanin, Jean Wall, Fernand Sardou, Jean Lefebvre, Jean Carmet, Jean-Paul Belmondo.

Le Bossu (1959)
Réalisation : André Hunebelle.
Scénario : Jean Halin, Pierre Foucaud, André Hunebelle, d'après le roman de Paul Féval.
Musique : Jean Marion.
Décors : Georges Levy.
Costumes : Mireille Leydet.
Photo : Marcel Grignon.
Production : P.A.C. — Globe Film International.
Durée : 1 h 41.
Interprètes : Jean Marais, Jean le Poulain, Sabina Selman, François Chaumette, Hubert Noël, Paulette Dubost.

Le Chemin des écoliers (1959)
Réalisation : Michel Boisrond.
Scénario : Jean Aurenche et Pierre Bost, d'après le roman de Marcel Aymé.
Musique : Paul Misraki.
Photo : Christian Matras.
Production : S.P.C.E. — Franco London Films — Mondex Films — S.N.E. Gaumont.
Durée : 1 h 14.
Interprètes : Alain Delon, Françoise Arnoul, Jean-Claude Brialy, Lino Ventura, Pierre Mondy, Paulette Dubost, Sandra Milo.

La Jument verte (1959)
Réalisation : Claude Autant-Lara.
Adaptation et dialogues : Jean Aurenche et Pierre Bost, d'après le roman de Marcel Aymé.
Musique : René Cloerec.
Photo : Max Douy.
Production : S.N.E.G. — Zebra Films — SOPAC — Raimbourg Stars.
Durée : 1 h 27.
Interprètes : Yves Robert, Sandra Milo, Valérie Lagrange, Francis Blanche, Carette, Marie Déa, Achille Zavatta, Georges Wilson.

Le Capitan (1960)
Réalisation : André Hunebelle.
Scénario et adaptation : Jean Halain, Pierre Foucaud, André Hunebelle, d'après le roman de Michel Zevaco.
Dialogues : Jean Halain.
Musique : Jean Marion.
Décors : Georges Levy.
Costumes : Mireille Leydet.
Production : P.A.C. — S.N. Pathé Cinéma — DA. MA. Cinematografica.
Durée : 1 h 51.
Interprètes : Jean Marais, Elsa Martinelli, Pierrette Bruno, Lise Delamare, Annie Anderson, Guy Delorme, Raphaël Patorni, Christian Fourcade, Edmond Beauchamp, Jean-Paul Coquelin, Arnoldo Foa.

Fortunat (1960)
Réalisation : Alex Joffé.
Scénario, adaptation, dialogues : Alex Joffé, Pierre Corti, d'après le roman de Michel Breitman.

Musique : Denis Kieffer.
Décors : Henri Schmitt.
Photo : Pierre Petit.
Production : Cinetel — Silver Film — Prodioni Cinematografiche « Mediterranee ».
Durée : 2 h.
Interprètes : Michèle Morgan, Gaby Morlay, Rosy Varte, Teddy Bilis, Patrice Millow, Frédéric Robert.

Tout l'or du monde (1961)
Réalisation, scénario, adaptation et dialogues : René Clair (avec la collaboration de J. Remy et J. Marsan).
Musique : Georges Van Parys.
Décors : Léon Barsacq.
Photo : Pierre Petit.
Production : S.E.C.A. — Filmsonor — Cinériz — Royal Film.
Durée : 1 h 28.
Interprètes : Philippe Noiret, Claude Rich, Alfred Adam, Françoise Dorléac, Colette Castel, Claude Véga, Robert Brunier, Pascal Mazotti, Michel Modo.

Le Tracassin (1961)
(*Ou* « Les Plaisirs de la ville ».)
Réalisation : Alex Joffé.
Scénario : Jean-Bernard Luc, Alex Joffé.
Dialogues : Jean-Bernard Luc.
Musique : Georges Van Parys.
Production : Raoul Ploquin — Pathé Cinéma.
Durée : 1 h 43.
Interprètes : Rosy Varte, Maria Pacôme, Pierrette Bruno, Armand Mestral, Léo Campion, Jean-Marie Proslier, Françoise Deldick, Charpini.

Le Jour le plus long (1961)
Réalisation : Ken Annakin (séquences extérieures britanniques), Andrew Marton (séquences extérieures américaines), Bernhard Wicki (séquences extérieures allemandes), Elmo Williams (coordonnateur des séquences de combat).
Scénario : Cornélius Ryan, d'après son œuvre.
Musique : Partition musicale composée et dirigée par Maurice Jarre, thème musical de Paul Anka, adaptation de Mitch Miller.
Production : Darryl F. Zanuck.
Durée : 3 h.
Interprètes : John Wayne, Robert Mitchum, Henry Fonda, Robert Ryan, Rod Steiger, Robert Wagner, Mel Ferrer, Jeffrey Hunter,

Paul Anka, Sal Mineo, Red Buttons, Tommy Sands, Richard Burton, Kenneth More, Peter Lawford, Richard Todd, Sean Connery, Michael Medwin, Curt Jurgens, Gert Froebe, Peter Van Eyck, Irina Demich, Arletty, Jean-Louis Barrault, Christian Marquand, Madeleine Renaud, Georges Rivière, Jean Servais, Georges Wilson, Fernand Ledoux, Pauline Carton, Alice Tissot...

Les Culottes rouges (1962)
Réalisation : Alex Joffé.
D'après une idée originale d'Étienne Bierry.
Scénario : Alex Joffé, Pierre Corti, Étienne Bierry.
Adaptation, dialogues : Alex Joffé, Pierre Corti.
Musique : Jean Marion.
Photo : Jean Penzer.
Production : Cinetel — Silver Films.
Durée : 1 h 46.
Interprètes : Laurent Terzieff, Étienne Bierry, Antoine Bourseiller, Jacques Balutin.

Les Bonnes Causes (1962)
Réalisation : Christian-Jaque.
Scénario, adaptation : Christian-Jaque, Henri Jeanson, d'après le roman de Jean Laborde.
Dialogues : Henri Jeanson.
Musique : Georges Gavarentz.
Photo : Armand Thirard.
Production : Méditerranée Cinéma — Mizar Films.
Durée : 1 h 58.
Interprètes : Pierre Brasseur, Marina Vlady, Virna Lisi, José Luis de Villalonga.

Un drôle de paroissien (1963)
Réalisation : Jean-Pierre Mocky.
Adaptation : Jean-Pierre Mocky, Michel Servin, Alain Moury, d'après le roman *Deo Gratias* de Michel Servin.
Dialogues : Alain Moury.
Musique : Joseph Kosma.
Photo : Léonce-Henry Burel.
Production : Film d'Art — Atic
Durée : 1 h 25.
Interprètes : Francis Blanche, Jean Poiret, Jean Yonnel, Jean Galland, Bernard Lavalette, Denise Peronne, Jean Tissier.

Le Magot de Joséfa (1963)
    Réalisation : Claude Autant-Lara.
    Scénario : Jean Aurenche, Bernard Diney, Bernard Willemetz, d'après le roman de Catherine Claude
    Musique : René Cloerec.
    Photo : Jacques Natteau.
    Production : Sofac — Raimbourg — Star — Arco Film.
    Durée : 1 h 30.
    Interprètes : Anna Magnani, Pierre Brasseur.

La Foire aux cancres (1963)
    Réalisation de Louis Daquin.

La Cuisine au beurre (1963)
    Réalisation : Gilles Grangier.
    Scénario : Jean Levitte, Pierre Lévy-Corti, Jean Manse.
    Dialogues : Raymond Castans.
    Musique : Jean Marion.
    Photo : Roger Hubert.
    Décors : Rino Mondellini.
    Production : Corona — Dear.
    Durée : 1 h 22.
    Interprètes : Fernandel, Henri Vilbert, Michel Galabru, Andrex, Claire Maurier, Anne-Marie Carrière, Henri Arius, Mag Avril, Evelyne Selena, Edmond Ardisson.

La Grande Frousse (1964)
    (*Ou* « La Cité de l'indicible peur ».)
    Réalisation : Jean-Pierre Mocky.
    Adaptation : Jean-Pierre Mocky et G. Klein, d'après le roman de Jean Ray.
    Dialogues : Raymond Queneau.
    Musique : Gérard Calvi.
    Photo : Eugène Shuftan.
    Production : Atica — Raimbourg.
    Durée : 1 h 30.
    Interprètes : Francis Blanche, Jacques Dufilho, Jean-Louis Barrault, Victor Francen, René-Louis Lafforgue, Jean Poiret, Raymond Rouleau.

Le Corniaud (1965)
    Réalisation et scénario : Gérard Oury.
    Adaptation : Gérard Oury et Marcel Jullian.
    Dialogues : Georges et André Tabet.
    Musique : Georges Delerue.
    Photo : Henri Decae.

Production : Films Corona — Explorer Film.
Durée : 1 h 55.
Interprètes : Louis de Funès, Henri Virlojeux, Venantini Venantini, Alida Chellu.

La Grosse Caisse (1965)
Réalisation : Alex Joffé.
Scénario : Renée Asseo, Geno Gil, Luc Charpentier, Alex Joffé.
Adaptation, dialogues : Alex Joffé, Pierre Lévy-Corti.
Photo : Louis Page.
Production : Marceau — Cocinor.
Durée : 1 h 50.
Interprètes : Paul Meurisse, Roger Carel, Daniel Ceccaldi, Bernard Fresson, Françoise Deldick.

La Guerre secrète (1965)
Réalisation : Christian-Jaque, Terence Young, Carlo Lizzani.
Adaptation : Christian-Jaque, Jacques Remy, E. Deconcini.
Dialogues : Philippe Bouvard.
Musique : Robert Mellin, Paul Reverberi.
Production : Franco-London Film.
Interprètes : Henry Fonda, Vittorio Gassman, Annie Girardot, Peter Van Eyck, Robert Ryan, Robert Hossein.

Les Grandes Gueules (1965)
Réalisation : Robert Enrico.
Adaptation : José Giovanni et Robert Enrico, d'après le roman de José Giovanni *Le Haut de fer*.
Dialogues : José Giovanni.
Musique : François de Roubaix.
Photo : Jean Boffety.
Production : Belles-Rives — S.N.C. — Alexandra Film.
Durée : 2 h 08.
Interprètes : Lino Ventura, Jean-Claude Rolland, Marie Dubois, Jess Hahn, Michel Constantin, Paul Crauchet, Pierre Frag, Marc Eyraud.

Trois Enfants dans le désordre (1966)
Réalisation : Léo Joannon.
Scénario : Léo Joannon et Jacques Emmanuel.
Musique : Gaby Verlor.
Production : Gaumont International.
Interprètes : Jean Lefebvre, Rosy Varte, Jacques Legras, Uta Taeger, Anne-Marie Carrière, Robert Dalban, Jeanne Colletin.

La Grande Vadrouille (1966)
Réalisation : Gérard Oury.
Scénario : Gérard Oury.
Adaptation : Gérard Oury, Danielle Thompson, Marcel Jullian.
Dialogues : Georges et André Tabet.
Décors : Jean André.
Musique : Georges Auric.
Photo : Claude Renoir.
Production : Corona Films — Lowndes.
Interprètes : Louis de Funès, Claudio Brook, Andréa Parisy, Colette Brosset, Mike Marshall, Mary Marquet, Pierre Bertin, Marie Dubois, Benno Sterzenbach, Terry Thomas.

Les Arnaud (1967)
Réalisation et scénario : Léo Joannon.
Adaptation : Jacques Robert et Léo Joannon.
Dialogues : Jacques Robert.
Musique : Franck Pourcel.
Photo : Willy Cricha.
Production : Belles-Rives — S.N.C. — Flora-Films.
Interprètes : Adamo, Christine Delaroche, Marcelle Ranson, Michel de Ré, Suzanne Courtal, Gisèle Grandpré.

Les Cracks (1967)
Réalisation : Alex Joffé.
Scénario, adaptation, dialogues : Jean-Bernard Luc, Gabriel Arout, Pierre Lévy-Corti, Alex Joffé.
Musique : Georges Delerue.
Photo : Jean Bourgoin.
Production : Fidès — Corona — S.N.C. — T.C. Productions — West Films.
Durée : 1 h 45.
Interprètes : Robert Hirsch, Gianni Bonagura, Monique Tarbès, Michel de Ré, Teddy Billis, Anne Jolivet, Albert Michel, Patrick Préjean, Bernard Verley.

La Grande Lessive (1967)
(*Premier titre :* « Le Tube ».)
Réalisation et scénario : Jean-Pierre Mocky.
Adaptation : Jean-Pierre Mocky, Alain Moury, Claude Pennec.
Dialogues : Alain Moury.
Photo : Marcel Weiss.
Décors : Pierre Tyberghein.
Musique : François de Roubaix.

Production : Méditerranée Cinéma — Balzac Films — Firmament — Films Production.
Interprètes : Francis Blanche, Roland Dubillard, Jean Poiret, Jean Tissier, Michel Lonsdale, R. J. Chauffard.

Le Cerveau (1968)
Réalisation : Gérard Oury.
Scénario, adaptation, dialogues : Gérard Oury, Marcel Jullian, Danièle Thompson.
Musique : Georges Delerue.
Photo : Armand Thirard et Wladimir Ivanov.
Production : Gaumont International.
Interprètes : Jean-Paul Belmondo, David Niven, Elli Wallach, Sylvia Monti, Henri Genès, Raymond Jérome, Frank Valois, Tommy Duggan.

Gonflés à bloc (1968)
Réalisation : Ken Annakin.
Scénario : Jack Davies, Ken Annakin.
Musique : Ron Goodwin.
Production : Marianne Films — Dino De Laurentis.
Durée : 2 h 05.
Interprètes : Tony Curtis, Gert Froebe, Lando Buzzanca, Walter Chiari, Peter Cook, Dudley Moore, Mireille Darc, Marie Dubois.

L'Arbre de Noël (1969)
Réalisation : Terence Young, d'après le roman de Michel Bataille.
Décors : Jean André.
Photo : Henri Alekan.
Musique : Georges Auric.
Production : Films Corona — Jupiter Generale Cinematografica.
Durée : 1 h 43.
Interprètes : William Holden, Virna Lisi, Madeleine Damien, Mario Feliciani, Brook Fuller.

L'Étalon (1969)
Réalisation et scénario : Jean-Pierre Mocky.
Dialogues : Alain Moury.
Production : Balzac Films — C.L.F.C.
Interprètes : Francis Blanche, Michel Lonsdale, Jacques Legras, R. J. Chauffard.

Le Cercle rouge (1970)
Réalisation, scénario, dialogues : Jean-Pierre Melville.
Photo : Henri Decae.

Musique : Eric de Moisan.
Production : Films Corona — Salenia.
Durée : 2 h 20.
Interprètes : Alain Delon, Yves Montand, Gian Maria Volonte, François Périer.

Le Mur de l'Atlantique (1970)
Réalisation : Marcel Camus, d'après une idée du colonel Remy.
Scénario, adaptation : Marcel Jullian.
Production : S.N.C. — Fono Rama.
Interprètes : Peter McEnery, Sophie Desmarets, Jean Poiret, Terry Thomas, Reinhardt Kolldehoff, Sara Franchetti, Pino Caruso.

Bibliographie

Bourvil, du rire aux larmes, Pierre Berruer, Presses de la Cité.
Notre ami Bourvil, Catherine Claude, Éditeurs Français Réunis.
André Bourvil, Maurice Bessy, Collection Étoiles, Denoël.
Les Années-radio, Jean-François Remonté et Simone Depoux, L'Arpenteur.
Mémoires d'éléphant, Gérard Oury, Olivier Orban.
50 ans de cinéma, Gilles Grangier, Éditions Terrain Vague-Losfeld.
L'Encyclopédie du cinéma, Roger Boussinot, Bordas.
Les Acteurs français, André Sallée, Bordas.
Le Cinéma — grande histoire illustrée du Septième Art, Éditions Atlas.
Fiches « Monsieur Cinéma », sous la direction de Pierre Tchernia et Jean-Claude Romer, Images et Loisirs.
Archives de *Paris-Normandie* et de *Liberté-Dimanche*.

Remerciements

Nos remerciements à tous ceux qui acceptèrent de rassembler et de nous livrer leurs souvenirs, sous forme de documents ou de témoignages...

L'abbé Bernard Alexandre, Claude Autant-Lara, Lucien Biard, Pierrette Bruno, Jean Cottard, Roger Devaux, Mme Roger Douville, Henri Duquesne, Gilles Grangier, Maurice Horgues, Marcel Ménard, Jean-Pierre Mocky, Jo Moutet, Gérard Oury, Roger Parment, Robert Picq, Roger Pierre, Robert Rocca, André Sallée, Pierre Tchernia, Philippe Thaurin.

Table

Avant-propos : La tendresse............................ 9

Première partie : « Le pays à Bourvil... »

I. Toussaint 1969............................. 13
II. Rien n'a changé........................... 28
III. « Mon cher Maître... »..................... 36
IV. La fête au village........................ 48
V. Le comique du régiment.................... 57

Deuxième partie : « Pas si bête... »

I. « Je n'étais personne... »................. 67
II. Le miracle de la T.S.F.................... 82
III. Les gros sabots........................... 96
IV. La tête dans les étoiles.................. 108
V. Le Trou normand.......................... 120
VI. Sur *La Route fleurie*.................... 132
VII. « Ça va, ils sont contents... »........... 140

Troisième partie : Les rendez-vous

I. Un comique de la vie..................... 155
II. Gabin : un tour de cochon................ 168

III.	Fernandel : les bavures de l'idole	189
IV.	La vie cachée	198
V.	De Funès : le Louis d'or	211
VI.	Mocky : quand s'aiment les extrêmes...	225
VII.	« C'est pas juste... »	239

Épilogue 265
Ses films 267
Bibliographie 281
Remerciements 283

*La composition de ce livre
a été effectuée par Bussière à Saint-Amand,
l'impression et le brochage ont été effectués
sur presse CAMERON
dans les ateliers de la S.E.P.C. à Saint-Amand-Montrond (Cher)
pour les Éditions Albin Michel*

AM

Achevé d'imprimer en septembre 1990.
N° d'édition : 11426. N° d'impression : 2134.
Dépôt légal : septembre 1990